趙爾巽等撰

清史稿

第三七册

卷三四〇至卷三六二（傳）

中華書局

清史稿卷三百四十

列傳一百二十七

王杰　董誥　朱珪

王杰，字偉人，陝西韓城人。以拔貢考銓藍田教諭，未任，遭父喪，貧甚，爲書記以養母。歷佐兩江總督尹繼善、江蘇巡撫陳宏謀幕，皆重之。初從武功孫景烈游，講濂、洛、關、閩之學；及見宏謀，學益進，自謂生平行己居官得力於此。

乾隆二十六年，成進士，殿試進呈卷列第三。高宗熟視字體如素識，以昔爲尹繼善繕疏，曾邀宸賞，詢知人品，卽拔置第一。及引見，風度凝然，上益喜。又以陝人入本朝百餘年無大魁者，時值西陲戡定，魁選適得西人，御製詩以紀其事。尋直南書房，屢司文柄。五遷至內閣學士。三十九年，授刑部侍郎，調吏部，擢左都御史。四十八年，丁母憂，卽家擢兵部尚書。車駕南巡，杰赴行在謝，上曰：「汝來甚好。君臣久別，應知朕念汝。然汝儒者，不欲奪汝情，歸終制可也。」服闋，還朝。五十一年，命爲軍機大臣、上書房總師傅。次年，拜東閣大學士，管理禮部。臺灣、廓爾喀先後平，兩次圖形紫光閣，加太子太保。

杰在樞廷十餘年，事有可否，未嘗不委曲陳奏。和珅勢方赫，事多擅決，同列隱忍不言，杰遇有不可，輒力爭。上知之深，和珅雖厭之而不能去。杰每議政畢，默然獨坐。一日，和珅執其手戲曰：「何柔荑乃爾！」杰正色曰：「王杰手雖好，但不能要錢耳！」和珅赧然。嘉慶元年，以足疾乞免軍機、書房及管理部事，允之。有大事，上必諮詢，杰亦不時入告。

時敎匪方熾，杰疏言：「賊匪剿滅稽遲，由被賊災民窮無倚賴，地方官不能勞來安輯，以致脅從日衆，兵力日單而賊燄日熾。此時當安良民以解從賊之心，撫官兵以勵行間之氣。三年之內，川、楚、秦、豫四省殺傷不下數百萬，其幸存而不從賊者，亦皆鋒鏑之餘，男不暇耕，女不暇織。若再計畝徵輸，甚至分外加派，胥吏因緣勒索，艱苦情形無由上達聖主之前。祈將被賊地方錢糧蠲免，不令官吏舞弊重徵，有來歸者概勿窮治，賊勢或可漸孤矣。至於用兵三載未卽成功，實由將帥有所依恃，怠玩因循，非盡士卒之不用命也。乞頒發諭旨，曲加憐恤，有驕惰不馴者，令經略概行撤回，或就近更調召募，申明紀律，鼓行勵戎，庶幾人有挾纊之歡，衆有成城之志。」又言：「敎匪之蔓延，其弊有二：一由統領之有名無實。勒保雖爲統領，而統兵大員名位相等，人人得專摺奏事，於是賊至則畏避不前，賊去則捏稱得勝。

卽如前歲賊竄興安，領兵大員有『匪已渡江五日，地方官並不禀報』之奏，此其畏避情形顯而易見。又如去歲賊擾西安城南，殺傷數萬，官兵旣不近賊，撫臣一無設施；探知賊去已遠，然後虛張聲勢，名爲追賊，實未見賊。近聞張漢潮蔓延商、雒，高均德屯據洋縣，往來衝突，如入無人之境。秦省如此，川省可知。實由統領不專、賞罰不明之所致也。一由領兵大員專恃鄉勇。鄉勇陣亡，無庸報部，人數可以虛捏；藉鄉勇爲前陣，旣可免官兵之傷亡，又可爲異日之開銷，此所以耗國帑而無可稽核也。臣以爲軍務緊要，莫急於去鄉勇之名而爲召募之實，蓋有五利：一，民窮無依，多半從賊，苟延性命，募而爲兵，卽有口糧，多一爲兵之人，卽少一從賊之人；一，隔省徵調，曠日持久，就近召募，則旬日可得；一，徵兵遠來，筋力已疲，召募之人，不須跋涉；一，隔省之兵，水土不習，路徑不諳，就近之人，則不慮此；一，鄉勇勢不能敵，則逃散無從懲治，召募之兵退避，則有軍法。具此五利，何不增募，一鼓而殲賊？如謂兵多費多，獨不思一萬兵食十月之糧，與十萬兵食一月之糧，其費相等而功可早奏也。」疏入，並被採用。

二年，復召直軍機，隨扈熱河。未幾，因腿疾，詔毋庸入直，先行回京。三年秋，川匪王三槐就擒，封賞樞臣，詔：「杰現雖未直軍機，軍興曾有贊畫功，並予優敍。」

洎仁宗親政，杰爲首輔，遇事持大體，竭誠進諫，上優禮之。五年，以衰病乞休，溫詔慰留，許扶杖入朝。七年，固請致仕，晉太子太傅，在籍食俸。八年春，瀕行上疏，略謂：「各省虧空之弊，起於乾隆四十年以後，州縣營求餽送，以國帑爲夤緣，上司受其挾制，彌補無期。至嘉慶四年以後，大吏知尙廉節，州縣仍形拮据，由於苦樂不均，賢否不分，宜求整飭之法。又，舊制，驛丞專司驛站，無可誅求。自裁歸州縣，濫支苛派，官民俱病。宜先淸驛站，以杜虧空。今當軍務告竣，朝廷勤求治理，無大於此二者。請睿裁獨斷，以挽積重之勢。」所言切中時弊，上嘉納之。陛辭日，賜高宗御用玉鳩杖、御製詩二章，以寵其行，有云：「直道一身立廊廟，清風兩袖返韓城。」時論謂足盡其生平。旣歸，歲時頒賞不絕，每有陳奏，上輒親批答，語如家人。

九年，杰與妻程並年八十，命巡撫方維甸齎御製詩、額、珍物，於生日就賜其家。杰詣闕謝，明年正月，卒於京邸。上悼惜，賜金治喪，贈太子太師，祀賢良祠，諡文端。

杰體不踰中人，和靄近情，而持守剛正，歷事兩朝，以忠直結主知。當致仕未行，會有陳德於禁城驚犯乘輿，急趨朝請對曰：「德庖廚賤役，安敢妄蓄逆謀？此必有元奸大憝主使行明張差之事，當除肘腋之患。」至十八年林清逆黨之變，上思其言，特賜祭焉。

孫篤，道光二年進士，歷編修、御史，出爲汀州知府、廣東督糧道，署鹽運使。時林則徐爲按察使，治海防，甚倚之。募廣州游手精壯者備守禦，以機敏稱。擢山東布政使，署巡撫。失察家人、屬官受賂，連降罷職歸，襄理西安城工。卒，贈布政使銜。

董誥，字蔗林，浙江富陽人，尚書邦達子。乾隆二十八年進士，殿試進呈卷列第三，高宗因大臣子，改二甲第一。選庶吉士，卽預修國史、三通、皇朝禮器圖。散館，授編修。三十二年，命入懋勤殿寫金字經爲皇太后祝嘏。次年，大考翰詹，因寫經未與試，特加一級。尋擢中允，丁父憂。三十六年，服闋，入直南書房。初，邦達善畫，受高宗知。誥承家學，繼爲侍從，書畫亦被宸賞，尤以奉職恪勤爲上所眷注。累遷內閣學士。四十年，擢工部侍郎，調戶部，歷署吏、刑兩部侍郎，兼管樂部。充四庫館副總裁，接辦全書薈要，命輯滿洲源流考。四十四年，命爲軍機大臣。五十二年，加太子少保，擢戶部尚書。臺灣、廓爾喀先後底定，並列功臣，圖形紫光閣。

嘉慶元年，授受禮成，詔朱珪來京，將畀以閣務，仁宗賀以詩。屬稿未竟，和珅取白高宗曰：「嗣皇帝欲市恩於師傅。」高宗色動，顧誥曰：「汝在軍機、刑部久，是於律意云何？」誥叩頭曰：「聖主無過言。」高宗默然良久，曰：「汝大臣也，善爲朕輔導之。」乃以他事罷珪之召。時大學士懸缺久，難其人。高宗謂劉墉、紀昀、彭元瑞三人皆資深，墉遇事模棱，元瑞以不檢獲愆，昀讀書多而不明理，惟誥在直勤勉，超拜東閣大學士，明詔宣示，俾三人加愧勵焉。命總理禮部，仍兼管戶部事。二年，丁生母憂，特賜陀羅經被，遣御前侍衞、額駙豐紳殷德奠醊。

誥既以喪歸，川、楚兵事方亟，高宗欲召之，每見大臣，數問：「董誥何時來？」逾年，葬母畢，詣京師，和珅遏不上聞。會駕出，誥於道旁謝恩，高宗見之，喜甚，命暫署刑部尚書，素服視事，不預典禮，專辦秋讞及軍營紀略，且曰：「誥守制已逾小祥，不得已用人之苦心，衆當共諒。」尋以王三槐就擒，與軍機大臣同被議敍。四年春，高宗崩，和珅伏誅，命誥復直軍機，晉太子太保。既，服闋，授文華殿大學士，兼刑部尚書如故。高宗山陵禮成，命題神主，晉太子太傅。七年，三省教匪平，予騎都尉世職。十二年，高宗實錄告成，詔以誥在館八年，始終其事，特加優獎，賜其父邦達入祀賢良祠。十四年，萬壽慶典，晉太子太師。充上書房總師傅。十七年，晉太保。

十八年，扈從秋獮。林清逆黨突入禁城，時回鑾，中途聞變，有議俟調大兵成列而後進者，誥曰：「是滋亂也，獻俘者行至矣！」即日扈駕進次，人心乃定。窮治邪教，誥謂：「燒香祈福，愚民無知，率所常有。惟從逆者不可貸。」凡論上，皆以是定讞。林清既誅，滑縣逆匪尋平，論功，迭被優敍，賜子淳爲郎中。二十年，因病請致政，溫詔慰留，改管兵部。未幾，復命管刑部。二十三年，再疏乞休，許致仕食全俸。是年十月，卒，贈太傅。上親奠，入祀賢良祠，賜金治喪，御製詩輓之，嘉其父子歷事三朝，未嘗增置一畝之田、一椽之屋，命刻詩於墓，以彰忠藎。諡文恭。

誥直軍機先後四十年，熟於朝章故事，有以諮者，無不悉。凡所獻納皆面陳，未嘗用奏牘。當和珅用事，與王杰楮柱其間，獨居深念，行處幾失常度，卒贊仁宗殲除大憝。及林清之變，獨持鎮定，尤爲時稱云。

朱珪，字石君，順天大興人。先世居蕭山，自父文炳始遷籍。文炳官盩厔知縣，曾受經於大學士朱軾。珪少傳軾學，與兄筠同鄉舉，並負時譽。乾隆十三年成進士，年甫十八，選庶吉士，散館授編修。數遇典禮，撰進文册。高宗重其學行，累遷侍讀學士。二十五年，出爲福建糧驛道。擢按察使，治獄平恕，以父憂去。三十二年，補湖北按察使。會緬甸用兵，以部署驛務詳慎，被褒獎。

調山西，就遷布政使，署巡撫。疏請歸化、綏遠二城穀二萬餘石搭放兵糧，以省採買，兔紅朽；又兔土默特蒙古私墾罪，以所墾牧地三千餘頃，許附近兵民認耕納租，歲六千餘兩，增官兵公費；又太僕寺牧地苦寒，改徵折色，以便民除弊：皆下部議行。珪方正，爲同僚所不便，按察使黃檢奏劾讀書廢事。

四十年，召入覲，改授侍講學士，直上書房，侍仁宗學。四十四年，典福建鄉試。次年，督福建學政。瀕行，上五箴於仁宗：曰養心，曰敬身，曰勤業，曰虛己，曰致誠。仁宗力行之，後親政，嘗置左右。五十一年，擢禮部侍郎，典江南鄉試，督浙江學政。還朝，調兵部。五十五年，典會試。出爲安徽巡撫。皖北水災，馳驛往賑，攜僕數人，與村民同舟渡，賑宿州、泗州、碭山、靈璧、五河、盱眙餘災，輕者貸以糧種。築決隄，展春賑，並躬蒞其事，民無流亡。五十九年，調廣東。尋署兩廣總督，授左都御史、兵部尚書，仍留巡撫任。嘉慶元年，授總督，兼署巡撫。珪初以文學受知，洎出任疆寄，負時望，將大用。和珅忌之，授受禮成，珪進頌册，因加指摘，高宗曰：「陳善納誨，師傅之職宜爾，非汝所知也。」會大學士缺，詔召珪，卒爲和珅所沮。以廣東艇匪擾劫閩、浙，責珪不能緝捕，寢前命，左遷安徽巡撫。皖北復災，親治賑，官吏無侵蝕。三省敎匪起，安徽亦多伏莽。珪曰：「疑而索之，是激之變。」親駐界上籌防禦，徧蒞潁、亳所屬，集鄉老敎誡之，民感化，境內迄無事。明年，授兵部尚書，調吏部，仍留巡撫任。

四年正月，高宗崩，仁宗卽馳驛召珪，聞命奔赴。途中上疏，略曰：「天子之孝，以繼志述事爲大。親政伊始，遠聽近瞻，默運乾綱，霶施渙號。陽剛之氣，如日重光，惻怛之仁，無幽不浹。修身則嚴誠欺之界，觀人則辨義利之防。君心正而四維張，朝廷淸而九牧肅。身先節儉，崇奬清廉，自然盜賊不足平，財用不足阜。惟願皇上無忘堯、舜自任之心，臣敢不勉行義事君之道。」至京哭臨，上執珪手哭失聲。命直南書房，管戶部三庫，加太子少保，賜第西華門外。時召獨對，用人行政悉以諮之。珪造膝密陳，不關白軍機大臣，不沽恩市直，上傾心一聽，初政之美，多出贊助。

尋充上書房總師傅，調戶部尚書。詔清漕政，禁浮收。疆吏以運丁苦累，仰給州縣，州縣不得不取諸民，於是安徽加贈銀，江蘇加耗米。珪謂小民未見清漕之益，先受其害，力爭罷之，令曹司凡事近加賦者皆議駁。長蘆鹽政請加增鹽價，駁曰：「蘆東因錢價賤，已三加價矣，且免積欠三百六十萬兩，餘欠展三年，商力已寬，無庸再議加價。」廣東請濱海沙地升賦，駁曰：「海沙淤地，坍漲靡常，故照下則減半賦之。今視上、中田增賦，是與民計徵利，非政體。且民苦加賦，別有漲地，將不敢報墾，不可行。」倉場請預納錢糧四五十倍，准作義監生，駁曰：「國家正供有常經，名實關體要。於名不正，實必傷，斷不可行。」凡駁議每自屬稿，奏上，皆韙之。五年，兼署吏部尚書。

先是彭元瑞於西華門內墜馬，珪呼其輿入舁之，為御史周栻所劾。尋有珪輿人毆傷禁門兵，忌者嗾護軍統領訐之。詔：「珪素恪謹，造次不檢，特申戒。」坐褫宮銜，解三庫事，鐫級留任。七年，協辦大學士，復太子少保。尋兼翰林院掌院學士，晉太子少傅。九年，上幸翰林院，聯句賜宴，御書「天祿儲才」額刻懸院中，以墨書賜珪家。十年，拜體仁閣大學士，管理工部。上以是命遵高宗諭，遣詣裕陵謝。逾歲，年七十六，以老乞休，溫詔慰留，賜玉鳩杖；命天寒，間二三日入直。

未幾，召對乾清宮，眩暈，扶歸第，數日卒。上親奠，哭之慟。贈太傅，祀賢良祠，賜金治喪。詔：「珪自爲師傅，凡所陳說，無非唐、虞、三代之言，稍涉時趨者不出諸口，啓沃至多。揆諸謚法，足當『正』字而無愧，特謚文正。」又見其門庭卑隘，清寒之況，不減儒素。命內府備筵，遣皇子加奠。啓殯日，遣慶郡王永璘祖奠目送。逾年，上謁西陵，珪墓近蹕路，遣官賜奠。高宗實錄成，特賜祭，擢長子錫經爲四品京堂。二十年，復因謁陵回鑾，親奠其墓，恩禮始終無與比。

珪文章奧博，取士重經策，銳意求才。嘉慶四年典會試，阮元佐之，一時名流搜拔殆盡，爲士林宗仰者數十年。學無不通，亦喜道家，嘗曰：「朱子注參同契，非空言也。」

論曰：君子小人消長之機，國運繫焉。王杰、董誥、朱珪皆高宗拔擢信任之臣，和珅一再間沮，卒不屈撓。一旦共、驩伏法，衆正盈朝，攄其忠誠，啓沃新主，殄寇息民，苞桑永固。天留數人，弼成仁宗初政之盛，可謂大臣矣。

清史稿卷三百四十一

列傳一百二十八

慶桂　劉權之　戴衢亨　戴均元

托津　章煦　盧蔭溥

慶桂，字樹齋，章佳氏，滿洲鑲黃旗人，大學士尹繼善子。以廕生授戶部員外郎，充軍機章京，超擢內閣學士。

乾隆三十二年，充庫倫辦事大臣，遷理藩院侍郎。三十六年，授軍機大臣。居二載，出爲伊犁參贊大臣，調塔爾巴哈台。哈薩克巴布克詭稱阿布勒畢斯授爲哈拉克齊，偕阿布勒畢斯之子博普來貢馬。慶桂以博普未至，巴布克狡詐不可信，斥之。上嘉其有識，曰：「尹繼善之子能如此，朕又得一能事大臣矣！」四十二年，授吏部侍郎。調烏里雅蘇台將軍，授正黃旗漢軍都統，以病回京。逾年，授盛京將軍，調吉林，再調福州。四十九年，入覲，授工部尚書，仍直軍機，調兵部。逾年，署黑龍江將軍。時陝甘總督福康安赴阿克蘇安輯回衆，上以慶桂練邊事，命帶欽差關防，馳往甘肅，暫署總督。尋授塔爾巴哈台參贊大臣。五十一年，召授兵部尚書，歷署盛京、吉林、烏里雅蘇台將軍。五十七年，廓爾喀平，予議敍，圖形紫光閣，上親製贊。

兩淮鹽運使柴楨私挪課銀彌補浙江鹽道庫藏，命偕長麟赴浙按治，得巡撫福崧婪索侵蝕狀，讞上，福崧、楨俱伏法。尋授荆州將軍。逾年，召授正紅旗蒙古都統，命勘南河高家堰石工。嘉慶四年，授刑部尚書、協辦大學士，復直軍機。授內大臣，監修高宗實錄，加太子太保。拜文淵閣大學士，總理刑部。裕陵奉安禮成，晉太子太傅，管理吏部、理藩院、戶部三庫事。七年，三省教匪平，以贊畫功，予騎都尉世職，賜雙眼花翎。九年，授領侍衞內大臣。高宗實錄成，賞紫韁，晉太子太師。十六年，扈蹕熱河，以腿疾免從行圍，予假回京。十七年，晉太保。上念其年老，罷直軍機處，仍授內大臣。

慶桂性和平，居樞廷數十年，初無過失，舉趾不離跬寸，時咸稱其風度。逾年，命以原品休致，給予全俸。二十一年，卒，謚文恪。

劉權之，字雲房，湖南長沙人。乾隆二十五年進士，選庶吉士，授編修，累擢司經局洗馬。四十三年，督安徽學政。預修四庫全書，在事最久，及總目提要告成，以勞擢侍講。五十年，大考二等。逾年，擢大理寺卿，遷左副都御史。疏言：「大挑舉人多夤緣，請於事前一日簡派王大臣，聞命卽宿朝房，以杜弊竇。」於是命在午門蒞事，御史監視，護軍巡察，步軍、五城一體嚴查，著爲令。尋督山東學政。五十六年，擢禮部侍郎。六十年，典江南鄉試，留學政。嘉慶二年，調吏部。

四年，擢左都御史，典會試。疏言：「買補倉穀，地方官奉行不善，在本境採買，不論市價長賤，發銀四五錢。花戶不願納穀，惟求繳還原銀，加倍交價。富戶賄吏飛灑零戶，轉得少派。善良貧民深受其累。官以折價入己，仍無存米。遇協濟鄰省，令米商倉猝購辦，發價剋扣，起運勒揹。請飭遇應買補，向豐稔鄰縣公平採辦，不得於本縣苛派，嚴禁胥吏舞弊。」又言：「社倉大半借端挪移，管理首事與胥吏從中侵盜，至歉歲顆粒無存，以致殷實之戶不樂捐輸，老成之士不願承辦，請一律查禁。」詔韙之，飭各直省嚴禁，民得免累，湖、湘間尤稱頌焉。

編修洪亮吉上書王大臣言事戇直，成親王徑以上達，權之與朱珪未卽呈奏，有旨詰問，自請嚴議。上以權之人品端正，平時陳奏不欺，寬其處分。尋遷吏部尙書。五年，典順天鄉試。六年，命爲軍機大臣。越一歲，會川、楚、陝教匪戡定，權之入直未久，上嘉其素日陳奏時有所見，疊予褒敍。在吏部久，疏通淹滯，銓政號平。九年，失察書吏虛選舞弊，因兼直樞廷，薄譴之，調兵部。十年，以禮部尚書、協辦大學士，加太子少保。軍機章京、中書袁煦者，故大學士紀昀女夫也，入直已邀恩敍，權之於昀有舊恩，至是復欲以袁煦列薦。同官英和議不合，已中止，英和密請晏見，面劾權之瞻徇。上不悅，兩人同罷直，下廷議革職，念權之前勞，降編修。未幾，擢侍讀，遷光祿寺卿，歷遷兵部尚書。

十五年，協辦大學士，典順天鄉試。是年，帝以秋獮幸熱河，明年，幸五臺，並命留京辦事，拜體仁閣大學士，管理工部，復加太子少保。十八年，目疾乞假，遣御醫診視。會逆匪林清爲變，事定，朝臣衰病者多罷退，詔以原品休致回籍，給半俸。二十三年，卒於家，年八十，謚文恪。

戴衢亨，字蓮士，江西大庾人。父第元，由編修官太僕寺卿。衢亨年十七，舉於鄉。乾隆四十一年，召試，授內閣中書，充軍機章京。四十三年，成一甲一名進士，授翰林院修撰，典試湖北。叔父均元、兄心亨並居館職，迭任文衡，稱「西江四戴」。尋命仍直軍機。秋獮扈蹕，射麅以獻，高宗賜詩美之。累典江南、湖南鄉試，督山西、廣東學政，歷遷侍講學士。嘉慶元年，授受禮成。凡大典撰擬文字，皆出其手。二年，命隨軍機大臣學習行走，以秩卑，特加三品卿銜。累遷禮部侍郎，調戶部。四年，仁宗始親政。衢亨以病乞假；假滿，兼署吏部侍郎。六年，擢兵部尚書，兼管順天府尹、戶部三庫。川、楚、陝教匪以次削平，以贊畫功，屢荷優褒。七年，大功戡定，詔嘉其知無不言，言無不盡，克盡忠悃，加太子少保，予雲騎尉世職。九年，失察順天府書吏盜印，罷兼尹。十年，調戶部，兼直南書房，典會試。十二年，協辦大學士，兼翰林院掌院學士，典順天鄉試。十三年，偕大學士長麟視南河。時河事日敝，帝銳意整頓，中外臣工議不一，特命查勘籌議。衢亨叔均元方以總河謝病家居，許便道省視，遂與長麟三疏陳治河要義，斟酌緩急，停修毛城鋪滾水壩，復天然閘東山罅閘壩，以減黃濟運；於王營減壩西，增築滾壩、石壩，普培沿河大隄，以淮、揚境內爲尤急。雲梯關外八灘以上，接築雁翅隄以束水勢。高堰、山盱石隄加築後戧土坡，爲暫救目前之計，徐辦碎石坦坡以護石工。智、禮二壩加高石基四尺，以制宣洩。疏上，帝深韙之，命嗣後考覈河工以爲標準。十四年，萬壽慶典，晉太子少師。

衢亨性清通，無聲色之好。朝退延接士大夫，言人人殊，不置可否，而朝廷設施，有見之數月數年之後者。柄政既久，仁宗推心任之。給事中花杰疏論長蘆欠課，衢亨方筦戶部，議下鹽政覈辦。杰乃劾衢亨與鹽商查有圻姻親，餽送往來，助營第宅，不免徇庇；又廷試閱卷，援引洪瑩爲一甲一名，有交通情狀；薦周系英、王以銜、席煜、姚元之入南書房，與英和陰附結黨。衢亨疏辨，下廷臣察詢，命二阿哥監視洪瑩覆寫試策，無誤，迭詔爲衢亨湔雪；惟斥其令部員劉承澍在園寓具稿，致招物議，予薄譴，鐫級留任；坐忝污黷，承澍漏洩，降黜有差。因調衢亨工部。復以凡部臣有直軍機者，遇交議，同官每向探意旨，事後輒相推諉，特諭申儆焉。十五年，拜體仁閣大學士，管理工部，兼掌翰林院如故。

十六年春，扈蹕五臺，至正定病，先回京。尋卒，年五十有七。溫詔優卹，稱其謹飭清愼，實爲國家得力大臣，親臨賜奠，贈太子太師，入祀賢良祠，謚文端。子嘉端，年甫十一，賜舉人，襲雲騎尉。

戴均元，字修原。乾隆四十年進士，選庶吉士，授編修。遷御史，迭典江南、湖北鄉試，督四川、安徽學政。嘉慶三年，由安徽任滿還京，兄子衢亨先已超授軍機大臣，故事，大臣親屬任科道者，對品迴避，均元例改六部員外郎，特命以鴻臚寺少卿候補。累擢工部侍郎。

八年，偕侍郎貢楚克扎布察視張秋運河及衡家樓決口工程。歷戶部、吏部侍郎。十年，南河黃流奪運，高堰石工壞，特命馳視籌度。明年，詔以湖、河異漲，高堰隄工賴先築子堰，保衞無虞，淸水暢注，河口積淤刷滌，已復三分入運、七分入黃舊制，爲河事一大轉機，嘉均元盡心宣防，特復正、副總河舊制，授南河總督，以舊督徐端副之。在任三年，堵合黃河周家堡、郭家坊、王營減壩、陳家浦，及運河二堡、壯原墩，築高堰義字壩，拆修惠濟閘，以減壩合龍，加太子少保。病，乞解任，尋愈，因事降三品京堂，授左副都御史，督順天學政。未幾，遷倉場侍郎。十八年秋，河決睢州，出爲東河總督。詔以均元曾任南河，許便宜調用工員，責速堵合。明年春，以吏部侍郎內召，途次擢左都御史。尋遷禮部尚書，調吏部。二十年，協辦大學士。逾年，授軍機大臣，充上書房總師傅。二十三年，拜文淵閣大學士，晉太子太保，管理刑部。二十四年，河決武陟馬營壩，自秋徂冬尙未啓工，奉命馳視，還報購料未集，詔嚴斥在事諸臣以示儆。

二十五年七月，扈從熱河，甫駐蹕，帝不豫，嚮夕大漸。均元與大學士托津督內侍檢御篋，得小金盒，啓鐍，宣示御書立宣宗爲皇太子，奉嗣尊位，然後發喪。洎還京，因撰擬遺詔有「高宗降生於避暑山莊」之語，誤引御製詩注，樞臣皆被譴鐫級，均元與托津並罷直。道光二年，裕陵隆恩殿柱蠹朽，距修建甫二十年，承辦工員俱獲罪。均元以在事未久，從寬罷管部務，奪宮銜，責同賠修，工畢復之。漳水北徙，命均元馳視。次年，因漳水下流潰直隸元城紅花隄，塞之則元城北境水無所洩，不塞則山東館陶受其害，復命均元往視。議展寬舊有引河，俾積水穿隄入衞水，別就隄下新刷水溝挑成河道，分流洩入館陶境，築隄防溢。

復偕巡撫程祖洛勘上游，議：「漳水自乾隆五十一年南徙合洹水後，衞水爲所格阻，頻年衝決，由於合則爲患。今漳水北徙，與洹水分流入衞，當因勢利導，各完隄防，使漳、洹不再合。」疏上，詔從之。四年，予告回籍，食全俸。

先是建萬年吉地於寶華峪，均元相度選定。帝敦崇儉樸，命偕莊親王緜課、協辦大學士英和監修，面戒規制一從節減。迨七年，孝穆皇后梓宮奉安，帝親視，嘉其工程堅固，晉均元太子太師。及是，地宮有浸水，上震怒，嚴譴在事諸臣，褫均元職，逮京治罪，擬重辟，念其耄老，免罪釋歸。

均元歷官五十餘年，叔姪繼爲樞相，家門鼎盛。自在翰林，數司文柄，及躋卿貳，典順天鄉試一，典會試三。晚歲獲咎家居，世猶推爲耆宿。二十年，卒，年九十有五。

托津，字知亭，富察氏，滿洲鑲黃旗人，尙書博淸額子。乾隆中，授都察院筆帖式，充軍機章京，累遷銀庫郎中。改御史，遷給事中。嘉慶元年，命解餉銀赴達州。五年，授副都統，留治四川軍需。疏請軍餉先一月預撥，忤旨召回。及至京，於餉數、軍事無所陳告，褫職，予頭等侍衞，充葉爾羌辦事大臣。七年，調喀什噶爾參贊大臣，復授副都統。八年，召爲倉場侍郎。

十年，調吏部，命在軍機大臣上行走。偕直隸總督吳熊光往湖北，按訊鹽法道失察岸商擡價，及錢局鼓鑄偷減，治如律。時總督百齡被訐在廣東索供應、造非刑，命托津偕總督瑚圖禮治其獄，請褫百齡職。十一年，調戶部，偕侍郎廣興按東河總督李亨特勒派廳員，奪亨特職，遣戍。十二年，偕侍郎英和按訊熱河副都統慶傑貪婪，褫職遣戍。

十三年，偕尚書吳璥勘南河。先是，雲梯關外陳家浦漫決，由射陽湖旁趨海口，疆臣、河臣請改河道徑由射陽湖入海。托津等疏言：「馬港口、張家莊漫水西漾數十里，始折歸北潮河。如果地勢建瓴，何以轉向西流？北潮河已匯流數月，水未消涸，顯見去路不暢，改道斷不可行。請仍修故道，接築雲梯關外大隄，收束水勢，較為得力。」又言：「河口高堰各工，因運河西岸堵築漫缺，頭、二壩口門較寬，不能擊托暢注，請速補築。」皆如所議行。

十四年，往江南讞獄。金山寺僧志學與王兆良爭墾沙地械鬬，斃多人，依律治罪。請以蔣家沙洲歸公佃種，歲給寶晉書院及金山寺租銀各千兩。倉場書吏高添鳳舞弊，通州中、西二倉虧缺，命偕福慶勘訊，坐以奸吏骫法罪。既而，部鞫添鳳，復得私出黑檔領米狀，托津亦以久任倉場，譴責分賠。浙江學政劉鳳誥代辦鄉試監臨，有聯號弊，偕侍郎周兆基、少卿盧蔭溥往按得實，論鳳誥遣戍。山西署布政使劉大觀劾前任巡撫初彭齡任性乖張，偕侍郎穆克登額往按，彭齡、大觀俱被嚴議。十五年，擢工部尚書，調戶部，兼都統。偕盧蔭溥往四川按事，總督勒保寢匿名揭帖，據實上聞，罷勒保大學士職。又偕府尹初彭齡往南河清查工帑。十六年春，兩江總督松筠調任，命托津暫代。尋回京，加太子少保，兼內大臣。

十八年，扈蹕熱河，教匪林清逆黨闌入禁城，命托津回京察治。林清就獲，詔優獎，授協辦大學士。時匪黨李文成據河南滑縣，山東、直隸皆震動。那彥成督師，遷延未進，托津往代。既而那彥成連戰皆捷，命托津赴開州、大名督率提督馬瑜剿匪。十九年，授正白旗領侍衞內大臣，拜東閣大學士，管理戶部，晉太子太保。侍郎初彭齡劾兩江總督百齡、江蘇巡撫張師誠受餽送，布政使陳桂生册報蒙混，命偕尙書景安往按。彭齡坐劾未實，被譴。二十一年，那彥成前在陝甘總督任與布政使陳祁挪賑事覺，命托津往按，那彥成逮京，即代署直隸總督，尋回京。

仁宗綜覈庶政，知托津樸誠，於行省有重事大獄，率以任之，無一歲不奉使命。二十二年，管理理藩院。二十四年，萬壽慶典，賜雙眼花翎、紫韁。二十五年，仁宗崩於熱河避暑山莊，事出倉猝，托津偕大學士戴均元手啓鐍盒，奉宣宗即位。尋因遺詔引事舛誤，詔切責，托津、均元並以年老罷軍機大臣，降四級留任。道光元年，命題仁宗神主，晉太子太傅。二年，與玉瀾堂十五老臣宴，繪像，御製詩有「立朝正色」之褒。調管刑部。以子婦乘轎入神武門中門，坐治家不嚴，奪紫韁、雙眼花翎，尋復之。十一年，致仕，食全俸。十五年，卒，年八十有一。帝親奠，賜金治喪，贈太子太師，祀賢良祠，謚文定。

章煦，字曜青，浙江錢塘人。乾隆三十七年進士，授內閣中書，充軍機章京，累遷刑部員外郎。屢典鄉試，督陝甘學政，任滿仍留刑部，改御史。嘉慶六年，擢太僕寺少卿。詔以軍事方殷，煦習機務，仍留直。七年，三省教匪平，始罷直供本職。偕侍郎那彥寶往雲南按布政使陳孝升等冒銷軍需，治如律。歷太僕寺卿、順天府尹。十年，出爲湖北布政使。逾年，擢巡撫。十三年，召爲刑部侍郎。偕侍郎穆克登額往雲南按事。貢生任澍宇誣訐官吏冒銷軍需不實，論反坐。授貴州巡撫，未至，調雲南，署雲貴總督。十四年，調江蘇巡撫，署兩江總督。時議行海運，下煦籌議，疏陳不便，寢之。十七年，入覲，乞改京秩，授刑部侍郎，偕侍郎景安往直隸讞獄。十八年，河南教匪起，直隸總督溫承惠赴剿，命煦代攝。尋擢工部尚書，調吏部，仍留署職。捕教匪馮克善械送京師，加太子少保。

十九年，回京，典會試。山東金鄉竊賊聚衆拒捕，巡撫同興以邪教餘黨聞。煦偕那彥寶往鞫，得狀，依律論罪。知州袁潔誣報，褫其職。上知山東吏治廢弛，命煦等嚴察以聞，遂劾同興玩泄，以致地方凋敝，倉庫空虛，及布政使朱錫爵徇私廢公狀，並褫職，命煦署巡撫，淸查虧空。尋以陳大文調任，同治其事，責煦議定章程。疏言：「嘉慶十四年淸查，原奏虧銀一百七十九萬有奇。今查十四年以前實虧三百四十一萬有奇，十四年以後又續虧三百三十四萬有奇。擬請清釐藩庫，嚴交代，定徵解分數，以杜新虧；立追繳及分賠限期，催徵民欠，以懲延宕；覈減提款，確查無著之虧，以示體恤；覈攤捐案，據估變流抵產物扣抵，先儘正項倉庫一律籌補，軍需墊解，查明方許列抵，以防朦混。」凡十四條，下部議行。

二十年，偕侍郎熙昌往湖北、廣東、江蘇、安徽讞獄：襄陽人吳煥章誣告易成元、易登朝等勾結謀逆，反坐論罪；襄陽知縣周以焯濫押斃命，遣戍。雷州府經歷李棠誣訐兩廣總督蔣攸銛，遣戍；雷瓊道胡大成苛派屬員，褫職；貴縣知縣吳遇坤刊書詆毀上官，遣戍；洋商盧觀恆濫祀鄉賢，黜之；江蘇知縣王保澄誣訐上官諱匿邪書，遣戍；阜陽捻匪糾搶殺人，論如律。

二十一年，調禮部尚書，授軍機大臣。調刑部，管理禮部。二十二年，病免。尋授兵部尚書、協辦大學士，兼管順天府尹事。二十三年，拜東閣大學士，管理刑部。萬壽慶典，晉太子太保。二十五年，以足疾累疏乞休，予告致仕，食全俸。居家久之，道光四年，卒，謚文簡。

煦久任樞曹，練習政事，歇歷中外，數治大獄。晚始參樞務，未久病去，再起管部。以盡心刑事，京察特被獎敍焉。

盧蔭溥，字南石，山東德州人。祖見曾，康熙六十年進士，官至兩淮鹽運使。父謙，漢黃德道。

見曾起家知縣，歷官有聲。爲兩淮鹽運使，以罪遣戍，復起至原官。當乾隆中葉，淮鹾方盛。見曾擅吏才，愛古好事，延接文士，風流文采，世謂繼王士禎。在揚州時，屢值南巡大典，歷年就鹽商提引，支銷冒濫，官商並有侵蝕。至三十三年，事發，自鹽政以下多罹大辟。見曾已去官，逮問論絞，死於獄中。籍沒家產，子孫連坐，謙謫戍軍臺。蔭溥甫九歲，貧困，隨母歸依婦翁，讀書長山。越三年，大學士劉統勳爲見曾剖雪，乞恩赦謙歸，授廣平府同知。蔭溥刻苦勵學，至是始得應科舉。

乾隆四十六年，成進士，選庶吉士，授編修。阿桂爲掌院，激賞其才。五十六年，大考，降禮部主事。阿桂言蔭溥能事，改部可惜。帝曰：「使爲部曹，正以治事也。」累司文柄，典山西鄉試，督河南學政。嘉慶五年，充軍機章京，川、楚軍事，多所贊畫。八年，孝淑睿皇后奉安山陵，故事，皇后葬禮無成式，禮臣所議未當。蔭溥回直儀曹，考定禮文，草撰大儀，奏上，如議行。數隨大臣赴各省按事，累擢光祿寺少卿。十六年，大學士戴衢亨卒，仁宗以蔭溥諳習樞務，數奉使有勞，加四品卿銜，命在軍機大臣上行走。歷通政司副使、光祿寺卿、內閣學士。十八年，擢兵部侍郎，調戶部。扈從熱河，會教匪起，滑縣林清入犯禁城，夜半聞報，至行在面進機宜，越日從駕還京。事平，優敍，賜子本舉人。

二十二年，擢禮部尙書，調兵部。上以蔭溥實心任事，特加太子少保。尋調戶部，兼署刑、吏兩部尙書。二十三年，館臣撰進明鑑，未合上意，命蔭溥偕托津、章煦、英和、和瑛爲總裁，遴擇翰林才識兼長者，重加核改，書成，詔褒之。工部主事潘恭辰監督琉璃窰，不受漏規，駁吏嚴，吏誣訐侵冒，下獄。恭辰貧而無援，文書證據不得直，罪且不測，輿論憤之。上微聞，命蔭溥詳鞫，得其狀，釋恭辰，置吏於法。後恭辰至雲南布政使，以清操名。二十五年，典會試，會元陳繼昌，故大學士宏謀玄孫也，鄉試、殿試皆第一。有清一代科舉得三元者，惟乾隆中錢棨及繼昌兩人。上製詩，命蔭溥等賡和，以紀盛事。是年秋，帝崩，因撰擬遺詔不愼，降五級留任。尋調工部。

道光元年，調吏部，兼管順天府尹，罷軍機大臣。次年，猶以直軍機久，調任後亦能盡心，加恩予優敍。七年，協辦大學士。十年，拜體仁閣大學士，管理刑部。十三年，以疾乞休，加太子太保，食全俸。十九年，重宴鹿鳴，晉太子太傅。尋卒，年八十，贈太子太師，謚文肅。

論曰：仁宗綜覈名實，樞臣中戴衢亨最被信用，衢亨亦竭誠贊襄，時號賢相，晚遭彈劾，而晻注不移。均元繼之，卒以顧命嫌疑，不安於位。豈盈滿之不易居耶？慶桂、劉權之並以老成雍容密勿，托津、章煦、盧蔭溥則奉使出入，數按事決獄，寄股肱耳目之任。因人倚畀，蓋各有所專焉。

清史稿卷三百四十二

列傳一百二十九

保寧　松筠子熙昌　富俊竇心傳　博啓圖

保寧，圖伯特氏，蒙古正白旗人，靖逆將軍納穆札勒子。乾隆中，納穆札勒殉節回疆，錫封三等公。

保寧由親軍襲爵，授乾清門侍衞。從征金川，力戰，迭克要隘，將軍阿桂薦其才，擢陝西興漢鎭總兵。金川平，繪像紫光閣，御製贊，褒其膽勇持重，少年如宿將。尋調河南南陽鎭、直隸馬蘭鎭，兼總管內務府大臣。擢江南提督。

四十九年，授成都將軍。甘肅石峰堡回叛，命選屯練番兵赴鞏昌、安定助剿，平之。五十一年，授四川總督。保寧謹愼有操守，盡心邊事。邊夷上下孟董、九子等寨生齒日繁，請增設營員，以屯練有勞績者拔補；改修打箭鑪城，扼要築卡，駐兵捍衞；改黃梁、大定、白雞、白鹿等八寨熟苗編入民戶，並協機宜。

次年，調伊犁將軍，兼內大臣，籌備倉儲。疏言：「伊犁一年支糧十六萬六千餘石，不敷二萬三千石，歷就舊儲五十餘萬石內塡補。現贘三十餘萬石，雖尚可敷十餘年之用，地處極邊，若不補籌餘糧，偶遇歉收，或有需糧之事，慮難接濟。請撥兵丁七百名，增開七屯，自來年耕種，歲可收糧一萬九千餘石，永遠備貯。」從之。又奏添設惠遠城鳥槍步甲四百名。五十五年，入覲，途次命赴四川暫署總督事。次年，回任，加太子少保，授御前大臣。惠遠城創立三十餘年，戶口日繁，於城東展築，擴舊城四分之一。伊犁無通曉俄羅斯語言者，請於京師俄舘選派一人來教習官兵子弟，五年期滿，試最優者充筆帖式。俄屬烏梁海潛往哈屯河外汗山地方游牧，帝慮其滋事，命保寧察視，疏言：「烏梁海居住甚安戢，不必驅逐，飭邊卡防範，無庸添兵。」察哈爾兵丁及土爾扈特私竊哈薩克馬匹，緝獲，置之法。帝嘉保寧無偏袒，得外藩心，予議敍。

六十年，召授吏部尚書，兼鑲黃旗漢軍都統，甫數月，復出爲伊犁將軍。嘉慶二年，協辦大學士，尋拜武英殿大學士，加太子太保，任邊事如故。土爾扈特家奴三吉汚主母孀婦伯克木庫殞命，特詔予伯克木庫旌表。保寧疏陳駐防孀婦守節，未舉旌表之典，請照內地一體辦理。於是採訪各城，請旌者凡七十人，後著爲令。七年，召還京，授領侍衞內大臣，管理兵部，兼管三庫。八年，因孝淑皇后山陵典禮會疏措詞不經，褫銜鐫級留任。保寧兩鎭伊犂，歷十餘年，西陲無事，藩部悅服。既去任，朝廷遇邊疆興革，每諮決焉。十一年，以疾乞休，命在家食公爵全俸。逾兩年，卒，賜金優卹，謚文端，祠祀伊犂。子慶祥嗣爵，殉回疆之難，自有傳。次子慶惠，由廕生授侍衞，歷官侍郎，三以罪黜復起。道光中，官至熱河都統，以疾歸，卒，謚勤僖。

松筠，字湘浦，瑪拉特氏，蒙古正藍旗人。繙譯生員，考授理藩院筆帖式，充軍機章京，能任事，爲高宗所知。累遷銀庫員外郞。乾隆四十八年，超擢內閣學士，兼副都統。五十年，命往庫倫治俄羅斯貿易事。先是，俄屬布哩雅特人劫掠庫倫商貨，俄官不依例交犯，僅罰償，流之遠地，檄問未聽命，詔停恰克圖貿易。松筠至，尋充辦事大臣。閉關後，邊禁嚴而不擾，遇俄人皆開誠待之。擢戶部侍郞。俄羅斯以貿易久停，有悔意，撤舊官，屢請開市，未許。卡倫兵出巡，復爲布哩雅特人所殺。松筠曰：「舊事未了，又生旁支，然亦了事之機也。」檄俄官縛送三人，親訊於界上，斬其二，流其一，請兩案併結。詔斥專擅，褫職，仍留庫倫効力。會西路土爾扈特喇嘛薩邁林者，迷路入哈薩克，歸攜書信，訛言俄人誘致土爾扈特謀亂，下松筠察狀。疏言俄羅斯實恭順，無可疑。俄人亦自陳證薩邁林書信出僞造。詔置薩邁林於法，許復開市。五十七年，召俄官會議定約，親蒞俄帳宴飲，諭以恩信，大悅服。事歷八年然後定。召還京，授御前侍衞、內務府大臣、軍機大臣。命護送英吉利貢使回廣東，凡所要索皆嚴拒。

五十九年，署吉林將軍。尋命往荊州察稅務，道出衞輝，大水環城，率守令開倉賑卹。詔嘉獎，授工部尚書兼都統。充駐藏大臣，撫番多惠政。和珅用事，松筠不爲屈，遂久留邊地。在藏凡五年。

嘉慶四年春，召爲戶部尚書。尋授陝甘總督，加太子少保。時教匪張漢潮及藍號、白號諸黨擾陝、甘。松筠至，駐漢中，治糧餉給諸軍。自軍興，給陝西餉銀一千一百萬兩，至是續撥一百五十萬，設局清釐，按旬咨部。命陳諸將優劣，密疏言：「明亮知兵而罔實效；恆瑞前戰湖北功最，年近六旬，精力大減；慶成有勇無謀；永保無謀無勇，不能治兵，並不能治民；惟額勒登保、德楞泰能辦賊。」仁宗深嘉納之。明亮劾永保、慶成避賊，下松筠逮治。永保亦與荊州將軍興肇訐明亮誑報軍功，詔並褫職，遣尚書那彥成赴陝會鞫。會明亮已擊斃張漢潮，松筠請緩其獄，又請留撒拉爾回兵，令慶成率以協勦，帝不允。旣而那彥成劾恆瑞棄藍號垂盡之賊，折回陝西，由松筠所誤。詔褫松筠宮銜、侍衞，仍留總督任。川匪犯南鄭，復分犯西鄉、沔縣、略陽。松筠素謂匪多脅從，可諭降，欲單騎赴之。副將韓嘉業固諫曰：「諭之不從而喪總督，大損國威，爲天下笑。請先往。」嘉業果被害。賊竄徽縣、兩當。五年春，額勒登保、那彥成會勦，乃分路遁。於是命長麟代爲陝甘總督，授松筠伊犂將軍，未之任，暫署湖廣總督。自請入覲面陳軍事，先在陝上疏言：「賊不患不平，而患在將平之時。既平之後，請弛私鹽、私鑄之禁，俾餘匪散勇有所謀生。」帝以其言迂闊，置之。至京，復以爲請，忤旨，降副都統銜，充伊犂領隊大臣。

七年，擢伊犂將軍。乾隆中屢詔伊犂屯田，皆以灌溉乏水未大興，松筠力任其事，預計安插官兵。惠遠城需八萬畝，惠寧城需四萬畝，乃於伊犂河北引水開渠，逶迤數十里，又於城西北導水泉。凡兩城有水之地皆開渠，授田爲世業，給穀種、田器、馬牛。然旗人多驕逸，或殺食所給牛，鬻田器棄不耕，反覆曉諭始聽命。比去任，凡墾田六萬四千畝。寧遠叛兵蒲大芳等讁戍塔爾巴哈台，其黨馬友元等分戍南路諸城。十三年冬，大芳復謀逆，捕其黨五十餘人誅之。次年，檄調馬友元等百餘人赴伊犂種地，悉斬於途。詔斥未鞫而殺，失政體，降喀什噶爾參贊大臣。復授陝甘總督。

調兩江總督。南河自馬港口蟄陷，黃水倒漾，淤運阻漕。偕河督吳璥察勘海口，請復故道。製疏沙器具，試之河口果驗；又造撥船千艘，改小運船，親駐河干督趲，渡黃回空皆迅速。迭疏論河務，宜引沁入衛，可利漕運。又謂吳璥於黃泥嘴、俞家灘逢灣取直，以致停淤，爲璥等論駁。復密陳吳璥、徐端所論不實，工程虛捏，自請調任總河察其弊，又薦蔣攸銛、孫玉庭可任。帝以松筠忠實，治河非所長，用攸銛爲河督，責令相助爲理。尋兼署河督事。十六年，調兩廣總督，協辦大學士，兼內大臣。召爲吏部尚書。

十七年，命往盛京會勘陵工，兼籌移駐宗室事，疏請小東門外建屋七十所，居閒散宗室七十戶，戶給田三十六畝。又言：「西廠大淩河東有可耕地三千頃，可移駐二千餘戶。東廠周數百里，地多積水，其水自北山柳條邊來，若相地開河，可涸出沃壤；又東柳河溝亦多積水，若自北山東橫開大渠，可得沃壤數千頃。」「續勘彰武臺邊門外迤西牧廠閒地，橫三四十里，縱六七十里，並可移駐。請於大淩河西廠東界先試墾種。」詔並允行。而試墾事爲將軍晉昌奏罷，論者惜之。回京，授軍機大臣。未幾罷，改授御前大臣。

十八年，復出爲伊犂將軍，拜東閣大學士，改武英殿大學士。以平定滑縣教匪，敍功，加太子太保。詔偕參贊長齡通籌新疆南北諸城出納，量減內地饋運。疏言：「北路塔爾巴哈台歲需內地銀四萬數千兩，南路回疆八城歲需內地銀五萬數千兩，地方貢賦皆入經費之內，無庸議減。伊犂歲需內地經費銀六十萬兩，可撙節者無幾。惟烏魯木齊爲新疆腹地，歲需銀一百一十餘萬兩，宜裁減。請復屯田，廣墾蘆灘荒地，開採銅鉛各礦，抽收迪化州、吐魯番木稅。」又議綠營糧餉，凡倉儲充裕處，改給銀米各半，並復乾隆四十六年以前捐監之例，使邊地就近納粟。所議或行或不行，於內地歲輸卒未大減。

喀什噶爾阿奇木伯克玉努斯聽其妻色奇納言，多不法，私與浩罕酋愛瑪爾交通。愛瑪爾欲使尊爲汗，遣使請自設哈子伯克，用浩罕稅例徵安集延商。十九年，松筠巡視回疆，誅色奇納，械玉努斯，禁錮伊犁；拒浩罕之請，斥去其使。二十年，喀什噶爾回人孜牙敦作亂，親往治之。孜牙敦就獲，與布魯特比圖爾第邁莫特並置極刑。詔斥松筠不待命，削宮銜，召還京。松筠初任時，築四堡於伊犁河北，議移置八旗散丁，事未竟而去。再至，乃築室堡中，堡置百戶，戶授田三四十畝，三時務農，冬則肄武。規畫粗備，以屬代者，而代者不置意，田遂荒。

二十二年，詔來年幸盛京，抗疏諫阻，罷大學士，出爲察哈爾都統，署綏遠城將軍。踰年，子熙昌歿，帝憐之，召還爲正白旗漢軍都統。尋授禮部尚書，調兵部，復御前兼職。未幾，出爲盛京將軍。松筠素以忠諒見重，在朝時，凡燕游執御之事，乘間直言無避。旣屢忤旨，二十五年，以兵部遺失行印，追論，降山海關副都統。復以事，迭降爲驍騎校。是年秋，仁宗崩於熱河，梓宮回京，宣宗步行於班僚中見之，扶而哭，翌日授左副都御史，擢左都御史。其復起也，甚負時望，然卒不安於位，未一月，出爲熱河都統。

道光元年，召授兵部尚書，調吏部，復爲軍機大臣。二年，暫署直隸總督。以代改理藩院奏稿，忤尚書禧恩，被劾，降六部員外郎。尋授光祿寺卿，遷左都御史。又出爲盛京將軍，調吉林。數年之中，兩召還朝，爲左都御史、禮部尚書；迭出署烏里雅蘇台將軍、熱河都統、直隸總督。九年，調兵部尚書，往科布多鞫獄。十年，往山西按巡撫徐炘被控事。回疆方用兵，密疏有所論列，詔令陳善後方略，多被採納。是年秋，自以衰病請罷，數日復請任使，詔斥進退自由，負優禮大臣之意。又以前赴科布多囑道員徐寅代購什物，罷職，予三品頂戴休致。

至十二年，浩罕遣使進表，松筠曾言浩罕通商，邊境可靖，帝思其言，復頭品頂戴，署正黃旗漢軍副都統。命赴歸化城勘達爾漢、茂明安、土默特三部爭地，據乾隆朝圖記判定，三部皆悅服。還，授理藩院侍郎，調工部，進正藍旗蒙古都統。十四年，以都統銜休致。逾年，卒，年八十有二，贈太子太保，依尚書例賜卹，諡文清，祀伊犁名宦祠。

松筠廉直坦易，脫略文法，不隨時俯仰，屢起屢蹶。晚年益多挫折，剛果不克如前，實心爲國，未嘗改也。服膺宋儒，亦喜談禪。尤施惠貧民，名滿海內，要以治邊功最多。

子熙昌，以廕生官至刑、工兩部侍郎，署熱河都統兼護軍統領。數奉使赴各省按事，亦被信用。嘉慶二十三年，卒於長沙，帝深惜之，贈都統，諡敬愼。

富俊，字松巖，卓特氏，蒙古正黃旗人。繙譯進士，授禮部主事，歷郎中。累遷內閣蒙古侍讀學士、內閣學士，兼副都統。嘉慶元年，擢兵部侍郎，充科布多參贊大臣。四年，授烏魯木齊都統，調喀什噶爾參贊大臣。歷葉爾羌辦事大臣、烏里雅蘇台參贊大臣。召署鑲紅旗漢軍都統、兵部侍郎。

八年，出爲吉林將軍，調盛京。清治民典旗地，限年首官，不首者治罪，追典價租息入官。富俊疏言：「一年之內，一千六百餘案，應追繳者不下萬人，年久轉典，株連繁多。旗、民多窮苦，既獲罪，又迫追呼，情實可憫，請悉寬免。」允之。十二年，考覈軍政，以潔己奉公，邊陲安輯，特詔褒美，予議敍。十五年，因採蔘攙雜，受屬員蔽，褫職，遣往吉林効力。既而言官論關東三省賭博風熾，仁宗念富俊在官時曾嚴禁，卽起授盛京工部侍郎，兼管奉天府尹及六邊邊門事務。十八年，授黑龍江將軍，疏請內外臣工三年更調，及禁奢、講武數事，詔以更調非可限年，餘並嘉納。又以東三省官兵技藝優嫺，每屆五年挑送京營，著爲令。

十九年，調吉林將軍。先是，議籌八旗生計，詔勘吉林荒地開墾，移駐京旗，將軍賽沖阿言拉林近地閒荒可墾，未有規畫。富俊至，疏言：「乾隆中移駐京旗，建屋墾地，多藉吉林兵力，墾而不種，酌留數人教耕，一年後裁汰。京旗蘇拉不能耕作，始而雇覓流民，久之田爲民有，殊失國家愛育旗人之意。今籌試墾，莫若先辦屯田。請發吉林閒散旗人一千名爲屯丁，每丁給銀二十五兩、耔種二石，官置牛具，人給荒地三十晌。墾種二十晌，留荒十晌，四年徵糧，每晌一石。十年後移駐京旗，人給熟地十五晌，荒五晌，餘十晌荒、熟各半，給原駐屯丁爲恆產，免徵其租。因利而利，糜帑無多，將來京旗移到，得種熟地，與本處旗屯犬牙相錯，學耕夥種，實爲有益。」並詳列屯墾、出納、設官、經理事宜，詔如議行。

二十年，富俊親駐雙城子，地在拉林河西北，橫一百三十里，縱七十餘里，沃衍宜耕。遣員履丈，分撥伐木於拉林河上游，建立屯屋。分五屯，設協領一、佐領二，分左右翼統治之，卽名屯地曰雙城堡，於二十一年一律開墾。是年霜早歉收，屯丁僅足餬口，又挈妻子者不敷居住，間有逃亡。乃展緩徵糧一年，添蓋窩棚，借給耔種，心始安。二十二年，調盛京。疏陳雙城堡餘荒尚多，續發盛京、吉林旗丁各千名往墾，分左、右二屯，舊屯名爲中屯，遂復調富俊吉林，任其事。二十四年，先到屯丁千名，盛京旗人多有親族偕來，自願入屯，惟隸寧古塔者，因近地亦可耕荒，不願輕離鄉土，聽其還，以空額二百名改撥盛京。二十五年，復續到千名。富俊巡歷三屯，疏陳：「比屋環居，安土樂業，有井田遺風。中屯開墾在先，麥苗暢發，男耕婦饁，俱極勤勞。」仁宗大悅，報曰：「滿洲故里，佃田宅宅，洵善事也。」續議三屯應增事宜，詔嘉實心任事，予議敍。道光元年，疏言：「三屯開墾九萬數千晌，已著成效，可移駐京旗三千戶。請自道光四年始，每歲移駐二百戶，給資裝車馬，分起送屯，官給房屋牛具。」報可。二年，召授理藩院尚書，與玉瀾堂十五老臣宴，御製詩有「勤勞三省，不凋松柏」之褒。

四年，復出爲吉林將軍。方雙城堡之興屯也，富俊欲推其法於伯都訥圍場，以旗戶往往賴幫丁助耕，不如逕招民墾。前後疏六七上，爲廷議所格。至是，復言伯都訥圍場荒地二十餘萬晌，募民屯墾，較雙城堡費半功倍，始允之。五年，丈地分屯，申畫經界，名曰新城屯。分八旗爲兩翼，每翼初立二十五屯，後定爲十五屯。每屯三十戶，以「治本於農務滋稼穡」八字爲號。以次撥地，同時並墾。至七年，陸續認佃三千六百戶，總爲一百二十屯，與雙城堡相爲表裏。初議京旗每歲二百戶移駐雙城堡，至六年，僅陸續移到二百七十戶；七年，續移八十五戶：而地利頓興，自此雙城堡、伯都訥兩地號邊方繁庶之區焉。

墾事既定，復召爲理藩院尚書，協辦大學士，兼鑲黃旗漢軍都統。次年，京察，以在吉林宣勞，予議敍。疏言：「京、外競尚浮奢，官民服飾及冠婚、喪祭，任意踰制，有關風俗人心。請依會典儀制，刊布規條，宣諭民間。」詔下有司議行。時富俊年逾八十，渥被優禮，遇常朝免其入直。迭讞獄盛京、吉林，俱稱旨。十年，調工部，拜東閣大學士，管理理藩院。十二年，復請禁僭用服色，犯者拏捕，詔斥徒滋擾累，寢其議。尋以天時亢旱，自稱奉職無狀，引年乞罷，不許。授內大臣。疏言：「科舉保薦，並認師生，餽遺關通，成爲陋習。請嚴禁，以端仕進。」詔嘉納，申誡臣工務除積習。十四年，卒。帝悼惜，稱其「清愼公勤，克盡厥職」，贈太子太傅，親臨奠醊，謚文誠，入祀賢良祠。

富俊尙廉節，好禮賢士。在吉林時，請調黑龍江戍員馬瑞辰掌教白山書院，且被嚴斥。其治屯墾，專任賨心傳，卒以成功。

心傳，山西人。以進士官奉天寧海知縣，坐東巡治御道有誤，罷職。富俊知其才，辟佐墾務，規畫悉出手定，始終在事，以勞復官。世比諸陳潢之佐靳輔治河。

博啓圖，一等誠嘉毅勇公明瑞孫。嘉慶初襲爵，授頭等侍衞。歷兵部侍郎、察哈爾都統。道光七年，調吉林將軍，繼富俊之後，守其成規。治邊有法，富俊請以屯墾專任之。時京旗以邊地早寒，又助耕乏人，願往者少。博啓圖疏請減戶增田，許其買僕代耕，統居中屯，改建住屋，俾便禦寒；雖得請，尋召授工部尙書兼領侍衞內大臣，繼任者不果行其議，故移駐卒未如額。十四年，卒，贈太子太保，謚敬僖。

論曰：保寧、松筠、富俊並出自藩族，久膺邊寄，晉綸扉，稱名相，伊犂、吉林屯田，利在百世；然限於事勢，收效未盡如所規畫，甚矣締造之艱也！松筠在吉林，請開小綏芬屯墾，當時以不急之務沮之；至咸、同間，其地竟劃歸俄界。苟早經營，奚致輕棄？實邊之計，顧可忽哉！

清史稿卷三百四十三

列傳一百三十

書麟 弟廣厚　覺羅吉慶　覺羅長麟　費淳　百齡　伯麟

書麟，字紱齋，高佳氏，滿洲鑲黃旗人，大學士高晉子。初授鑾儀衞整儀尉，累遷冠軍使，擢西安副都統。乾隆三十八年，大軍征金川，命爲領隊大臣，從參贊大臣豐昇額，力戰輒先登，克堅碉數十，功最。金川平，加等議敍，圖形紫光閣。授廣西巡撫，以父憂去。起，署兵部侍郎。

四十九年，出爲安徽巡撫，歲旱，請留漕糧五萬石、關稅銀三十五萬兩賑之。阜陽有荒地六千餘頃，疏請寬限清釐，民間交易用官弓丈量，以杜欺隱，期於漸復舊額。帝以書麟盡心民瘼，予優敍。黃、運兩河漫溢，帝因兩江總督李世傑未諳河工，命書麟佐之。與世傑及河督李奉翰議，漫口有四，惟司家莊、湯家莊兩處分溜，急與工堵築；又奏：「桃源境內河流因順黃壩生有淤灘，水勢紆折不暢。於玉皇閣下挑引河，俾黃流東注會清，以資宣洩。」

五十二年，擢兩江總督。書麟素行清謹，出巡屬邑，輕騎減從，民不擾累，特詔嘉之。和珅柄政，書麟與之忤。未幾，有高郵巡檢陳倚道揭報書吏假印重徵事，遣重臣鞫實，坐書麟瞻徇，下部嚴議；又失察句容書吏侵用錢糧，褫職，遣戍伊犁。尋起爲山西巡撫。內閣學士尹壯圖論州縣虧空由於派累，疆臣中惟李世傑、書麟獨善其身，和珅尤忌之，命壯圖赴各省清查倉庫，自山西始，壯圖因獲譴。五十六年，仍授兩江總督。兩淮鹽政巴寧阿交結商人，坐書麟徇庇，復奪職，予三等侍衞，赴新疆効力。

嘉慶四年，和珅敗，召授吏部尚書，兼正紅旗漢軍都統，加太子少保。尋協辦大學士，授閩浙總督。弟廣興，以首發和珅奸擢官，既得官，多所彈擊，書麟不善所爲，嘗於帝前言之。至是，廣興以掌四川軍需獲咎，書麟請嚴治，且自引罪，詔宥之。調雲貴，鞫前督富綱，得其貪婪狀，論如律；又按問雲南巡撫江蘭諱災，得實，褫江蘭職。時倮夷不靖，疏陳江蘭所奏不實，辦理草率，帝嘉其公正。遂親赴黃草壩督兵分路進剿，擒賊首李文明等，遣降倮入箐招諭，曉以利害，夷衆五十二寨悔罪輸誠；以土司苛派擾夷，立牌申禁。優詔褒賚，加太子太保。

五年，調湖廣，督師剿襄陽青、藍、黃三號敎匪。會長齡等已敗賊瓦房口，書麟以東川、保豐爲糧運要路，親往截剿。帝念其年逾七旬，奔馳山谷間，賊情詭詐，戒毋冒險輕試。六年，由竹山、房縣進剿徐天德，擒斬甚衆。疏言：「剿賊之法，以固民心、培民氣爲要。撫輯得宜，賊卽是民；任其失所，民卽是賊。」帝俞之。川匪苟文明等由陜西平利越老林圖竄房縣，偕長齡、明亮進擊，遇賊獅子崖，大敗之；復分兵伏佘家溝、高尖山，天德等來襲，却之。疏請於襄陽添設提督，移協鎭於鄖陽、竹山二處。天德等屯聚茅倫山，令孫淸元等分隊破之。因病乞解職，遣侍衞率御醫馳視。未幾，卒於軍，帝深惜之，贈太子太傅，封一等男爵，以子吉郎阿嗣，謚文勤。尋以倭什布治餉遲誤，詔斥書麟知而不舉，念其淸廉公正，治軍成勞，奠醊恩禮仍有加焉。

弟廣厚，乾隆四十三年進士。由工部主事歷御史，出爲江西吉南贛寧道，遷甘肅按察使。嘉慶初，偕總兵吉蘭泰擊敎匪張映祥、楊天柱於鞏昌、秦州，進殲諸白水江，殲焉。遷江西布政使，調甘肅。賊出沒於岷州、禮縣間，廣厚督兵由岷州遮羊鋪遏其衝，保完善之地，境內乂安。調廣東，坐與總督那彥成游宴，解職，予三等侍衞，爲庫車辦事大臣，調哈喇沙爾。官至安徽、湖南巡撫。卒。

覺羅吉慶，隸正白旗。父萬福，騎都尉，官江寧將軍，兼散秩大臣。吉慶由官學生補內閣中書，遷侍讀，歷御史。乾隆五十年，嗣世職。擢鑲白旗蒙古副都統，累遷兵部侍郎。命赴山東、湖南、湖北、河南讞獄，均稱旨，調戶部。

五十六年，出爲山東巡撫，歲祲，截留漕米三十萬石，撥豫、東軍船運米賑飢。調浙江，閩海漁船赴浙洋剽掠，吉慶於島嶴編保甲，禁米出洋，嚴緝代賣盜贓；兼署提督，獲海盜陳言等，及臨海邪匪李鶴皋，置之法。鹽政岳謙執拗病民，劾罷之，遂兼鹽政。

嘉慶元年，擢兩廣總督，劾水師提督路超吉不勝任，貶超吉秩。二年，廣西西隆亞稿寨苗匪句結貴州仲苗，竄踞八渡，率提督彭承堯進剿，克其要隘。黔苗潛渡百樂窺泗城，令副將德昌等分路攻撲，毀苗砦十有九；進攻亞稿，至戛雄遇賊，大敗之。永豐、百樂等苗目渡江降，給酒食，令回寨招撫。亞稿山路陡峻，選精卒由間道潛襲，克其巢，斬首千級，以功加太子太保，賜雙眼花翎。亞稿之捷，投誠者十餘寨，惟附近那地、小河、廣平、蒙里等寨猶恃險抗拒，會雲南兵至，會剿，盡克之。賊首龍登連父子乞降，粵境悉平。六年，命協辦大學士、總督如故。

吉慶居官廉而察吏疏，博羅縣重犯越獄，司府徇隱；又通省贓罰銀按縣派徵，爲臬司漏規。事並上聞，詔斥其因循。陳爛屐四者，於博羅山中糾衆爲添弟會，知府伊秉綬請發兵往捕，吉慶爲提督孫全謀所蔽，未許。七年，陳爛屐四果剽掠作亂，擾及數縣，遣師擒斬之。

餘黨曾鬼六復勾結永安諸賊相繼起，吉慶馳往剿捕，請調江西兵二千爲助。詔斥其張皇，始疑之。尋敗賊於義容墟，曾清浩率衆四千餘人繳械降。全謀擒賊渠薛文勝，暨匪衆四百餘，悉誅之。事聞，帝以吉慶奏報前後不符，措置失當，罷協辦大學士，留總督任，命那彥成往按。

吉慶復奏永安降匪多，請留兵防範，詔斥顢頇結局，解任聽勘。巡撫瑚圖禮素與有隙，既奉密諭詗察，遂疏劾其疲輭不職，那彥成猶未至，獨鞫之，據高坐，設囚具，隸卒故加訶辱。吉慶恚曰：「某雖不肖，曾備位政府，不可受辱傷國體！」因自戕。帝聞，命那彥成陳狀，尋以吉慶素廉潔，治匪有功，無故輕生，詔免追論。

子壽喜，仍襲世職，坐事黜，以弟常喜嗣。

覺羅長麟，字牧庵，隸正藍旗。乾隆四十年進士，授刑部主事。貌奇偉，明敏有口辯，居曹有聲。歷郎中，出爲福建興泉永道，累遷江蘇布政使。五十一年，召授刑部侍郎。

五十二年，授山東巡撫，責所屬濬河道，修四十一州縣城工；捕鉅野、汶上劇盜田玉堂等，置之法：詔嘉獎。劾萊州知府徐大榕治平度州民羅有良獄，誤擬，大榕訴於京，刑部尚書胡季堂等往鞫，不直長麟。帝以防河有勞，特寬之。復以審擬濱州舉人薛對元罪失實，褫職，留修城工。未幾，授江蘇巡撫。嘗私行市井間訪察民隱，擒治強暴，禁革奢俗，清漕政，斥貪吏，爲時所稱。

五十七年，調山西。入覲時，有市人董二誣告逆匪王倫潛匿山西某家，和珅於宮門前言，務坐以逆黨。長麟至官，訪悉某實董仇家，故傾陷，慨然曰：「吾髮垂白，奈何滅人族以媚權相？」終反坐董二，和珅大忤。

調浙江，擢兩廣總督，加太子少保。整頓水師，擒獲海盜。六十年，調署閩浙。會將軍魁倫劾總督伍拉納、巡撫浦霖貪縱，並閩省庫藏虧絀事，命長麟按治，未得實，詔切責，乃奏婪索納賄狀。伍拉納故和珅姻戚，帝疑長麟瞻徇，並斥其平日沽名取巧，奪職，予副都統銜，赴葉爾羌辦事。尋授庫爾喀拉烏蘇領隊大臣，調喀什噶爾參贊大臣。奏減回子王公年班進京行李，以恤驛站。罷回民土貢。有邊警，請調兵堵剿，詔以張皇斥之。

嘉慶四年，授雲貴總督，調閩浙。五年，調陝甘。時教匪未靖，勸民築堡團練，令川、陝、豫、楚交界處，一體仿行，募精壯難民入伍。督師敗伍金柱於唐家河，又擊於傅家鎮。將軍富成來援，戰歿。復偕固原提督慶成擊賊於沔陽乾溝河。六年，迭敗高天德、馬學禮於鐵鑪川、舊州鋪、綱廠、武關，擒襄陽賊首馬應祥，詔嘉獎。尋以副將蕭福祿搜捕汧陽悄悄會匪，濫殺邀功，仁宗疑之，詗察得實，斥長麟徇庇，停其議敍。又以傅家鎮之戰，漫無籌措，致富成陣亡。七年，召回京，降署吏部侍郎，遷禮部尚書，兼都統。復命督兩廣，以母老留京。

八年，授兵部尚書，調刑部，兼管戶部三庫。十年，兼翰林院掌院學士，尋協辦大學士。十三年，命偕尚書戴衢亨察視南河。長麟至清江浦，聞安徽諸生包世臣習河事，親訪之，同視海口，實不高仰，用其說罷改道之議。與衢亨通籌河工，具得要領，帝嘉之。復偕衢亨清查兩淮鹽務，責鹽政每年雜費悉報部覈銷，以息浮議。

十五年，以目眚久在告，特詔解職。逾年，卒，諡文敏。

費淳，字筠浦，浙江錢塘人。乾隆二十八年進士，授刑部主事。歷郎中，充軍機章京。出爲江蘇常州知府，父憂去。服闋，補山西太原，擢冀寧道。累遷雲南布政使，有惠政。以母老乞終養，喪除，起故官。六十年，擢安徽巡撫，調江蘇。嘉慶二年，疏言：「淮、徐、揚三府屬被水窪地，責州縣勸植蘆葦，以收地利。應納錢糧，卽照蘆課改折徵輸。」詔議行。調福建，復還江蘇。四年，擢兩江總督。

淳歷官廉謹，爲帝所重，兩淮鹽政徵瑞與淳爲姻家，免其迴避。時南河比歲漫溢，淳以江督事繁，自陳未諳河務，乞免兼管，允之。命淳與總河詳議河務工程，應行分辨事具聞，帝密詢漕督蔣兆奎等優劣，諭曰：「安民首在任賢，除弊必先去貪。汝操守雖優，察吏過寬。去一貪吏，萬姓蒙福；進一賢臣，一方受惠。其悉心訪聞，愼勿迎合朕意，顚倒是非。」淳具以實聞。有匿名訐告常州知府胡觀瀾者，下淳按治，疏糾觀瀾與江陰知縣楊世綬勒派累民，得實，請嚴譴。詔斥不先劾，以平日廉潔，覆奏無徇隱，寬之。尋劾鹽巡道彭翼蒙奢侈糜費，褫翼蒙職。復劾漕運總督富綱私受衞弁餽銀，時富綱已調雲貴總督，命吉慶嚴鞫，置諸法。漕運旗丁苦累，屢議加徵調劑，偕漕督鐵保疏陳：「原徵隨漕項下有欵可撥，以裨運丁；又旗丁月米，令州縣改給折色，應領運費，責糧道放給，以免層層剝削。」如所請行。

五年，邵家壩河工合龍，加太子少保。六年，以足疾乞歸醫治，允之，命毋解職。尋稱足疾已瘳，若遵旨回籍，轉涉欺蒙，詔嘉其得大臣體，賜內府藥餌。七年，宿州土匪王潮名糾衆戕官，檄鎭將勦捕。事定，請於宿之南平集設撫民同知，裁寧國府同知，移駐其地，並調設營汛，從之。八年，召授兵部尙書。時河決河南衡家樓，橫溢張秋以南，由鹽河入海，有妨漕運，命淳往勘治，於張秋西岸加寬裏頭，東岸加高長堤，以防溜勢北掣，南口趁汶水北注之勢，引歸河身；北口自大溜迤北，分導餘流，以資挽運；並仿南河刷沙法，製混江龍鐵篦船以疏淤。明年，糧運過張秋無阻，降詔褒賚。調吏部尙書、協辦大學士。十一年，偕尚書長麟按問直隸藩司書吏侵冒錢糧獄，鞫實，論如律。

十二年，拜體仁閣大學士，管理工部，兼管戶部三庫。十四年，以庫銀被竊，鐫秩留任。已，復坐失察工部書吏冒領三庫銀，詔切責，削宮銜，左遷侍郎，調兵部。逾年，復授工部尚書。十六年，卒，復大學士，謚文恪，祀雲南名宦。

百齡，字菊溪，張氏，漢軍正黃旗人。乾隆三十七年進士，選庶吉士，授編修。掌院阿桂重之，曰：「公輔器也！」督山西學政，改御史，歷奉天、順天府丞。百齡負才自守，不干進，遭迴閒職十餘年。

仁宗親政後，始加拔擢。嘉慶五年，出爲湖南按察使，調浙江，歷貴州、雲南布政使。八年，擢廣西巡撫。武緣縣有冤獄，諸生黃萬鏐等爲知縣孫廷標誣擬大辟，百齡下車，劾廷標逮問，帝嘉之，賜花翎；洎定讞，特加太子少保。十年，調廣東。南海、番禺兩縣蠹役私設班館，覊留無辜，爲民害，重懲之；劾罷縱容之知縣王軾、趙興武，嚴申禁令：詔予優敍。尋擢湖廣總督。兩湖多盜，下令擒捕，行以便宜，江、湖晏然。未幾，王軾訐百齡在粵用非刑斃命，逼勒供應，臨行用運夫二千餘名。總督那彥成疏劾，並及到湖北後，截留廣東會奏批摺。命吳熊光等按鞫，議褫職遣戍，帝原之，命効力實錄館。尋予六品頂戴，赴福建治糧餉，事竣，授汀漳龍道。擢湖南按察使，調江蘇，以病歸。病痊，授鴻臚寺卿，歷山東按察使，就擢巡撫。

十四年，擢兩廣總督。粤洋久不靖，巨寇張保挾衆數萬，勢甚張。百齡至，撤沿海商船，改鹽運由陸，禁銷贓、接濟水米諸弊。籌餉練水師，懲貪去懦，水師提督孫全謀失機，劾逮治罪。每一檄下，耳目震新。巡哨周嚴，遇盜輒擊之沉海，羣魁奪氣，始有投誠意。張保妻鄭尤黠悍，遣朱爾賡額、温承志往諭以利害，遂勸保降，要制府親臨乃聽命。百齡曰：「粤人苦盜久矣！不坦懷待之，海氛何由息？」遂單舸出虎門，從者十數人，保率艦數百，轟礮如雷，環船跪迓，立撫其衆，許奏乞貸死。旬日解散二萬餘人，繳礮船四百餘號，復令誘烏石二至雷州斬之，釋其餘黨，粤洋肅清。帝愈嘉異之，復太子少保，賜雙眼花翎，予輕車都尉世職。

十六年，再乞病，回京，授刑部尚書，改左都御史，兼都統。未幾，授兩江總督。時河決王家營，上游縣拐山、李家樓並漫溢，論者謂河患在雲梯關海口不暢，多主改由馬港新河入海。百齡親勘下游，疏言：「海口無高仰形迹，亦無攔門沙隄。其受病在上年挑河二段內積淤三千餘丈。又親至馬港口以下，見淤沙挑費更鉅，入海路窄。二者相較，仍以修濬正河爲便。並請加挑竈工尾以下河身，兩岸接築新隄，於七套增建減水壩，修復王營減壩，重建磨盤埽。」詔如議。百齡年逾六旬始生子，值帝萬壽日，聞之，賜名扎拉芬以示寵異，勉其盡心治河。次年春，諸工先後竣，漕運渡黃較早，迭加優賚，賜其子六品廕生。洪湖連年水漲，五壩壞其四，詔責急修。百齡以禮壩之決，由於河督陳鳳翔急開遲閉，以致棘手，奏劾之。鳳翔被嚴譴，訴道廳請開禮壩時，百齡同批允；又許淮揚道朱爾賡額爲百齡所倚，司葦蕩營有弊。言官吳雲、馬履泰並論其舉劾失當，命松筠、初彭齡往按。帝意方嚮用，議上，專坐朱爾賡額罪，以塞衆謗。十八年，命協辦大學士，總督如故。

十九年，初彭齡奉命赴江蘇同查虧帑，議不合。彭齡爲所掣，恚甚，遂劾百齡受鹽場稅關餽遺，按之未得實，彭齡坐誣被譴。會鹽運使廖寅捕逆犯劉第五，部鞫爲僞。百齡亦坐失入，褫宮銜，罷協辦大學士。江南莠民散布逆詞，連及百齡，嚴詔責捕。二十年，獲首、從方榮升等百五十人，並抵法，復宮銜，封三等男爵，兼署安徽巡撫。是年冬，病甚，命松筠往代，卒於江寧。帝聞，悼惜，詔復協辦大學士，遣侍衞賜奠，許柩入城治喪。將遣皇子奠醊，旣而以江北災民未能撫卹，停其奠醊，仍賜祭葬如例，謚文敏。子扎拉芬，襲男爵。

伯麟，字玉亭，瑚錫哈哩氏，滿洲正黃旗人。由繙譯舉人授兵部筆帖式，擢右春坊右贊善，累遷內閣學士。乾隆五十七年，授盛京兵部侍郎，尋授山西巡撫。

嘉慶九年，擢雲貴總督。十年，緬甸與暹羅屬夷戛于臘搆釁，求助於孟連土司刀派功，往援遇害，失其印。伯麟以刀派功禍由自取，惟責暹羅繳所得印。十一年，緬甸請預期納貢。伯麟知其與暹羅搆兵，爲求助地，卻之。後緬甸爲戛于臘所敗，果來乞援，伯麟拒勿應，戛于臘旋亦敗走。緬兵次車里土司界，嚴兵守邊，移檄訓戒，緬兵遂退。迤南江外倮匪入邊劫掠，遣普洱鎭總兵那林泰剿平之。十三年，緬甸四大萬頭目來請十三板納地，伯麟責其冒昧，諭以十三板納爲九龍江土司所轄，俱屬內地，毋生覬覦，詔嘉其得體。十四年，入覲，賜花翎。

十七年，騰越邊外野寨頭目拉幹出擾，遣兵擒之。緬寧、騰越要隘舊設土練一千六百名，久廢，規復其制，給曠土耕種。僧銅金從倮夷李文明爲亂，已悔罪投誠，更姓名爲張輔國，充南興土目；至是復勾結倮衆侵擾，伯麟赴緬寧督土司會剿。十八年正月，進逼南興，破其巢，輔國就戮，邊境肅清。增設騰越鎭馬鹿塘、大壩二汛。

二十二年，臨安邊外夷人高羅衣自稱窩泥王，僞署官職，糾衆萬餘，攻殺土目龍定國，擾瓦渣、溪處兩土司境，渡江窺伺內地，伯麟親往剿平之。議定善後條規，使各土司綏靖夷民，以安反側。敍功，加太子少保。尋命協辦大學士，仍留總督任。二十三年，羅衣從姪高老五竄籐條江外復爲亂，擾及郡城。督師剿擒之，餘黨悉殲。增設臨安江內東、西兩路要隘塘汛官兵，以江外煙瘴最盛，降夷就撫，裁撤留防兵練。二十五年，召授兵部尙書，兼都統。復疏陳滇、黔邊務六事，如議行。

道光元年，拜體仁閣大學士，管理兵部。尋以年老休致，仍充實錄館總裁。三年，萬壽節，與十五老臣宴。逾年，卒，諡文愼。

伯麟任邊圻凡十六年，廉潔愛民，士林尤感戴之。還朝後，以旗人生計爲憂，疏陳調劑事宜，深中利弊。論者謂有名臣風。

論曰：仁宗倚畀疆臣，膺重寄者，多參揆席。書麟、吉慶並勤勞軍事，而盡瘁辱身，有幸不幸焉。長麟、費淳先後治吳，一嚴一寬，才德互有優絀。百齡號能臣之冠，機牙鋒銳，淩轢一時，晚節乃招物議。如伯麟之安邊坐鎭，遺愛不湮，識量豈易及哉？

清史稿卷三百四十四

列傳一百三十一

勒保　額勒登保　胡時顯　德楞泰

勒保，字宜軒，費莫氏，滿洲鑲紅旗人，大學士溫福子。由中書科筆帖式充軍機章京。乾隆三十四年，出爲歸化城理事同知。坐事當褫職，高宗以溫福方征金川，特原之。授兵部主事，仍直軍機處。累遷郎中，出爲江西贛南道，調安徽廬鳳道。以母憂去官，命爲庫倫辦事章京。四十五年，充辦事大臣。累擢兵部侍郎，仍留庫倫。五十年，內召。未幾，授山西巡撫。五十二年，署陝甘總督，尋實授。五十六年，大軍征廓爾喀，治西路駝馬、裝糧、臺站，加太子太保。

初，安徽奸民劉松以習混元教戍甘肅，復倡白蓮教，與其黨湖北樊學明、齊林，陝西韓龍，四川謝添繡等謀不軌。五十九年，勒保捕劉松誅之，而松黨劉之協、宋之清傳教於河南、安徽。以鹿邑王氏子曰發生者，詭明裔朱姓，煽動愚民，事覺被捕。詔誅首惡，赦餘黨，發生以童幼免死，戍新疆。之協遠颺不獲，各省大索，官吏奉行不善，頗爲民擾。武昌府同知常丹葵在荊州、宜昌株連數千人，川、楚民方以苗事困軍興，無賴者又因禁私鹽、私鑄失業，益仇官，亂機四伏矣。

六十年，勒保調雲貴總督。湖南、貴州苗疆不靖，福康安督師進討，勒保赴軍，安撫正大、銅仁、鎭遠降苗，並治軍需。雲南威遠倮匪擾邊，勒保將赴勦，會倮匪卽平，福康安、和琳相繼卒於軍，命偕明亮、鄂輝接辦軍務，未至，而湖北教匪熾，蔓延川、陝。林之華、覃加耀踞長陽黃柏山，福寧攻之不克，勒保往會勦，嘉慶二年春，連戰敗之。方乘勝薄其巢，而貴州南籠仲苗王囊仙等叛，詔勒保督師討之。王囊仙者，洞灑寨苗婦，當丈寨韋七綹鬚，以囊仙有幻術，推爲首。分遣其黨大王公、李阿六、王抱羊圍南籠府，及府屬之永豐、黃草壩、捧鮓、新城、冊亨，安順府屬之永寧、歸化諸城。冊亨陷，滇、黔道梗。三月，勒保至，令總兵德英額、札郎阿、袁敏分守東、西、北三路。其南際滇、粵，咨兩廣總督吉慶、雲南巡撫江蘭防之；自率按察使常明、副將施縉，進克關嶺。抵永寧，副將巴圖什里已解其圍，都司周廷翰援歸化，圍亦解。會提督珠隆阿擊永豐，自率總兵張玉龍、七格，解新城圍，進至南籠，圍始解。詔嘉南籠固守，賜名興義。遣常明、施縉解黃草壩圍。賊悉衆圍捧鮓、永豐益急，分兵援之，先解捧鮓圍，自率常明、施縉攻洞灑、當丈賊巢。賊縱火自焚，都司王宏信、千總洪保玉冒烈燄入，擒王囊仙、韋七綹鬚，旋解永豐圍。吉慶亦自廣西至，復册亨。六月，仲苗平，詔改永豐曰貞豐，錫封勒保一等侯爵，號曰威勤。

九月，調湖廣總督。時川、楚賊氛愈熾，立青、黃、藍、白、線等號，又設掌櫃、元帥、先鋒、總兵等僞稱。先命永保總統諸軍，易以惠齡，又易以宜緜，皆不辦；至是宜緜薦勒保以自代，允之。三年正月，至四川梁山，賊曾柳起石壩山，而白號王三槐、青號徐天德、藍號林亮工諸賊聚開縣。勒保先破石壩山，斬曾柳，詔嘉爲入川第一功。調授四川總督。三槐走達州，與藍號冉文儔合，惟亮工仍在開縣之開州坪，勒保令副都統六十七、總兵富森布剿之；親追三槐，九戰皆捷。賊走巴州，掠閬中、蒼溪而西，追之急，復東入儀隴。勒保以賊蹤靡定，所至裹脅，乃畫堅壁清野策，令民依山險紮寨屯糧，團練鄉勇自衞。賊由儀隴趨孫家梁，欲與白號羅其清合。偕惠齡、恆瑞截剿，三槐南竄渠縣，文儔遁入其清寨。勒保留惠齡、恆瑞剿孫家梁，仍親躡三槐。五月，三槐犯大竹，分竄梁山、墊江、新寧，東奔開縣，亮工出爲犄角，擊走之，斬其黨林定相。天德來援，敗之，擒其黨張洪鈞，天德奔新寧。三槐與冷天祿踞雲陽安樂坪，進圍之。七月，誘三槐降，擒之，械送京師，詔晉封公爵。

天祿盡有三槐之衆，負嵎抗拒，圍攻久不下；黃號龍紹周、龔建、樊人傑來援，擊却之。

十月，天祿糧盡，詭請降，夜突營，大爲所挫，尋走新寧。四年正月，天德爲額勒登保所敗，亦竄新寧仁市鋪，與黃號王光祖合。偕額勒登保夾擊，天德走墊江，天祿走忠州。勒保令額勒登保截擊天德，總兵百祥追天祿，自率大軍策應。仁宗以前此諸軍事權不一，特授勒保經略大臣，節制川、楚、陝、甘、豫五省軍務，明亮、額勒登保爲參贊。勒保以賊勢重在四川，請暫駐梁山、大竹等處督師。尋破天德，天祿分竄隣水、長壽，復敗之，天祿爲額勒登保所殲。二月，移駐達州。疏言紮寨團練，行之四川有效，請通行於湖北、陝西、河南；又言安民即以散賊，請各省被賊之區，蠲免今歲應徵錢糧：並如議行。四月，追剿天德、紹周、建、人傑及張子聰等，賊遁開縣東鄉。旋分竄竹峪關、渡口塲，意圖入陝。五月，子聰勾合藍號冉天元北竄，遣額勒登保兜擊，逼回川境。子聰竄通江，藍號包正洪竄雲陽，青號王登廷竄東鄉，天德、紹周、建、人傑及線號龔文玉，白號張天倫竄大寧老林，勒保檄調諸軍分剿。六月，總兵朱射斗殲正洪於雲陽；七月，德楞泰擒文玉於大寧；八月，提督七十五擒建、人傑於開縣：賊勢寖衰矣。

會治餉大臣福寧劾勒保月餉十二萬兩，視他路爲多，所辦賊有增無減；而天德復由大寧闌入湖北境，總督倭什布飛章告警。詔褫職，命尚書魁倫赴川勘問，以額勒登保代爲經略。勒保能得軍心，而八旗兵素驕，稍裁抑之，遂騰蜚語，及就逮，所部將士爲之訟寃。魁倫竊帝怒不測，未以上聞，稍爲申辨糜餉縱賊罪，卒坐以明亮、恆瑞不聽調度；副都統訥音兵譁鬨，不據實參奏；又賊犯楚境不卽馳報，玩視軍務，論大辟。帝念前功，改爲斬監候，解部監禁。

五年春，額勒登保等剿賊陝西，魁倫專任川事，而將士不用命。天元、子聰合黃號徐萬富、靑號汪瀛、線號陳得俸，渡嘉陵江，魁倫退守潼河，事聞，起勒保赴川。三月至，賊已越潼河，赴中江截剿，連敗之，詔逮魁倫，授勒保四川提督，兼署總督。時德楞泰已大破賊於馬蹄岡，冉天元、陳得俸、雷世旺先後殄滅；合剿汪瀛於嘉陵江口，擒之。四月，擊敗高天升、馬學禮，賊遁甘肅番境。五月，復犯龍安，罷提督，專任總督。六月，賊北走甘肅，遣副都統阿哈保追之，自率兵剿川東、川北諸賊。七月，與德楞泰合擊白號苟文明、鮮大川於岳池新場，敗之，大川走死，實授總督。

八月，白號賊與靑號趙麻花合，進擊，殲其黨湯思舉。麻花復合王珊向陝境，欲迎天德入川。勒保截之於江口，斃麻花，珊亦爲德楞泰所誅。十二月，藍號李彬、白號楊開第、黃號齊國謨自巴州竄儀隴，德楞泰擊斃國謨，勒保亦斬開第，獨彬遁走。六年正月，移師川東，敗藍號楊步靑於大寧，而樊人傑、徐萬富合藍號王士虎、冉天士擾廣元、蒼溪。遣阿哈保往援，賊僞向儀隴，陰沿嘉陵江南下，欲潛渡；馳至南部與阿哈保合擊，殲萬富。二月，藍號張士龍竄巴州，遣七十五擊斬之；自擊藍號陳朝觀、白號魏學盛，敗之巫山、雲陽間。賊北竄入陝、楚界，追至竹山。六月，賊回竄東鄉，擊敗之，擒青號何子魁，殲藍號苟文明、鮮俸先。七月，又擒徐天壽、王登高。八月，白號高見奇合魏學盛竄廣元，邀擊之，追至通江。適藍號冉學勝自老林至與合，乘夜攻之，擒學勝。詔封三等男。九月，見奇、學盛分竄南江及陝西西鄉。勒保抵南江，聞李彬方掠巴州、蒼溪，恐踰嘉陵江，亟往，賊已東竄通江；乃移兵大竹，剿湯思蛟、劉朝選，追至太平，擒其黨蕭焜。

是冬，偕額勒登保、德楞泰疏言：「剿匪大局已定，請酌撤官兵。」詔以「巨賊未盡除，遽思將就了事」，嚴斥之。七年正月，復疏言：「川省自築寨練團，賊勢十去其九。擬分段駐兵，率團協力搜捕餘匪；遣熟諳軍事之道、府，正、佐各員，分專責成。兵力所不到，民力助之；民力所不支，兵力助之：庶賊無所匿。」詔如議行。是月，擒青號何贊於忠州。二月，李彬竄南江，爲建昌道劉清所擒。三月，張天倫、魏學盛擾川北，遣總兵田朝貴往剿，不利；親率羅思舉等繼進，大敗賊於巴州，天倫、學盛並就殲。五月，遣羅聲皐、達斯呼勒岱剿擒白號庹向瑤；總兵張績剿青號，擒徐天培；田朝貴剿藍號，殲楊步青。七月，劉朝選糾青、藍、黃號殘匪竄大寧，勒保遣將擊之，羅思舉擒朝選，達斯呼勒岱殲賴飛隴，詔晉一等男。十月，羅思舉擒張簡，而湯思蛟敗竄亦就獲。十一月，思舉擒黃號唐明萬。時川中著名逆首率就擒殲;餘匪竄老林,不復成股。在陝、楚者亦多爲額勒登保、德楞泰所殲。十二月,合疏馳奏蕆功,晉封一等伯爵,仍以「威勤」爲號。

八年,搜捕餘匪,擒白號茍文富、宋國品、張順,青號王青,招降黃號王國賢,偕額勒登保、德楞泰會奏肅清。未幾,陝西南山餘孽復起,至九年八月始平。十年,入覲,詔曰:「自嘉慶四年,勒保在川省令鄉民分結寨落,匪始無由焚劫,且助官軍擊賊。其後陝、楚仿行,賊勢乃促。今三省閭閻安堵,實得力此策爲多。加太子太保、雙眼花翎,回鎭四川,與民休息。」時解散鄉勇,令入伍爲兵。

十一年秋,陝西寧陝鎭新兵倡亂,遣總兵唐文淑往援勦,叛將蒲大芳縛首逆乞降,德楞泰受之。勒保奏劾:「叛兵罪重於逆匪,率以納降。不知畏威,安能悔罪?他兵從而生心,益驕難制。」帝韙其言,命赴陝西會治善後事宜。尋聞四川綏定新兵亦叛,桂涵捕擒首逆,磔之,餘黨並論如律。十三年,涼山夷匪擾馬邊廳,勦平之。十四年,拜武英殿大學士,仍留總督任。

十五年,召來京供職。坐在四川隱匿名揭帖未奏,降授工部尚書,調刑部。十六年,出爲兩江總督。尋內召,復授武英殿大學士,管理吏部,改兵部,授領侍衞內大臣。十八年,充軍機大臣,兼管理藩院。十九年,以病乞休,食威勤伯全俸。二十四年,卒,詔贈一等侯，謚文襄。

勒保短小精悍，多智數。知其父金川之役以剛愎敗，一反所爲，寄心膂於諸將帥，優禮寮屬，俾各盡其長，卒成大功。晚入閣，益斂鋒芒，結同朝之歡，而內分涇、渭。既罷相，帝眷注不衰，命皇四子瑞親王娶其女，以恩禮終。

子九，長英惠，科布多參贊大臣，襲三等威勤侯，卒；孫文厚，嗣爵。第四子英綬，工部侍郎；孫文俊，江西巡撫。

額勒登保，字珠軒，瓜爾佳氏，滿洲正黃旗人。世爲吉林珠戶，隸打牲總管。乾隆中，以馬甲從征緬甸大小金川，累擢三等侍衞，賜號和隆阿巴圖魯，乾清門行走。四十九年，剿甘肅石峯堡回匪。五十二年，平臺灣。疊遷御前侍衞。五十六年，從福康安征廓爾喀，攝駐藏大臣。攻克擦木賊寨，七戰七勝，抵帕朗古河，班師殿後，加副都統銜。論臺灣、廓爾喀功，兩次圖形紫光閣。尋授副都統兼護軍統領，擢都統。

六十年，貴州松桃苗石柳鄧、湖南永綏苗石三保相繼叛，陷乾州。福康安視師，請額勒登保偕護軍統領德楞泰率巴圖魯侍衞赴軍。至則松桃圍已解，石柳鄧逸入石三保黃瓜寨中。額勒登保由松桃進攻，解永綏圍，克黃瓜寨。攻賊首吳半生於蘇麻寨，克西梁；半生遁高多寨，擒之：授內大臣。又獲乾州賊目吳八月，餘黨據平隴，進抵長吉山，敗之。嘉慶元年，福康安卒，和琳代。時石三保就擒，石柳鄧在平隴，乃進兵復乾州，賜花翎，署領侍衞內大臣。秋，和琳卒於軍，統兵者惟額勒登保、德楞泰及湖南巡撫姜晟三人。詔將軍明亮、提督鄂輝往會勦。十月，克平隴，石柳鄧遁踞養牛塘山梁，分兵克之。十二月，斬石柳鄧，苗縛吳八月子廷義以獻。軍事告竣，詔嘉其功最，錫封威勇侯，賜雙眼花翎。

二年，移師勦湖北教匪。時林之華、覃加耀踞長陽黃柏山，地險糧足，總督福寧攻之久不下。三月，額勒登保至，克四方臺。賊遁鶴峯芭葉山，其險隘曰大茿口，六月克之。賊竄宣恩、建始，分兵三路進，十月，斃之華於大茅田，而加耀遁施南山中，尋竄長樂朱里寨，三面懸崖，惟東南一徑。十二月，遣死士縋登，掘地窖火藥轟之，賊爭走，墜崖，坑谷皆滿。惟加耀偕賊二百遁，踞歸州終報寨。詔斥額勒登保縱賊，降三等伯爵。三年春，加耀始就擒，仍以蕆事緩，奪爵職、花翎，予副都統銜，命赴陝西協勦襄匪高均德、姚之富、齊王氏等。會李全自盩厔至藍田，欲與諸賊合，擊走之。姚之富、齊王氏失援，遂爲明亮、德楞泰所殲。進勦均德於兩岔河，賊分竄商州、鎮安。四月，赴荆州會勦張漢潮，敗之竹山，躡追，由陝西入四川。九月，擊漢潮於廣元，擒其子正漋。與德楞泰等合勦川匪羅其清。其清踞營山之箕山，已爲德楞泰所破，竄大鵬寨。額勒登保與德楞泰、惠齡、恆瑞四路進攻，十月合圍。

其清突走青觀山，樹柵距險。額勒登保鑒於黃柏山、芭葉山頓兵之失，議主急攻，親逼柵前，席地坐，令楊遇春督兵囊土立營，且戰且築，諸軍繼之，攻擊七晝夜。賊不支，竄渡巴河，踞遂風寨廢堡。德楞泰同至，圍之數重，勢垂克，薄暮，忽傳令撤圍。賊傾巢夜潰，遲至黎明始馳追，賊四路逃竄，至方山坪已散盡，獲其淸於石穴，逸匪數日內並爲民兵擒獻。是役，賊趨絕地，無外援，開網縱之，饑疲就縛，士卒不損，竟全功焉，復花翎。十二月，追徐天德、冷天祿於合州。

四年春，詔以勒保爲經略大臣，額勒登保與明亮同授副都統爲參贊。三月，追冷天祿於大竹，聞蕭占國、張長庚由閬州竄營山，回軍迎擊。賊踞黃土坪，臨江負山，令總兵朱射斗繞出雞猴寨，截其西；自率楊遇春由東襲攻城隍廟，賊西走，爲射斗所扼，夾擊，殲其半，越山竄走尚數千。乘夜圍擊於譚家山，隕崖死及生擒幾盡，斬占國、長庚。有冒難民逃出者，投冷天祿，述兵威，天祿曰：「我曾於安樂坪破經略兵數萬，何懼此乎？」時踞岳池，距大軍不遠，天祿遣大隊先行，自率悍黨八百殿後。額勒登保冒雨由間道進至廣安，令穆克登布據石頭堰以待，楊遇春潛出賊後；自將索倫勁騎衝之，賊死鬭，天祿斃於箭。次日，追其大隊於石筍河，斬溺過半，先渡者追殲之。旬日間連殄三劇賊，疊詔嘉賚，先封二等男爵，晉一等。四月，追剿白號張子聰於雲陽，子聰糾合黃號樊人傑、線號蕭焜、卜三聘等，疊敗之寒水壩，賊稍散。五月，子聰復合冉天元窺陝境，扼禦之。子聰竄通江，追敗之於苟家坪，又敗天元於木老壩。七月，天元竄鎮龍關，欲與王登廷合，登廷屯馬鞍寨，擊走之。窮追至大竹、東鄉，援賊麕至，分兵進擊，擒斬甚衆，仍躡登廷。

額勒登保戰績爲諸軍最，湖北道員胡齊崙治餉餽送諸將，事發，獨無所受，詔嘉其「忠勇公淸，爲東三省人傑」。八月，勒保以罪逮，命代爲經略，授領侍衞內大臣，補都統。疏陳軍事曰：「臣前數年止領一路偏師，今任經略，當籌全局。教匪本屬編氓，宜招撫以散其衆，然必能剿而後可撫，必能堵而後可剿。從前湖北教匪多，脅從少；四川教匪少，脅從多。今楚賊盡逼入川，其與川東巫山、大寧接壤者，有界嶺可扼，是湖北重在堵而不在剿。川、陝交界，自廣元至太平，千餘里隨處可通，陝攻急則入川，川攻急則入陝，是漢江南北剿堵並重。川東、川北有嘉陵江以限其西南，餘皆崇山峻嶺，居民近皆扼險築寨，團練守禦；而川北形勢更便於川東，若能驅各路之賊偪川北，必可聚而殲旃：是四川重在剿而不在堵。但使所至堡寨羅布，兵隨其後，遇賊迎截夾擊，以堵爲剿，事半功倍，此則三省所同。臣已行知陝、楚，曉諭修築，並定賞格，以期兵民同心蹙賊。至從征官兵，日行百十里，旬月尙可耐勞，若閱四五年之久，驛馬尙且踣斃，何況於人？續調新募者，不習勞苦，更不如舊兵。臣一軍尙能得力者，以兵士所到之處，亦臣所到之處；兵士不得食息，臣亦不得食息。自將弁以及士卒，無不一心一力，而各路不能盡然。近日不得已，將臣兵與各提鎭互相更調，以期人人精銳。」又言：「軍中出力人員，應隨時鼓勵，令各路領兵大員，自行保奏，以免咨送遲延。」帝並韙之。

時徐天德敗於湖北，折回川東，漸衰弱；而王登廷與冉天元、苟文明合阮正漋竄廣元，賊勢重在川北。九月，率楊遇春殲正漋於雲霧山。十一月，登廷、天德、天元及樊人傑會合抗拒，疊戰於巴州何家院、東君壩，擒賊目賈正舉、王國安，追至蒼溪貓兒埡。額勒登保以天元善戰，令楊遇春、穆克登布合左右翼力擊。穆克登布輕進，爲天元所乘，傷亡甚衆；賊萃攻經略中營，血戰竟夜，賊始退，次日，登廷在南江爲鄉團所擒。額勒登保以實聞，詔嘉其不諱敗，不攘功，不媿大臣。天元竄開縣，額勒登保病留太平，遣楊遇春、穆克登布追之。將與德楞泰夾擊，而楊開甲、辛聰、王廷詔、高天升、馬學禮諸賊以川北守禦嚴，無所掠，乘間由老林竄陝西城固、南鄭，提督王文雄不能禦，前路賊且入甘肅。額勒登保疏請以川事付魁倫、德楞泰，自力疾赴陝，而德楞泰先已西行赴援，不及回軍。

五年春，天元糾脅日衆，乘魁倫初受事，遂奪渡嘉陵江，朱射斗戰死。未幾，潼河復失守，川中震動。詔逮魁倫，起勒保與德楞泰同辦川賊，責額勒登保與那彥成專剿陝賊。時那彥成破南山餘賊於隴山、伏羌，德楞泰追王廷詔、楊開甲於成縣。額勒登保亦至，乃令德楞泰回川西，自與那彥成分三路，遏賊入川及北竄之路。楊遇春、穆克登布破張天倫於岷州，慶成等破張世龍於洮河。廷詔、開甲合犯大營，擊走之，分兵追賊。大軍移剿高天升、馬學禮，迭敗之，賊踰渭北竄，尋要之於鞏昌，又要廷詔、開甲於岷州。諸賊並逼回渭南，而張世龍等走秦州，將趨北棧。留那彥成追高、馬二賊，自率楊遇春、岱森保回陝，令王文雄及總兵索費英阿等分扼南北棧。張漢潮已為明亮所殲，餘黨留陝者糾合復衆。張世龍、張天倫為大兵所驅，竄滇安，皆注漢北山中，東向商、雒，賊復蔓延。嚴詔詰責，召那彥成回京。閏四月，額勒登保率楊遇春連敗賊於商、雒、兩岔河，令遇春扼龍駒寨，使不得犯河南。賊乃回竄，留後隊綴官軍，連破之洵陽大、小、中溪，設伏溪口，擒斬三千餘，斃藍號劉允恭、劉開玉，於是漢潮餘黨略盡，晉封三等子。楊開甲、辛聰、張世龍、張天倫、伍金柱、戴仕傑等皆西竄。五月，令楊遇春等追擊金柱等於漢陰手扳崖，陣斃賊目龐洪勝等。進攻楊開甲等於洋縣茅坪，賊踞山巔，誘之出戰，伏兵繞賊後夾擊，陣斬開甲。六月，賊竄甘肅徽縣、兩當，藍號陳傑偷越棧道，擒之。八月，遇春斬伍金柱於成縣，斃宋麻子於兩當，賊復回竄陝境。疏陳軍事，略謂：「賊蹤飄忽，時分時合，隨殺隨增，東西回竄，官軍受其牽綴，稍不慎即墮術中，堵剿均無速效，自請治罪。」又言：「地廣兵單，請將防兵悉為剿兵，防堵責鄉勇，促築陝、楚寨堡以絕擄掠。」溫詔慰勞，以剿捕責諸將，防堵責疆吏，分專其任。會賊逼武關，截擊走之。

六年春，奏設寧陝鎮爲南山屏障，如議行。二月，楊遇春擒王廷詔於川、陝交界鞍子溝，擒高天德、馬學禮於寧羌龍洞溪，三賊皆最悍。詔晉二等子，復雙眼花翎。時賊之著者，陝西冉學勝、伍懷志，湖北徐天德、苟文明，四川樊人傑、冉天泗、王士虎等，尙不下十餘股。四月，勦學勝於渭河南岸，又殲之於漢南，賊遁平利。張天倫糾合五路屯洵陽高塘嶺、劉家河，令楊遇春擊走之。五月，穆克登布擒伍懷志於秦嶺。七月，遇春擒冉天泗、王士虎於通江報曉埡，徐天德、冉學勝並爲他師所殲；而姚之富子馨佐及白號高見奇、辛斗等方擾寧羌，督諸將進勦，逼入川北。九月，總兵楊芳等擒辛斗於通江。十月，豐仲、桑吉斯塔爾擒高見奇於達州。於是賊首李元受、老教首閻天明等各率衆降，賊勢窮蹙。條上搜捕事宜，詔嘉獎，晉封三等伯。十一月，苟文明合各路殘匪竄階州，裹脅復衆，回竄廣元、通江。十二月，敗之於瓦山溪，文明竄開縣大寧。七年正月，斬黃號辛聰於南江，文明由西鄉偷渡漢江。額勒登保自請罪，降一等男，詔以川匪責德楞泰、勒保等，額勒登保兼西安將軍，仍專辦陝賊。二月，文明竄入南山，與宋應伏、劉永受合，督師入山搜勦。六月，殲其衆於龔家灣，文明僅以身免，劉永受潛遁，爲鄉民所殲。七月，殲文明於寧陝花石巖，晉一等伯。疏陳軍事將竣，請撤東三省及直隸、兩廣兵，遠地鄉勇分別遣留。遂窮搜南山餘匪，八月，擒苟文齊，斃張芳。赴平利與德楞泰會剿楚匪，五戰，擒斬過半。十月，斃青號熊方青於達州，盡殲竹溪股匪。十一月，令穆克登布追賊通江鐵鐙臺，擒景英、蒲添香、賴大祥，及湖北老教首崔連樂，晉三等侯。著名匪首率就殲，零匪散竄老林。十二月，疏告蕆功，詔嘉額勒登保：「運籌決策，悉中機宜，躬親行陣，與士卒同甘苦，厥功最偉。」晉封一等侯，世襲罔替，授御前大臣，加太子太保，賜用紫韁。餘論封行賞有差。

八年春，留陝搜捕，擒姚馨佐、陳文海、宋應伏等於紫陽。穆克登布遇伏戰歿。六月，移師入川，擒熊老八、趙金友於大寧，熊老八卽戕穆克登布者。疏陳善後事宜：「各省酌留本省兵勇：四川一萬二千，湖北一萬，陝西一萬五千，分布要地。隨征鄉勇有業歸籍，無業補兵，分駐大員統率。」七月，馳奏肅清，命暫留四川經理善後。編閱陝、楚營卡事竣，振旅還京。十二月，至，行抱見禮於養心殿，獎賚有加，命謁裕陵。

九年春，因前遭母憂不獲守制，補持服。尋命赴四川偕德楞泰殲餘孽。十年，回京，總理行營，充方略館總裁。八月，上幸盛京，額勒登保以病不克從，謁陵禮成，特詔加恩晉三等公爵。是月，卒於京師，年五十八。上聞震悼，回鑾親奠，御製述悲詩一章。於地安門外建專祠，曰褒忠，諡忠毅，命吉林將軍修其祖墓立碑焉。

額勒登保初隸海蘭察部下，海蘭察謂曰：「子將才，宜略知古兵法。」以清文三國演義授之，由是曉暢戰事。天性嚴毅，諸將白事，莫敢仰視。然有功必拊循，戰勝親餉酒肉，賞巨萬不吝，人樂爲用。嘗謂諸將曰：「兵條條生路，惟舍命進戰是一死路；賊條條死路，惟舍命進戰是一生路。惟有出其不意、攻其不備之一法。追賊必窮所向，不使休息。師行整伍，倉卒遇賊，卽擊。每宿，四路偵探；臨敵，矢石從眉耳過，勿動。」於同列不忌功，亦不伐己功，尤嚴操守。凱旋過盧溝橋，他將輜重纍纍，獨行李蕭然，數騎而已。歿時，子謨爾賡額生甫數月，帝臨奠，抱置膝上，命襲侯爵，尋殤，以姪哈郎阿嗣，承襲一等威勇侯，自有傳。

額勒登保不識漢文，軍中章奏文牘，悉倚胡時顯。

時顯，字行偕，江蘇武進人。少困科舉。乾隆中，侍郎劉秉恬治金川糧餉，從司文牘獨勤。薦授兵部主事，充軍機章京，累遷郎中。和珅用事，數與抗，出爲廣東雷州知府，以親老乞留。尋從福康安征苗有功，賜花翎。洎額勒登保剿教匪，從贊軍務，剛直無所徇，額勒登保能容之。每日跨馬與諸將偕，或有逗留，輒叱之。遇賊務當其衝，諸將無敢却者。回營後，凡戰地曲折夷險，糧運斷續，器仗敝壞，兵卒勞饑，及賊出沒情狀，諸將功過，一一言之。軍中敬畏時顯與經略等。陳奏戰事必以實，上嘉經略，並嘉時顯。貓兒埡之戰，及擒王登廷，章奏不欺，特賜三品卿銜。在軍凡五年，累擢內閣侍讀學士、鴻臚寺卿。以勞卒於興安軍次，贈光祿寺卿，賜祭葬。

德楞泰，字惇堂，伍彌特氏，正黃旗蒙古人。乾隆中，以前鋒、藍翎長從征金川、石峯堡、臺灣，皆有功，累遷參領，賜號繼勇巴圖魯。五十七年，從福康安征廓爾喀，冒雨涉險，攻克熱索橋賊寨。加副都統銜，圖形紫光閣。尋授副都統，遷護軍統領。

六十年，率巴圖魯侍衞從福康安征湖南苗，與額勒登保並爲軍鋒。福康安既解松桃、永綏圍，高宗悅，將待以不次之賞，於是德楞泰建議深入苗地爲犂庭埽穴計。苗酋吳半生踞大烏草河以抗，大兵連克沿河諸寨，渡河抵盛華哨。苗於山半立木城，堅甚，斷其汲路，火攻克之，又克古丈坪，進攻麘手寨，由間道出寨後，奪據石城，遂偕額勒登保擒半生，授內大臣。進攻鴨保寨，克木城、石卡三十餘，又克天星寨木城七，石卡五，擒賊目吳八月。

嘉慶元年，福康安、和琳相繼卒於軍，先克乾州，又從將軍明亮克平隴，擢御前侍衞，署領侍衞內大臣。克險隘養牛塘山梁，賊首石柳鄧就殲，苗疆略定，錫封二等子爵，賜雙眼花翎。二年，命偕明亮移軍四川剿教匪。時賊首徐天德、王三槐踞重石子、香爐坪，南曰分水嶺，北曰火石嶺，賊卡林立，進戰，奪嶺，三槐撲營受創逸。五月，破重石子，明亮亦破香爐坪，追殲教首孫士鳳。會襄陽賊齊王氏、姚之富、樊人傑等竄入四川，與徐、王二匪合屯開縣南天洞，擊破之，賊分走雲陽、萬縣。雲陽教首高名貴欲與天德合，以計擒之，盡殲其衆於陳家山。七月，齊王氏等由奉節、巫山東走湖北，與明亮繞出宜昌迎剿，賊南趨，留明亮屯宜昌；自赴荊州解遠安圍。八月，賊犯荊門、宜城，往援之，會總督景安以索倫勁騎至，合剿大捷，二城得全。賊欲北竄河南，扼要隘，斬賊目袁萬相等，截回湖北，賜紫韁。九月，殲賊於房縣、竹谿、竹山，賊走陝西平利，圖入川東，敗之樹河口。賊北走紫陽，又合白號高均德，西走漢中。十一月，賊窺渡漢江，令副都統烏爾圖納遜突擊於江濱，竄入川境。

三年正月，均德復擾陝西褒城，與明亮夾擊，連敗之於洋縣、城固、洵陽。齊王氏、姚之富方竄廣元寧羌山中，乘虛由石泉渡漢，與均德合，東走漢陰。詔斥明亮戰不力，褫其職；嘉德楞泰每戰在前，責速剿。三月，與明亮追齊、姚二匪，由山陽至鄖西，日行百七十里，連破之於石河、甘溝，鄉勇遏其前，賊無去路，踞三岔河左右，兩山盡銳，圍攻悉殲之。齊王氏、姚之富投崖死，傳首三省。均德由鎮安竄雒南，敗之兩岔河，餘賊與李全、張天倫合。五月，又敗之五郎廟，均德走寧羌、廣元，合龍紹周、冉文儔踞渠縣大神山，有衆二萬。詔斥縱賊，奪爵職，留副都統銜。七月，偕惠齡、恆瑞攻克大神山，賊竄營山，躡之黃渡河。均德中鎗，逸入箕山坪，與羅其清合。箕山圍徑百餘里，三面陡絕，惟東南有路可通。徐天德、王登廷、樊人傑踞鳳凰寺，阻糧道，與爲犄角。八月，克鳳凰寺，賊奔箕山，負固不下。十月，分三路進攻，克之。其清退踞大鵬寨，額勒登保自閬中來會剿。十一月，賊被攻急，乘夜雨撲營。德楞泰偵知之，潛伏賊寨南門，梯而登，火其寨；額勒登保等亦襲破西門，殲其清父從國；合兵窮追，擒其清於巴州方山坪，復花翎。冉文儔竄踞東鄉麻壩，乘除夕大破之於通江。

四年元旦，生擒文儔，盡殲其衆，予一等輕車都尉。經略勒保疏陳諸將惟額勒登保、德楞泰尤知兵，得士心，詔德楞泰專剿徐天德。天德與冷天祿竄涪州，冒難民入鶴田寨，擊走之，又敗之於開縣。三月，天德自大寧北趨，追及於太平；又遇龍紹周、唐大信等，迭擊之，賊不得犯陝境。既而天德入大寧老林，與紹周、大信及樊人傑、龔建、卜三聘、張天倫、辛聰等合，牽綴大軍。天德、建竄太平山箐，令賽沖阿分兵擊之；自擊人傑、紹周、大信、天倫於安康、紫陽，連破之，驅入川東，遂犯湖北。七月，線號龔文玉亦自夔州至，分兵追剿，擒文玉、三聘於竹谿，加予騎都尉世職。八月，命額勒登保爲經略，德楞泰爲參贊，赴興山截擊天德，逼回川東；躡追天倫及聰等入陝。十月，高均德改名郝以智，率賊萬，踞高家營，欲由白河窺渡漢。紹周及冉天元竄放馬場，欲趨紫陽。率賽沖阿、溫春回援，先破放馬場，進攻高家營，擒均德，檻送京師，晉封二等男爵。十一月，進兵川北，殲白號張金魁於通江，擒其黨符曰明等於廣元。十二月，追鮮大川、苟文明至川東，賊瞯大兵俱在川境，遂先後竄陝、甘。

五年正月，偕額勒登保分路抵秦州，而冉天元糾合徐萬富、汪瀛、陳得俸、張子聰、雷世旺衆五萬，遽乘間渡嘉陵江，分擾南部、西充，魁倫不能制，詔促德楞泰回援。二月，天元踞江油新店子，乃由間道進勦。賊分四路迎戰，銳甚，賽沖阿、溫春深入被圍；自馳援，夾擊竟日，殺傷相當，擒得俸，斬冉天恆，皆悍賊也。轉戰連奪險隘。三月，天元屯馬蹄岡，伏萬人火石埡後。德楞泰令賽沖阿攻包家溝，阿哈保攻火石埡，溫春攻龍子觀，自率大隊趨馬蹄岡，過賊伏數重始覺。俄伏起，八路來攻，人持束竹、溼絮禦箭銃，鏖鬬三晝夜，賊更番迭進，數路皆挫敗。德楞泰率親兵數十，下馬據山巔，誓必死。天元督衆登山，直取德楞泰，德楞泰單騎衝賊中堅，將士隨之，大呼奮擊，天元馬中矢蹶，擒之，賊遂瓦解。鄉勇亦自山後至，逐北二十餘里，擒斬無算。天元雄黠冠川賊，專用伏以陷官軍，至是五日四戰，致死決勝負，血戰破之，羣賊奪氣，詔晉三等子。是月，復大破賊於劍州，又破張子聰、雷世旺於蓬溪，斬世旺，晉二等子，授成都將軍。

魁倫以失守潼河逮問，起勒保代爲總督，與德楞泰合兵勦賊。四月，賊分擾遂寧、安岳，逼中江，欲趨成都。與勒保夾擊，連破之，邀擊於嘉陵江口，俘斬溺斃者數千；餘賊渡江，爲達州鄉勇所敗，擒汪瀛：潼河兩岸肅清。自此德楞泰威震川中，諸將往往假其旗幟，賊望見輒走。閏四月，追賊至達州、新寧，殲劉君聘、苟文富；而自號苟文明、鮮大川、樊人傑等復由陝入川。五月，移師川北，賊走營山、渠縣，六月，敗之恩陽河；又與勒保合擊，殲苟文禮於岳池。七月，大川爲民寨誘斬，文明遁。八月，追剿白號賊於東鄉，殲湯思舉，餘賊與趙麻花、王珊合。九月，與勒保夾擊於雲陽，麻花、珊先後斃。十月，湖北黃、白、藍、線四號賊合犯夔、巫。龍紹周由太平、通江北竄，兵至賊去，兵去賊至；樊人傑、冉學勝、王士虎遂由川入陝；徐天德由陝入楚。詔斥德楞泰堵剿不力，降一等男。十二月，李彬、楊開第、齊國謨合窺嘉陵江。與勒保合擊，連敗之於渠縣安仁溪、儀隴觀音河，斃開第、國謨，晉三等子。

六年正月，白號高天升自洵陽偷渡漢江，圖竄河南，追及於山陽乾溝，破之，追殲之於野猪坪，復一等子。二月，擊龍紹周於興安，逼入川境，連敗之於大寧長壩、二郎壩。紹周竄湖北竹山、房縣，復敗之，走太平，復雙眼花鋤。四月，徐天德、樊人傑合會芝秀、陳朝觀竄陝西白河，分擾民寨。遣兵直攻其巢，擒朝觀。五月，大破賊於西鄉，天德竄紫陽。率賽沖阿、溫春蹙之仁和新灘。大雨水漲，天德溺斃。紹周乘虛闌入房縣、竹谿，截擊之，復回太平，擒其黨陳文明。八月，追至巫山、巴東，擒王鵬、李天棟。九月，紹周遁平利，令賽沖阿等追殲之，晉封二等繼勇伯，仍用巴圖魯舊號也。十二月，苟文明西擾寧羌，與額勒登保夾擊。賊竄川北，大敗之於通江，走開縣，遣兵追之。自率輕騎赴大寧，斷其入楚之路。

七年正月，文明復入陝北，竄老林，至秋，乃爲陝軍所殲。川東零匪猶四擾，詔德楞泰仍專辦川賊。二月，破線號餘匪於奉節，又破白號張長青於雲陽。時樊人傑及崔宗和、胡明遠、戴仕傑、蒲天寶等麕聚湖北境。四月，率精兵間道抵東湖，繞出賊前，夾攻雞公山賊巢。天寶別屯當陽河，五月，冒雨進擊，天寶負創走，又敗之於穆家溝，分兵留勦；自移師東趨，直取人傑，冒雨入馬鹿坪山中，出賊不意，痛殲之。人傑竄竹山，投水死。人傑倡亂最久，諸賊聽指揮，與冉天元埒，至是伏誅，晉三等侯。七月，天寶乘間奪踞興山、房縣交界鮑家山，死守抗拒。以大軍綴其前，令總兵色爾衮、蒲尙佐率精兵出深箐攻賊巢，截其去路，擒斬殆盡。天寶遁，至竹谿墜崖死。

時巴東、興山尙有餘匪，皆百戰之餘，悉官軍號令及老林路逕，屢合圍，輒乘霧溜崖突竄。分軍遇之則不利，大隊趨之則兔脫，所餘無幾，而三省不能解嚴。與額勒登保、吳熊光會於竹谿議搜勦，額勒登保專任陝境，德楞泰專任楚境，先後殲戴仕傑、趙鑑、崔連洛、崔宗和、陳仕學、熊翠諸賊，迨十一月，捕斬略盡，優詔，晉封一等侯，加太子太保，命其子蘇沖阿賫珍賚至軍宣慰。八年，駐巫山、大寧，捕逸匪曾芝秀、冉璠、張士虎、趙聰等，先後擒殲。至冬事竣，入覲熱河行在，帝大悅，御製詩賜之，恩賚優渥。尋以陝西南山餘孽擾及川境，命回鎭成都。遣將招降，數爲賊害，坐降二等侯。九年，偕額勒登保窮搜老林，斬首逆苟文潤，餘匪悉平，復一等侯。十年，召授領侍衞內大臣，充方略館總裁，總理行營事務，管理兵部。

十一年，寧陝鎮新兵陳達順、陳先倫等作亂，命馳往剿治。叛將蒲大芳等乞降，縛獻達順等，磔之。大芳等遣戍回疆。議以降衆歸伍，詔斥寬縱，奪職。尋授西安將軍。十三年，剿定瓦石坪叛匪。十四年，晉三等公。尋卒，柩至京師，帝親奠，御製詩輓之，謚壯果。詔四川建立專祠，入祀京師昭忠祠。

德楞泰英勇超倫，戰必身先陷陣，名與額勒登保相亞。馬蹄岡之戰，轉敗爲勝，時稱奇績。既卒，奉詔褒卹，特舉是役保障川西數十萬生靈，厥功最偉。在軍俘獲，必詳訊省釋，未嘗妄殺良民婦女，保全甚衆，蜀民尤感頌焉。

子蘇沖阿，一品廕生，授侍衞。每德楞泰戰勝，輒擢其官，累遷至盛京副都統，署黑龍江將軍，襲一等侯。孫倭什訥，杭州將軍；曾孫希元，吉林將軍：並嗣爵。次孫花沙納，官至吏部尚書，自有傳。

論曰：仁宗親政，以三省久未定，卜於宮中，繇曰：「三人同心，乃奏膚功。」後事平，敍勞：額勒登保第一，德楞泰次之，勒保又次之。論戰績，勒保未足與二人比，然當德楞泰偕明亮由楚入陝，見民苦虜掠，陳堅壁清野策，廷議以築堡重勞，未之許也；勒保至四川，始力行之，推之三省，賊竟由是破滅。三人者相得益彰，未容有所優劣：勒保寬能容衆，額勒登保忠廉忘私，德楞泰仁及俘虜，識量並有過人。爲國方、召，延世侯封，豈偶然哉！

清史稿卷三百四十五

列傳一百三十二

永保 惠齡 宜緜 子瑚素通阿
英善 福寧 景安 秦承恩

永保，費莫氏，滿洲鑲紅旗人，勒保之弟也。以官學生考授內閣中書，充軍機章京，遷侍讀。乾隆三十七年，父溫福征金川，永保齎送定邊將軍印，遂隨軍。明年，溫福戰歿木果木，永保冒矢石奪回父尸，襲輕車都尉，遷吏部郎中。洎金川平，追論木果木之敗，咎在溫福，奪世職，仍留永保原官。出爲直隸口北道，歷霸昌、清河兩道。遷布政使，調江蘇。四十九年，擢貴州巡撫，歷江西、陝西。五十一年，署陝甘總督。尋授塔爾巴哈台參贊大臣。五十六年，哈薩克汗斡里素勒坦遣子入覲，詔嘉永保撫綏有方，授內大臣，賞雙眼花翎。五十八年，調喀什噶爾參贊大臣，授戶部侍郎，留駐新疆。六十年，調烏魯木齊都統。

嘉慶元年春，湖北教匪起，永保奉詔入京，行抵西安，命偕將軍恆瑞率駐防兵二千，調陝西、廣西、山東兵五千會剿。三月，至湖北，總督畢沅疏陳各路剿殺不下數萬，而賊起益熾。詔分專責成：永保、恆瑞任竹山、保康一路；畢沅、舒亮任當陽、遠安、東湖一路；惠齡、富志那任枝江一路；鄂輝任襄陽、穀城、均州、光化一路；孫士毅任酉陽、來鳳一路。永保偕恆瑞復竹山，進房縣，擒賊首祁中耀；餘賊遁保康白雲寺山，復敗之，擒賊目曾世興等。永保疏言：「襄陽賊數萬，最猖獗，賊首姚之富、齊王氏、劉之協皆在其中，爲四方諸賊領袖，破之則流賊自瓦解。宜俟諸軍大集，合力分攻。」帝韙之。五月，永保等馳赴襄陽，自樊城進取鄧桃湖，會軍呂堰。賊退屯雙溝，分軍五路夾擊，殲賊二千餘，賊分竄孝感，距漢陽百餘里，幸爲潦阻，武昌戒嚴。時畢沅圍當陽數月不下，惠齡剿枝江賊亦無功，詔命永保總統湖北諸軍，先靖襄陽，而後分攻孝感、當陽兩路。參將傅成明等擊孝感賊，遇伏敗歿；永保令明亮馳救，復請調苗疆防兵助剿。六月，永保渡滾河，破梁家岡、張家壋賊營二十餘座，賊竄棗陽，潛踞隨州之梓山、青潭，連破之。復偕恆瑞、慶成破賊於紅土山，擒賊渠黃玉貴。於是襄陽、呂堰迤東百數十里，及棗陽、隨州、宜城無賊氛。孝感之賊，亦爲明亮所殲。詔嘉永保調度協宜，加太子太保。

先是命署湖廣總督，及畢沅復當陽，永保請寢前命，允之。八月，移剿鍾祥，明亮以師來會賊自溫洨口至千弓墻，依山結營，亙數十里。永保率大軍由西北進擊，繪圖陳奏。帝方以東南空虛，慮賊逃竄，適明亮疏言：「鍾祥爲賊巢穴，宜四面夾攻，以防漏網。今永保以九千餘兵由西北追壓，而東南要截之兵僅三千餘，地闊兵單，難杜竄逸。」帝以永保擁衆自衞，切責之。明亮敗賊土門沖，永保不能夾擊，賊轉而北，永保偕明亮追至襄陽雙溝。賊分兩路竄河南：東由棗陽趨唐縣，西由呂堰趨鄧州。官軍躡西路，敗諸呂堰，獲姚之富母、媳及孫，而東路賊已入唐縣滹沱鎭。疏言：「追賊經月，兵力疲憊，難以痛殲，請增兵助剿。」詔斥其無能，調山東、直隸兵四千，復簡健銳、火器營各軍赴之。十一月，新兵旣至，攻破唐縣賊屯十一。姚之富已遁，犯棗陽，復渡滾河而西，蹂呂堰，向光化、穀城。圍景安於鄧州魏家集，越二日，援兵始至。帝怒永保擁勁旅萬餘，徒尾追不迎擊，致賊東西橫躪無忌，褫職逮京，下獄，籍其家，並褫其子侍衞寧志、寧怡職，發往熱河。

三年，以兄勒保擒川賊王三槐功，推恩宥釋。勒保請將永保發軍營効力，不許。四年，勒保爲經略大臣，予永保藍翎侍衞，齎經略印赴軍。尋擢頭等侍衞，署陝西巡撫。與明亮會剿張漢潮於終南華林山中，遇伏敗績；復與明亮不協，互攻訐。詔逮問，併坐前在湖北動用軍需受餽遺事，論大辟，詔原之，免罪，予八品領催，自備資斧赴烏里雅蘇台辦事。六年，充參贊大臣。

七年，授雲南巡撫。八年，威遠、思茅倮匪擾邊，永保赴普洱，偕提督烏大經進討。肇亂土弁刁永和聞風遁，威遠倮匪亦退，擒思茅倮酋扎安波賽悶，餘匪奔逸。南興土司張輔國屢與孟連土司爭界搆釁，至是勘定之。永保疏陳善後事：「內地雜居夷人不法，按律懲治；土司夷境滋事，但遣兵防範，不使內竄。」詔嘉得大體，弭邊釁，賞花翎。

十三年，兼署貴州巡撫，調廣東。尋擢兩廣總督，未至，卒於途。贈內大臣，詔念前勞，曾籍沒，家無餘貲，賜銀千兩治喪，謚恪敏。孫文慶，咸豐中官大學士，自有傳。

惠齡，字椿亭，薩爾圖克氏，蒙古正白旗人。父納延泰，乾隆中，官理藩院尙書、軍機大臣，加太子少保。因喀爾喀台吉沁多爾濟規避軍事，不劾奏，罷職。復起用，終於理藩院侍郎。

惠齡由繙譯官補戶部筆帖式，充軍機章京。累遷員外郎，緣事奪職。起戶部主事，仍直軍機。乾隆四十年，予副都統銜，充西寧辦事大臣，調伊犂領隊大臣。擢工部侍郎，調吏部。充塔爾巴哈台參贊大臣。五十年，回京，署正黃旗滿洲副都統。授湖北巡撫，調山東。五十六年，擢四川總督。征廓爾喀，命爲參贊，赴西藏會剿，督治糧運。事平，圖形紫光閣，列前十五功臣中。五十八年，授山東巡撫，調湖北，再調安徽。六十年，授戶部侍郎。苗疆用兵，留署湖北巡撫，治糧餉。

嘉慶元年正月，教匪聶傑人、張正謨等倡亂於枝江、宜都，率師往剿，總兵富志那擒首逆聶傑人，而襄、鄖、宜、施諸郡賊並起。命惠齡專剿枝江、宜都一路，自春徂夏無功，以大雨爲解，嚴詔切責。八月，克灌腦灣賊寨，擒張正謨等，加太子少保，署工部尚書，予二等輕車都尉世職。進攻涼山，搗其巢，擒首逆覃士潮，宜都、枝江悉平，移軍長陽黃柏山會剿。十一月，襄陽賊姚之富自黃龍壋偷渡滾河，竄河南，黜總統永保，以惠齡代之，馳赴襄陽。疏言：「襄、鄧平衍，無險可扼。賊習地勢，必不自趨絕地。惟有嚴防漢江潛渡，並堰唐河、白河，移難民於河西，守岸團練以蹙賊。」會之富折回湖北境，惠齡迎擊，遏其西軼，敗之茅茨畈，分兵五路兜剿。二年二月，敗賊於鮑家畈，擒賊首劉起榮；復敗賊於曾家店，鏖戰於鄭家河，殲獲甚衆，賞雙眼花翎，擢理藩院尚書，兼鑲白旗蒙古都統。惠齡偕恆瑞、慶成剿襄陽賊，屢破之，餘衆僅數千，勢甚蹙，分路竄河南境，官軍疲於尾追，不易得一戰，先後並入陝西，遂復猖獗。五月，李全、王廷詔、姚之富合爲一路，由紫陽白馬石竄渡漢江，後五日，惠齡始至，奪宮銜、世職、花翎，易宜緜總統軍務，降惠齡爲領隊，聽節制。

賊既分竄入川，十月，王廷詔、高均德復北犯，窺渡漢江，惠齡邀擊敗之，斬賊二千。詔嘉其僅兵二千當賊二萬，以少擊衆，復雙眼花翎。十一月，齊王氏、張漢潮、姚之富、高均德合入漢中南山，自黃官嶺至新集，連營二十里，欲渡漢。惠齡軍北岸，蹙其半濟，賊走寧羌，追敗之，折竄漢中。因移兵扼漢南，賊不得北竄，復分道入川，惠齡繞由西鄉、太平赴大寧、夔州兜勦。時川匪王三槐、徐天德竄梁山，羅其清、冉文儔分屯營山、儀隴。三年，陝、襄諸賊在川境者俱會於文儔，而三槐、天德自太平走與合，勢張甚。詔總統勒保會諸將，分路進勦，惠齡與德楞泰爲一路，夾攻羅、冉二賊。五月，擊文儔於儀隴，其清及阮正通先後來援，皆敗之。賊屯大神山，連營數十里，六月，與德楞泰合攻，破之，斬賊甚衆。文儔走箕山龍鳳坪，與其清相犄角，阮正通等又與合。帝以首逆稽誅，屢詔嚴責，於是德楞泰破賊箕山，其清奔天鵬寨，惠齡分路進攻，十二月，其清就擒，檻送京師。四年正月，文儔就擒，予一等輕車都尉世職。丁母憂，會其清讞詞稱惠齡一軍較弱，帝斥其爲賊所輕，命回京守制，降兵部侍郎。尋授山東巡撫。六年，擢陝甘總督，專勦南山餘匪。復以勦賊遲緩，降二品頂戴。七年，教匪平，復頭品頂戴、花翎。九年，卒，贈太子少保，封二等男，諡勤襄。子桂斌，官和闐幫辦大臣。

宜緜，初名尙安，鄂濟氏，滿洲正白旗人。由兵部筆帖式充軍機章京，累遷員外郎。從征金川，進郎中。乾隆四十三年，出爲直隸口北道，擢陝西布政使。四十七年，擢廣東巡撫，以鹽商沈翼川獄瞻徇，褫職，戍新疆。尋予四品銜，充吐魯番領隊大臣。石峯堡回亂，駐守平涼。歷庫車、喀什噶爾辦事大臣，烏魯木齊都統。五十九年，入覲，道經固關，值水災，飭官吏賑撫，高宗嘉之，命改名宜緜。六十年，授陝甘總督。

嘉慶元年，教匪起，湖北、陝西戒嚴。宜緜駐軍商州，令副將百祥剿鄖陽、鄖西賊，克孤山大寨，賊首王全禮伏誅，漢江以北安堵，加太子太保，賞雙眼花翎。甘肅歲祲，命宜緜回蘭州賑撫。是年冬，四川教匪起，由太平入陝境，擾安康、平利、紫陽諸縣，宜緜督軍馳剿，賊逼興安，分踞城南安嶺、城北將軍山，進攻克之，擒其渠王可秀、馮得士等。復殲漢江北岸大小米溪賊。偕提督柯藩、總兵索費英阿移攻漢南洞河、汝河諸賊，賊併五雲寨，乘雪夜火其寨，殲馘甚衆，詔宜緜進剿達州。二年春，攻太平賊於通天觀、高家寨、南津關，連敗之。川匪最悍者，達州徐天德，東鄉王三槐、冷天祿，巴州羅其清，通江冉文儔。天德、三槐等合陷東鄉，踞張家觀；其清踞方山坪，文儔竄王家寨，圖據周家河，梗運道，且乘間與張家觀合。宜緜遣兵攻王家寨，分襲張家觀，自率隊夜焚曾家山賊柵，天德分援兩路，遂乘虛下張家觀，復東鄉；餘賊奔清溪場、金峨寺，據險抗拒，四月，官軍分五路進克之。天德等竄重石子、香爐坪，將與巴州賊合。宜緜潛攻王家寨，賊走方山坪，天德來援，敗之。知縣劉清素得民心，令招諭諸賊，三槐率衆詭降，陰圖襲營，宜緜覺其詐，設伏擊退。五月，達州賊傾巢出犯，有備不得逞。宜緜駐軍大成寨，遣將襲三槐於毛坪，三槐中槍跳免。

時襄賊由漢江北渡入陝，署總督陸有仁以罪逮，乃調英善督陝甘，黜惠齡總統，命宜緜代之，兼攝四川總督。於是令明亮攻重石子，德楞泰與鄉勇羅思舉夾擊敗之，分二路竄，追殲孫士鳳於磨子壩。士鳳爲四川教首，三槐等皆其徒也，至是爲德楞泰所誅。餘賊西走徐家山，乘霧夜遁。其方山坪賊爲百祥所截，舒亮圍賊林亮工於巴州白崖山，觀成、劉君輔破大寧賊，圍之於老木園，川賊漸蹙；而襄陽賊李全、王廷詔、姚之富等由陝分道入川，與之響應，勢復熾。雲陽賊伏陳家山，與襄賊約犯官軍，爲羅思舉所殲。李全等踞開縣南天洞、火飲壩，旋奔雲安場，開、萬諸匪應之，謀犯夔州，附近賊蠭起，詔責宜緜專剿。七月，駐軍竇山關，開縣、東鄉交界地也。

川賊分立名號：羅其清稱白號，冉文儔稱藍號，踞方山坪；王三槐稱白號，徐天德稱青號，踞尖山坪。劉清率鄉勇與百祥、朱射斗會剿方山坪，賊潰圍竄通江、巴州，與天德合。既而天德等竄青杠渡，圍巴州，其清、文儔欲從儀隴、南部分犯保寧，奪官軍餉道，百祥扼其前，退走黃渡河，旁掠儀隴；宜緜扼之官渡口，三槐等竄渠縣，其清、文儔走巴州。三槐復分攻鄰水，陷長壽，東趨重慶。時齊王氏、姚之富已竄湖北，李全、高均德先後分竄陝西。宜緜疏言：「惠齡、恆瑞、明亮、德楞泰皆入陝，惟臣一人在川。諸賊齊擾川東北運道，嘉陵江防孔亟，欲親赴保寧，則川東千里無人調度。請別簡總督治理地方，而已親督師專一辦賊。」帝亦以宜緜年老，十月，命勒保總統軍務，宜緜以總督兼理軍需。又疏言：「軍興以來，四川調兵一萬九千有奇，陝、甘合調二萬有奇，兩湖更無餘兵可調。各省募補者難備攻剿；州縣團勇，各衞村莊，尤難責其長驅赴敵。目前賊勢，明亮、德楞泰至襄陽，則鄖賊竄興安，宜昌賊回夔、巫；況雲陽、奉節伏莽尙多，兵力日分日薄。請敕添練備戰之兵，四川、陝甘、湖北各五千。至隨營鄉勇，費與兵等，賞過則驕，威過則散，究非紀律之師。不若選充營伍，賊平卽補營額，費不虛糜，而驍悍有所約束。」詔行之。

三年春，調勒保四川總督，宜緜回任陝甘，駐陝境辦賊。未幾，高均德、齊王氏竄漢陰，褫明亮職，命宜緜赴軍督剿；而齊王氏、姚之富已爲德楞泰、明亮所殲，阮正通、張漢潮先後犯陝境，川賊劉成棟走與合。宜緜自鎭安分路截剿，漢潮折向通江、巴州，正通竄城固，李全與高均德合屯五郎、鎭安、山陽間。宜緜偕明亮要之雒南，鏖戰兩河口，均德竄秦嶺，正通折入川。五月，賊分股北出鳳縣，掠兩當，闌入甘境，詔斥宜緜疏防。旣而明亮敗賊於略陽，成棟、漢潮復由竹谿竄平利。命宜緜與額勒登保爲一路，專剿平利之賊，尋敗之於孟石嶺，賊遁入川，責宜緜嚴遏回竄。八月，徐天德、冉文儔、高均德由儀隴竄廣元，漢潮北入南江，欲還湖北，官軍蹙之上游不得渡。宜緜檄兵扼寧羌、沔縣，漢潮竄太平。於是川、楚匪多流入陝境，其魁樊人傑、龍紹周、李澍、阮正漋各擁衆數千，迭擾安康、平利、紫陽諸縣。四年，漢潮竄五郎，詔斥宜緜畏葸避賊，命解任來京，在散秩大臣上行走。既至，復斥其辨飾，降三等侍衞，赴烏里雅蘇臺辦事。五年，追論軍需冒濫，褫職，遣戍伊犂，罰銀二萬兩助餉，逾兩年釋回。及三省教匪平，以員外郎用。後帝閱方略，宜緜曾論鄉勇，切中時弊，追念前勞，擢大理寺卿。病免。十七年，卒。

子瑚素通阿，初名瑚圖靈阿。乾隆五十二年進士。由刑部員外郎改翰林院侍講，累遷左副都御史。嘉慶初，疏陳關稅、鹽課積弊；又請却貢獻，停捐納。居官有聲，擢盛京刑部侍郎。宜緜遣戍，瑚素通阿以父老請代行，未允。在盛京，劾將軍琳寧寬縱番役及私蔆、官吏分肥事，侍郎寶源查辦不實，寶源、琳寧並黜罷。內調刑部侍郎，赴河南讞獄，漏洩密封，降筆帖式。後起用，終刑部侍郎。

英善，薩哈爾察氏，滿洲鑲黃旗人。由親軍補侍衞處筆帖式，累遷刑部郎中。改御史，除甘肅蘭州道，以親老留京職。乾隆五十年，出爲直隸按察使，遷湖南布政使，調江蘇，丁母憂歸。命署廣西布政使，調補四川。五十六年，護理總督。尋擢貴州巡撫，調湖北，以治西藏軍需，未之任。嘉慶元年，調廣東。旋召授刑部侍郎，而四川教匪起，仍留攝總督。

初，四川自金川木果木之敗，逃兵與失業夫役、無賴游民散匿剽掠，號爲嘓匪。官捕急，則入白蓮教爲逋逃藪。及湖北襄陽敗匪竄入川，一旦揭竿，戰鬬如素習。至是，達州奸民徐天德等激於胥役之虐，與太平、東鄉賊王三槐、冷天祿等並起。英善率兵五百馳剿，復調成都駐防兵，副都統勒禮善、佛住率以往，連破賊巢，擒賊目何三元等。賊竄横山子，據險負嵎，遣總兵袁國璜、何元卿分路進攻，戰三日，國璜、元卿並歿於陣。尋克馬鞍山賊寨，擒賊首徐天富；而王三槐、徐天德等合陷東鄉，佛住戰死，賊熾兵單，詔責英善固守毋輕進，命宜緜赴達州督師。二年二月，宜緜至，英善連破賊於貫子山、羅江口，通周家河運路；偕宜緜克張家觀，復東鄉。五月，命赴甘肅攝總督。王三槐等由通江、巴州分犯保寧，英善赴廣元迎剿，偕總兵富爾賽、朱射斗擊之於儀隴、閬中，多所斬獲。賊逼蒼溪，設伏敗之，遂遁。

三年，命與福寧赴達州治四川糧運。四年，調兵部侍郎，充駐藏大臣，調吏部，駐藏如故。五年，帝以教匪久未平，追論始事諸臣玩寇罪，褫職，以四品頂戴仍留駐藏。七年，召授頭等侍衞。擢刑部侍郎，遷左都御史，兼正黄旗漢軍都統。十一年，以駐藏時於福寧私挪庫款，徇隱未舉，降太常寺卿。十四年，卒。

福寧，伊爾根覺羅氏。初隸貝子永固包衣。由兵部筆帖式洊擢工部郎中。乾隆三十三年，出爲甘肅平慶道，累遷陝西布政使。五十五年，擢湖北巡撫，抬入鑲藍旗滿洲。調山東，治衞河運務，稱旨。五十九年，漳、衞二河溢，疏消積水，撫恤災黎。曹、單漫水，下流爲豐、碭壩堰所阻，馳往會勘，酌開壩堰以洩水，並協機宜。調河南，尋擢湖廣總督，駐襄陽，捕治教匪，獲首逆宋之清等寘諸法。

六十年，調兩江。會黔苗石柳鄧勾結楚苗石三保焚掠辰州，命留湖北會勦，福寧至鎮筸防後路。嘉慶元年，湖北教匪攻來鳳甚急，福寧馳抵龍山，擊敗之。賊屯旗鼓寨，偕四川總督孫士毅合勦，士毅卒於軍，福寧代之。偕將軍觀成、總兵諸神保進攻，破其寨，擒賊首胡正中，餘衆窮促乞降，誘入龍山城，駢誅二千餘人，以臨陣殲戮奏，加太子少保。移軍勦林之華、覃加耀於長陽、巴東，賊竄黃柏山；偕觀成、惠齡會勦未下，惠齡赴襄陽，觀成入川。二年，命額勒登保移師黃柏山，福寧以兵隸之。地形天險，圍攻數月，賊竄鶴峰芭葉山，繼竄大墏口，又竄建始、宣恩；十一月，始殲之華於長陽，加耀遁歸州，以勦賊不力，奪宮銜。三年，擒加耀於終報寨，帝猶斥諸將遷延貽誤，福寧有地方之責，咎尤重，褫職，罰銀四萬兩充餉；予副都統銜，偕英善駐達州，治四川軍需。

四年，英善調駐西藏，福寧遂專任其事。時軍營支用冒濫，統兵大員奢糜無度，兵勇口糧反多遲延，幾致枵腹，四川餉數更多於湖北數倍，屢詔訓戒，福寧不能綜覈，以奏報浮泛被詰。又奏賊數有增無減，勒保疏辨；命魁倫赴達州察視，覆陳賊數實減，而大股分爲小股，賊名反多，得福寧理餉含混狀，詔褫副都統銜，留達州候命。尋以旗鼓寨殺降事覺，帝方以剿撫責諸路，而川賊高均德被擒，言賊黨恐投降仍遭誅戮，故多觀望。詔斥福寧此舉失人心而傷天理，逮治論罪，遣戍新疆，尋原之，命赴額勒登保軍前効力。會賊竄渡嘉陵江，由於福寧裁撤鄉勇所致，仍戍伊犂。五年，予三等侍衞，赴西藏辦事。九年，召還，授正白旗蒙古都統。十一年，以三品銜休致。十九年，追論在西藏擅借庫帑，及湖廣任內濫用軍需，久不完繳，下獄。尋卒。

景安，鈕祜祿氏，滿洲鑲紅旗人，和珅族孫也。由官學生授內閣中書，洊擢戶部郎中。出爲山西河東道，累遷甘肅、河南按察使，河南、山西、甘肅布政使。乾隆五十六年，征廓爾喀，命治西寧至藏臺站，留藏督餉運。事平，以親老歸。未幾，擢工部侍郎，歷倉場、戶部。六十年，授河南巡撫。

嘉慶元年，湖北教匪北犯，景安駐軍南陽，以籌濟恆瑞軍餉，加太子少保。十二月，姚之富犯鄧州，圍景安於魏家集，恆瑞援至始解。二年，淅川教匪王佐臣謀應賊，布政使完顏俘捕斬之。景安欲攘功，躡兵戮難民，以捷聞，賞雙眼花翎，封三等伯。時襄陽賊屢爲惠齡、慶成等所破，窺北面可乘，遂分三路犯河南：王廷詔出北路，竄葉縣，焚保安驛，圍官軍於裕州，總兵王文雄兵至，乃引去，景安尾追至南召，聞桐柏有警，馳回防禦；李全出西路，竄信陽、確山、羅山、淅川，趨盧氏，出武關，慶成追之；姚之富、齊王氏出中路，竄南陽，掠嵩縣、山陽，惠齡追之。賊入河南後，虜脅日衆，不迎戰，不走平原，忽合忽分，以牽兵勢，先後並入陝西復合。景安頓兵內鄉，賊入陝後二十餘日，始追至盧氏，賊尤輕之，號爲「迎送伯」。三年春，擢湖廣總督。四月，率師次荊門州，劉成棟來犯，與布政使高杞分路擊走之。六月，賊由竹谿竄入陝，詔切責。四年，張漢潮擾陝西五郎、洋縣，景安屯鄖陽，遣總兵王凱扼鄖西。漢潮已分路自安康折竄鎮安，景安疏稱赴鄖西迎剿，詔斥其不實。時仁宗初親政，以景安堵剿不力，撫治失當，解職，命治四川軍需。尋奪伯爵，戍伊犁。

是年冬，帝召見惠齡，論其恇怯縱寇及淅川冒功事，逮京讞，擬大辟，緩刑，禁錮。七年，教匪平，得釋，發熱河充披甲。逾年，宥還，以六部筆帖式用，効力河南河工。衡家樓工竣，晉秩員外郎，授直隸承德知府。擢山西按察使、陝西布政使。十一年，授江西巡撫，調湖南。召爲內閣學士，累遷戶部尚書，加太子少保。二十五年，授領侍衞內大臣，守護昌陵。道光二年，休致。尋卒。

景安初附和珅，懵於軍事，然居官廉。當其逮京，值朱珪入見，帝曰：「景安至矣！軍事久不定，欲去一人以警衆，如何？」珪曰：「臣聞景安不要錢。」帝曰：「若乃知操守耶？」竟以是獲免。後復用之。

秦承恩，字芝軒，江蘇江寧人。乾隆二十六年進士，選庶吉士，授編修，擢侍講。出爲江西廣饒九南道，累遷直隸布政使。五十四年，擢陝西巡撫。

嘉慶元年，教匪起荆、襄，承恩率師赴興安籌防。至冬，四川達州教匪自太平入陝犯興安，承恩偕總督宜緜迭擊敗之。十二月，會剿洞河、汝河諸賊。二年正月，擊安康賊於光頭山，首逆王劉氏伏誅，陝境略平。宜緜進剿川匪，承恩專任陝防。三月，襄匪由河南盧氏竄商南，勾結陝匪，紛起應之。承恩移軍商州，偕恆瑞殲山陽西牛槽賊。雒南石板溝奸民起，總兵富爾賽捕斬之。姚之富由商州犯孝義，窺西安，承恩扼之於秦嶺。惠齡等追擊，賊走鎭安，與李全、王廷詔合掠洵陽、安康。時陝西兵力僅有鄉勇萬餘人，提督柯藩守興安府城，兵止二百，無力攻剿。惠齡、恆瑞合擊賊於黄龍鋪，賊分竄復合，六月，由漢陰至紫陽渡漢江。詔斥承恩疏防，奪翎頂。賊走漢南，與川匪合，八月，復入陝，竄白河石槽溝。承恩率鄉勇扼安康要隘，賊分路來犯，禦之於平利金堂寺。旣而賊逼興安，偕惠齡擊走之，以功復鎩頂。

三年春，丁母憂，軍事方亟，奪情視事。二月，高均德、齊王氏合竄漢陰觀音河，糾李全，王廷詔分道由城固、南鄭北出寶雞，合攻郿縣，掠盩厔，將犯西安，承恩恇懼，率師回防。總兵王文雄力戰，敗賊於焦家鎮、圪子村，大創之，賊復分竄。三月，文雄復破李全餘衆於翙峪、灃峪。四月，李全糾阮正通折回鎮安，西擾漢陰、石泉，高均德踰秦嶺走老林，承恩與文雄扼子午峪。既而均德、全與張天倫合爲一路，正通由石泉、洋縣西竄，均德等尋竄入川。承恩進兵漢中。八月，川匪徐天德、冉文儔、樊人傑，襄匪張漢潮先後並入陝境。

承恩師久無功，四年，命解職回籍守制。會剿張漢潮於鳳翔，承恩遣游擊蘇維龍扼東路，戰失利，漢潮突圍遁；褫承恩職，逮京論大辟。詔以承恩書生，未嫻軍事，宥歸。尋遣戍伊犁，七年，釋還。起主事，纂修會典。出爲直隸通永道，擢江西巡撫，遷左都御史，仍署巡撫事。十一年，召授工部尚書，調刑部，署直隸總督。十三年，以治宗室敏學獄瞻徇，降編修，効力文穎館。遷司經局洗馬，晉秩三品卿。十四年，卒。

論曰：方教匪之初起也，苗疆軍事未蕆，楚、蜀空虛，草澤幺麿，燎原莫制。永保、惠齡號曰總統，局於襄陽一隅。景安、秦承恩不諳軍旅，賊遂蹈瑕，蔓延豫、陝。宜緜受事，僅顧蜀疆，及勁兵移陝，束手求退矣。英善、福寧並皆庸材，三年之中，防勦無要領，如治絲而益紛。仁宗親政，赫然震怒，諸臣相繼罷譴，士氣一新，事機乃轉。廟堂戰勝，固有其本哉！

清史稿卷三百四十六

列傳一百三十三

恆瑞　慶成　七十五　富志那 亮祿

恆瑞，宗室，隸正白旗，吉林將軍薩喇善子。乾隆中，授侍衞，赴西藏辦事，擢熱河都統，遷福州將軍。五十二年，臺灣林爽文作亂，命率駐防兵往勦，參贊軍務，偕總督常青赴南路。鳳山賊勢方熾，高宗知常青、恆瑞不可恃，命福康安督師。賊圍總兵柴大紀於諸羅，恆瑞駐軍鹽水港，逗留不進，詔解任。福康安至，屢爲疏陳戰績，帝益怒，斥其徇護，逮恆瑞論罪。事平，減死戍伊犁。尋予副都統銜，充伊犁參贊大臣。歷定邊左副將軍、綏遠城將軍，調西安。

嘉慶元年，命率駐防兵三千，偕都統永保會勦湖北教匪。三月，與總兵文圖破賊竹山。永保至，合師由房縣進勦，文圖分勦三里坪、喇叭洞諸賊悉盡；而恆瑞追賊至保康，未大創之。賊首姚之富踞襄陽，勢甚熾，命恆瑞進勦。五月，偕明亮進次呂堰，擊賊岳家溝、劉家集，擒斬二千餘。賊圍棗陽，設伏王家岡，誘賊敗之；又敗之於蔣家壋、曲家灣，棗陽圍解。賊僞降，潛襲官軍後路；急以後隊爲前隊，擊退之。賊走丫兒山，與張家壋賊相犄角，奮擊一晝夜，破賊營十餘，殲賊甚衆，被獎賚。七月，破賊隨州龍門山，與永保會攻鍾祥賊巢，連破之鄧家河、黑沙河、雙溝。賊乃分竄唐縣、呂堰，追至滹沱鎮，復竄倉臺。尋，之富渡滾河，圍景安於鄧州。詔斥諸將玩誤，逮永保，責恆瑞戴罪立功。

二年正月，偕惠齡等勦襄陽賊，賊首劉起榮就擒；又與慶成敗賊鄭家河，擒賊目李潮；進勦泰山寺、龍鳳溝，擒賊目姚爽等：賜花翎。於是賊分竄，由河南入陝，恆瑞追賊至山陽，遇王廷詔、李全等，擊走之。五月，追賊陝南，與惠齡夾攻於黃龍壋，殲賊三千餘。廷詔、全復與賊之富合趨紫陽，渡漢江，恆瑞坐縱賊，奪花翎。賊遂分路入川，廷詔竄開縣、雲陽、萬縣，犯夔州，西與大寧賊嚮應，恆瑞追及，連敗之，乃竄太平。八月，當陽逸匪掠白河、洵陽，命馳赴興安扼勦，偕慶成擊賊於張家灘，由牛蹏嶺繞出賊前，奪賊營九。廷詔等奔紫陽，與惠齡夾擊敗之。恆瑞率師還漢中，敗賊西鄉，又敗之褒城黃沙鋪。十一月，之富等西奔，將渡漢北竄。偕慶成蹙諸半渡，賊西趨寧、沔。師進，遇高均德於桑樹灣，乃議四面設伏，恆瑞令撒拉爾回兵假鄉勇旗幟誘之，自由山梁馳下，慶成等分路夾擊，俘斬甚衆。

捷聞，被優賚。十二月，破王廷詔於保寧，進解營山圍。

三年，川匪羅其清犯順慶，偕慶成往援，因賊勢蔓延，請勒保、宜緜遣兵會剿。賊竄蓬州，潛結冉文儔擾儀隴，恆瑞扼磨盤寨，與惠齡等合擊之，文儔敗走，陝匪龍紹周與合，敗之楊家寨。六月，與德楞泰夾擊高均德於石人河，復偕惠齡攻老林場賊卡，進逼大神山，均德、文儔踞險死拒，分路進攻，賊奔箕山，而徐天德、樊人傑爲將軍富成追擊，窮蹙，亦入焉。惠齡、德楞泰攻其前，恆瑞攻其後，盡破山寨，先後斬馘近萬。其清，李全、王廷詔奔大鵬山，進圍，十一月，克之。命赴陝與宜緜等會剿張漢潮。未幾，李全、樊人傑竄西鄉。帝以恆瑞未迎擊，嚴斥之。

四年，署陝甘總督，赴寧羌擊藍、白兩號賊。張應祥等竄秦州、兩當，又擊走張漢潮、冉學勝股匪。五月，解署任，剿白號賊於白馬關，地與川西龍安接壤，遣將冒雨掩擊，賊竄西和、禮縣；令布政使廣厚、總兵吉蘭泰截剿，自趨賈家店、黑馬關抄擊藍號賊，敗之於老柏樹，復花翎。賊竄川北，至秋，折回陝境，擊走之。乃赴城固、洋縣，會明亮剿張漢潮，破之東西叉河，賊從馬埡道遁老林，要之於淸水溝，復乘霧雨徐渡三渡水。帝疑諸將縱賊，又以恆瑞前剿藍號賊垂盡，捨之回陝，下尚書那彥成察劾。那彥成，恆瑞之婿也，覆陳回師出總督松筠意，得免罪。尋明亮殲漢潮，恆瑞自五郎追擊，餘黨李得士等由大建溝入老林，趨秦嶺，與那彥成會剿冉學勝等，賊奔滂谷；扼兩岔河，追擊於山陽東溝，敗之。

五年，川匪二萬餘由略陽寇兩當、徽縣，恆瑞自褒城入棧，賊竄隴州、清水、秦安，偕那彥成追至汪家山，大敗之。總兵凝德戰歿秦安，恆瑞赴援，復偕那彥成敗賊於龍泉溝、深都堡，總兵多爾濟、札普戰歿洵陽。詔促恆瑞赴鎮安、五郎剿賊，三月，抵唐藏。楊開甲、高均德方擾南星，留總兵觀祥駐守，自赴商州。帝疑其趨避，累詔詰責，乃赴鎮安剿冉文勝等，敗之於大中溪。會額勒登保破開甲於輝峪，恆瑞自龍駒寨抄截，開甲逸走，圍副將李天林於漫川關，馳援，斬賊目羅貴等，賊乃分路西竄。敍功，予雲騎尉世職。六月，率總兵德忠駐守太渠、唐藏。時伍金柱、高天德、馬學禮犯西鄉，提督王文雄戰歿，乃進兵大石川，賊奔灘口，爲楊遇春所破。

恆瑞自教匪起，久在行間，以偏師數臨大敵，至是老病，久無顯功。帝慮其不任戰，詢額勒登保，上其狀，命回鎮西安。逾年卒。

慶成，孫氏，漢軍正白旗人，提督思克曾孫，都統五福孫也。由鑾儀衛整儀尉，累遷廣東督標副將。乾隆五十三年，從總督孫士毅征安南，屢擒敵有功，賜花翎、錫朗阿巴圖魯勇號。內擢正白旗漢軍副都統、戶部侍郎、御前侍衞、正紅旗護軍統領。五十七年，出爲古北口提督。

嘉慶元年，率兵赴南陽、襄陽剿教匪，偕恆瑞迭敗姚之富、劉之協於雙溝、張家集。賊屯棗陽丫兒山，分踞張家壋，連營十餘里，遮官軍，慶成先進，襲其寨，大破之，擒宋廷貴、陳正五，追敗餘匪於紅土山，擒黃玉貴，加太子少保。之富竄鍾祥，合劉起榮、張富國等衆五六萬，偕永保等冒雨攻克之，晉太子太保。賊遁雙溝，擾唐縣滹沱鎮。慶成等以久戰兵疲，不能圍剿，詔嚴斥之。賊竄棗陽太平鎮，四路合攻，斬數千級，慶成受矛傷，被優賚。十一月，賊潛渡滾河北竄，與永保等並被嚴譴，盡奪宮銜、花翎、勇號，易惠齡爲總統。尋偕惠齡連破賊於王家城、梓山。二年正月，大戰興隆集，斬二千餘級。分路追賊，慶成射中賊首劉起榮，擒之，在諸將中戰最力。高宗以慶成爲五福孫，不次擢用；自縱賊滾河，慮其少年自用，不能服衆，命惠齡察奏，至是詔免前罪。二月，擊賊曾家店，胸中矛，裹創而戰。賊敗竄河南境，分數路，慶成追李全，連破之確山五里川、盧氏火燄溝。四月，李全、王廷詔合陷鄖西，馳復其城，賊不戰分遁。未幾，之富竄渡漢江，降二品頂戴，暫留提督任。襄匪竄開州，偕惠齡追敗之南天峒、火燄壩，復花翎。賊趨大寧，與川匪合，慶成與川軍會剿。九月，偕恆瑞截擊湖北回竄之賊於洵陽，而李全、王廷詔沿漢東走，慶成登舟下漢以要其前；惠齡、恆瑞從陸躡其後，至紫陽夾攻之，賊竄興安，慶成一晝夜追及，大破之司渡河。

川匪王三槐擾保寧，羅其清、冉文儔分掠川東，命移兵赴川，與宜緜合剿。三年，截擊其清，腿中槍，創甚，解任回旗就醫。四年，創愈，仍在御前侍衞行走。尋授成都將軍，命赴陝西與永保協剿張漢潮。會明亮訐奏永保、慶成失機，命那彥成、松筠按治，褫職逮問；又以在湖北受軍需饋遺，籍其家。漢潮旣殲，宥罪戍伊犁，未行，五年正月，命仍赴陝軍効力。額勒登保檄剿高天德、馬學禮，連敗之禮辛鎭、何家衢，擒斬數千，予三等侍衞。協剿伍金柱、曾柳，授陝安鎭總兵。七月，金柱與冉學勝、張天倫合犯陝，扼之渭河，賊分竄；追天倫於教場壩、廝池溝，殲其黨宋廝子，又敗金柱餘黨曾芝秀於南山：兼署固原提督。時經略赴川，陝、甘兵三萬餘皆歸慶成節制，川匪冉天元、冉學勝、樊人傑先後渡漢江，詔斥慶成疏防，責戴罪立功。六年，徐天德、樊人傑復至江岸，欲偸渡鄖西，擊却之，實授提督。擊楊開甲餘匪於廣元，獲其子麟生，加頭品頂戴。苟文明潛入甘肅境，擊走之，復勇號。追川匪辛聰等於寧沔，擒其黨曾顯章、張添潮。七年，敗張天倫餘黨於鳳縣、兩當，擒張喜、魏洪升，賊竄紫柏山老林，裹糧入捕，悉殄其衆，復太子太保。

先是慶成父歿，軍事方亟，不得去；至是南山匪漸少，乃許回旗守制。尋署湖北提督，服闋實授，遷成都將軍。十一年，入覲，帝睠其勞，問：「曾戴雙眼花翎否？」慶成對：「征安南蒙賜，和珅禁勿用；獲劉起榮，先帝欲賜，復爲和珅所阻。」命軍機處檢檔無之，遂以欺罔褫職，戍黑龍江。逾年，授圍場總管，歷馬蘭鎮總兵、湖北提督、福州將軍。十七年，卒，謚襄恪。

七十五，瓜爾佳氏，滿洲正黃旗人。乾隆中，以護軍從征緬甸，繼赴金川，戰輒力，累遷護軍參領，授貴州大定協副將。總督福康安薦其才，四十九年，擢宜昌鎮總兵。父憂去官，坐事降秩，起爲健銳營前鋒統領。五十七年，從征廓爾喀，克濟嚨，又克熱索橋，追賊東覺山、雍雅山，攻甲爾古拉，並有功，擢翼長。

嘉慶元年，赴湖北剿教匪，二年四月，追賊入陝，敗之山陽周家河，授西安右翼副都統，兼領健銳營。其冬，王三槐回竄四川，追擊於達州崖峯尖，傷右臂；踰日，賊復至，裹創力戰，斬獲甚衆。三年，擢四川提督，敗賊巴州。七月，戰廣木山，克險隘，受傷，被優賚。九月，擊冷天祿於木瓜坪，右股中槍，創甚，就夔州療治，四年，始瘳。六月，連破賊於寶塔、蓮花池，扼其入楚之路。會卜三聘竄大寧，追敗之。八月，擒龔建於開縣火峯寨。十月，與穆克登布夾擊樊人傑於通江、巴州界上，賊走太平，他賊自湖北回竄，偕朱射斗迎擊於雲陽，遂追賊川東。

時賊聚川北，而東路久無軍報，適侍郎廣興疏言七十五駐兵夔州，仁宗疑其逗留，下經略察狀，七十五方以攻麂子坪受重傷，額勒登保爲疏辯，得白。五年二月，鮮大川擾螞蝗坪，創發，不能騎，舁至軍前督戰。冉天元擁衆渡嘉陵江，重慶戒嚴，魁倫檄令回守，病不能軍，遣李紹祖率兵赴川西，自就醫順慶。帝疑其飾辭，詔解任，命松筠、勒保察驗得實，以提督銜留營差遣。五月，高天德、馬學禮由陝犯川，折入番地，偕阿哈保夾擊於舊關摩天嶺，克新寨，進圍鐵鑪寨。賊乘雨宵遁，追擊之，賊棄牲畜、仗械，驚竄山谷，由草泥土司地走岷州，又走秦州。七月，兵經新寧，偵馬驛溝有賊，設伏，敗之，仍授四川提督。賊勢趨重川境，德楞泰、勒保方進剿，七十五分擊之。至冬，諸賊相繼窺漢江，德楞泰議擊之南岸，而以七十五出廣元三家壩攻其西北。七十五不聽調，曰：「兵深入，將逼賊入陝，非計也。」帝聞，切責之。

六年正月，率子武隆阿由廣元趨南江，擊張世龍於三臺山、後河嶺、北溪河，陣斬世龍，擒其黨趙建功、李大維；又追賊至太平華尖山，擒邱天富、周一洪：被優敍。三月，攻竹園坪。五月，賊分竄陝、楚，七十五追冉天士至平利大渝河，間道據後山，偪其出隘，伏起邀擊，擒斬二千餘，特詔嘉賚。乘勝追賊入湖北境，六月，破湯思蛟、劉朝選於羊耳河；又敗之於保康，殲賊首王鎭賢，遂與德楞泰追龍紹周入川。七月，偕李紹祖敗樊人傑於隣水，追至開縣，復遇思蛟、朝選，連敗之於馬家亭、桑樹坪，由通城進剿苟文懷，擒之。餘賊與苟文明合，將竄陝，八月，擊之於大寧山，殲擒及半，文明僅身免，俘其家屬。

是年冬，留防川北，敗賊於南江；又與德楞泰合擊於廣元、蒼溪，進搜老林，賊多散匿，百十爲羣，時有斬獲。十二月，苟文明糾各路餘匪二千餘人，乘間西奔。七十五與勒保不和，追賊入山，餉半載不至，兵飢疲，就糧太平，六日，賊已渡嘉陵江上游，直趨階州，亟偕慶成馳擊。額勒登保、德楞泰先後劾其頓兵縱寇，未幾，賊復自廣元渡江入甘肅，帝益怒，嚴詔褫職逮問。

七十五故宿將，勇而訥，臨陣輒死鬭，身被重創十五次。將弁畏其苦戰，不樂相隨。自領偏師當艱險，數以軍報後時遭譴；至是，復失機就逮，一軍皆慟哭。額勒登保等爲疏陳戰狀，乞恩，許留營自贖。七年，剿張長庚、陳自得殘匪於夔州，留防川東。舊創發，予護軍校，還京。逾年，卒，贈副都統銜，賜卹如例。子武隆阿，自有傳。

富志那，赫舍哩氏，滿洲正紅旗人。起健銳營前鋒，從征葉爾羌、緬甸、金川，授副前鋒參領，出爲湖南永綏協副將。乾隆六十年，苗叛，駐守永綏。苗踞張坪、亞保阻糧運，悉衆來犯，富志那擊却之。追至獅子山，詗知有伏，預爲戒備，夾攻，多所斬獲。越日，苗復以數千人撲營，殊死戰，簡精銳迎擊，大敗之，賜花翎。永綏被圍久，糧匱且盡，居民隨官軍晝夜登陴，城賴以固。大軍至，圍迺解。從福康安克高多寨，吳半生就擒。福康安薦其老成明幹，苗民感畏，擢總兵。迭攻高斗山、擒頭坡、吉吉寨，皆捷，賜蟒衣一襲。

嘉慶元年，湖北教匪聶傑人、張正謨於枝江、宜都倡亂，巡撫惠齡駐軍太和山，富志那馳赴之，進擊鳳凰山，擒傑人。餘賊乘雨撲營，擊却之，又敗之於楊白堰。正謨踞灌灣腦，四面環山，富志那自蔡家坡進，冒雨奪卡，而伏隊於深箐，賊至，左右夾擊，多墜巖澗死；山前設疑兵，別由徑道深入，出不意擊之，大捷：賜號法福禮巴圖魯。迭克雞公山、王母峒，進攻筲箕壋，正謨勢蹙，四出求救，富志那與副都統成德分路設伏，僞樹白幟爲援兵，誘賊出，大破之，遂克筲箕壋；乘勝取灌灣腦，擒正謨。枝江、宜都悉平。

命回苗疆治善後。二年，議闢永綏北路，留兵二萬分防黔、楚，授富志那爲總兵，駐鎭筸，與提督分領其軍。苗疆自同知傅鼐築碉屯田，邊備漸嚴，而苗未遽服，搆衆抗阻，大吏諉過於鼐，將劾之，富志那力爭迺止。移軍需助其建設，後屯田利興，苗患遂息。人稱鼐功，兼頌富志那不置云。五年，鎭筸矖金塘黑苗出掠，與鼐併力禦擊；又要擊苗黨於狗琵岛，焚其寨，苗懼，乞降。八年，永綏苗龍六生擾動，擒之。署湖南提督，調授貴州提督，軍政肅然，時稱名將。十五年，卒於官。

亮祿，伊爾根覺羅氏，滿洲正紅旗人。襲輕車都尉世職，授密雲協領。嘉慶初，以參將發河南，署游擊。三年，教匪竄河南，巡撫吳熊光駐防盧氏，兵多他調。寶豐、郟縣賊起，掠汝州。布政使馬慧裕不嫻軍事，亮祿曰：「兵貴神速。今賊初起，烏合易滅，請兼程往剿。」賊屯寶豐翟家集，東阻大溝，恃險不退，亮祿聲言京兵且至，樹八旗大纛，鞭馬腹，俾騰踔嘶號，聲震數里，賊懼；夜吹角而進，躍馬踰壕，火其寨，一鼓殲之，擒其渠李岳等。奏入，仁宗大悅，立擢副將。累遷雲南開化鎮總兵。七年，卒，帝甚惜之。

論曰：恆瑞、慶成戮力襄陽，剿匪最久，後皆獨當一面，功過不掩，故仁宗始終保全。七十五孤軍苦戰，徒以失懽羣帥，未奏顯功，論者惜之。富志那獨平枝江、宜都一路，移鎮苗疆，與傅鼐和衷弭亂，有足稱焉。

清史稿卷三百四十七

列傳一百三十四

楊遇春 子國楨　吳廷剛　祝廷彪　游棟雲　羅思舉 桂涵　包相卿

楊遇春，字時齋，四川崇慶人。以武舉効用督標，爲福康安所識拔。從征甘肅石峯堡、臺灣、廓爾喀，咸有功，累擢守備。

乾隆六十年，調赴苗疆，力戰解嗅腦圍，進援松桃，獨取道樟桂溪，山險寨密，率敢死四十人爲前鋒，由間道縱馬入賊屯，呼曰：「大兵至矣！降者免死。」賊相顧錯愕；復呼曰：「降者跪！」於是跪者數千人，直抵城下，圍遂解，賜花翎。復解永綏圍，賜號勁勇巴圖魯。首逆吳半生就擒，擢游擊。額勒登保攻茶山，爲賊所圍；遇春率壯士衝擊，奪據對山，縱横決盪，當者輒靡。福康安望之驚歎，立擢參將。復乾州，擢廣東羅定協副將。

苗平而教匪起，嘉慶二年，從額勒登保赴湖北剿覃加耀、林之華，破芭葉山，連敗之長陽、宣恩、建始、恩施。加耀竄終報寨，峭巖陡絕，夜縋而登，擒加耀及其黨張正潮。三年，從額勒登保赴陝，敗李全於藍田，又敗高均德於紫溪嶺。五月，還湖北。張漢潮竄穀城，兜擊，大敗之，又敗之竹山菩提河，追躡入陝，敗之於平利孟石嶺。九月，敗高均德、李全於廣元吳家河。丁父憂，賜金治喪，命墨經隨征。迭破羅其清於觀音坪、大鵬寨、青觀山，其清就擒，擢甘肅西寧鎮總兵。四年，從額勒登保斬蕭占國、張長庚，獲王光祖，斃冷天祿，功皆最，威震川、陝，婦孺皆知其名。追剿張子聰，自夏徂秋，迭敗之於梁山、雲陽、太平、開縣、通江間。子聰被追急，數與樊人傑、龔建、冉天元合，最後欲合王登廷。登廷踞馬鞍寨，進攻克之，躡追迭擊，擒其黨靳有年於土丫子，斬阮正漋於廣元雲霧山。

至冬，登廷由陝入川，與冉天元合。額勒登保率遇春與穆克登布會擊之於蒼溪貓兒埡。穆克登布違約，先期進，挫敗，遇春據廢壘力拒，燃草炬擲山下，戰徹夜，幸得全師，迭擊皆獲勝。登廷孑身至蒲江，爲鄉團擒獻，斬之。五年，擢甘州提督，偕穆克登布破張天倫於兩當，又從額勒登保追楊開甲於商、雒，扼龍駒寨，殲張漢潮餘黨劉允恭、劉開玉，予雲騎尉世職。

遇春與穆克登布爲經略左、右翼長，議每不合，自蒼溪戰後，益不相能。額勒登保等疏言：「諸將中惟遇春謀勇兼優，可當一面。請益所部兵，與經略、參贊分路剿賊。」遂以提督別領偏師，沿渭西上，剿汧、隴之賊。五月，擊伍金柱於漢陰手板巖及銅錢窖，戰方酣，楊開甲從間道突至，腹背受敵，自午至酉，圍愈急，有白袍賊手大旗，直犯遇春，相去咫尺，忽墜馬，則爲後隊護槍所斃，乃金柱悍黨龐洪勝也。賊驚潰，額勒登保兵亦會，追賊至洋縣茅坪，斬開甲，又擒陳傑於大石坂。八月，斬金柱於成縣峽溝，斬宋麻子於鳳縣潘家溝。六年，破冉學勝於石泉石塔寺。高天德、馬學禮、王廷詔爲大軍所驅，竄五郎壩。遇春方追學勝，偵知之，乘夜掩擊，天德等分竄，乃由斜峪關躡擊，阻其入甘肅之路，復破賊於鋼鋪廠，一晝夜馳四百里，追及廷詔於川、陝界鞍子溝擒之，天德、學禮竄禪家巖。遇春料賊由寧羌奔逸，急由斜谷趨二郎壩，設伏龍洞溪，賊果至，俘斬殆盡，二賊就擒，晉騎都尉世職。是役，釋降衆健者八百人，編爲一隊，皆願効死。會經略檄合剿冉學勝，獲諜，得賊虛實，謂降衆曰：「汝等立功贖罪，此其時矣！」至紫陽天池山，賊於伏莽中突起，八百人力戰，衝賊爲數段，遂大捷。張天倫糾五路賊聚洵陽，學勝復與合，大破之於孫家坡。追賊入川，擒冉天泗、王士虎於通江報曉埡。士虎故劇盜，專劫寨峒避大軍。遇春夜往捕，適賊由他路襲營，遇春不回救，伏巢外候賊歸，擒斬無遺。賊中有名號者剿除幾盡，餘匪以老林爲藪。遇春專任搜剿，以遲緩，嚴詔切責。七年秋，殲苟文明，調固原提督。尋以大功戡定，詔遇春功尤著，殲首逆獨多，晉二等輕車都尉。

八年，丁母憂，賜金，給假四十日。苟文明餘黨苟文潤集千餘人，皆獷悍，蹂躪漢江左右，諸軍久役不振。遇春至，乃奮，連戰紅山寺、平溪河，殲之，賊氛漸清。十年，凱撤，詔許回籍補持母服百日，假滿入覲。會寧陝鎮兵變。鎮兵新設，入伍者多鄉勇、降賊，不易制。遇春行總兵楊芳赴固原攝提督，因停給鹽米銀，發包穀充糧，遂戕副將、游擊，劫庫獄以叛。遇春行至西安，聞變，偕巡撫方維甸馳往。詔德楞泰赴陝治其事，命遇春扼方柴關，賊銳甚，兵交數失利。賊首蒲大芳望見遇春，下馬遙跪，哭訴營官蝕餉狀，遇春曉以順逆，知可以義動，與楊芳謀，同主撫。諸帥尚猶豫，遇春按兵緩攻，令芳單騎入賊營諭之。越數日，大芳竟縛倡逆之陳達順、陳先倫詣遇春降。遂率大芳邀擊餘賊於江口，斬其渠朱先貴。德楞泰疏陳叛兵窮蹙乞命，請釋歸伍，詔斥縱叛廢法，降遇春寧陝鎮總兵，大芳等二百餘人皆戍新疆。十三年，入覲，命兼乾清門侍衞，仍授固原提督。

十八年，天理教匪李文成踞滑縣，命陝甘總督那彥成討之，以遇春爲參贊。賊萃精銳道口鎮，遇春率親兵八十人，沿運河西進覘之，遇賊數千，卽突擊，賊辟易，追渡河，擒斬二百；收隊少二人，復衝入賊陣，奪二屍還，賊爲喪氣，遂斷浮橋，焚渡船，進攻，賊望見輒靡。尋克道口，復擊走桃源、輝縣援賊，合圍滑城，用地隧轟破之，文成自焚死。十二月，滑縣平，封二等男爵，賜黃馬褂。

陝西南山賊萬五倡亂，十九年正月，移師往討，斬萬五及其黨，凡兩越月蕆事，晉一等男。陛見，仁宗慰勞有加，命至膝前，執其手曰：「朕與卿同歲，年力尚强，將來如有軍務，卿須爲朕獨當一面。」手賜珍物，見遇春長髯，稱美者再。時遇春弟逢春爲曹州鎭總兵，命繞道覲所練兵。宣宗卽位，加太子少保，賜雙眼花翎。道光五年，署陝甘總督。

六年，回酋張格爾叛，詔遇春率陝、甘兵五千馳赴哈密。尋命大學士長齡爲揚威將軍，遇春爲參贊，會兵阿克蘇進剿。七年二月，連敗賊于洋阿爾巴特、沙布都爾、阿瓦巴特，擒斬數萬，追至渾河，距喀什噶爾十餘里，賊悉衆抗拒，列陣二十餘里。會大風霾，前隊迷道，未卽至，將軍欲退屯十餘里，須霽而進，遇春不可，曰：「天贊我也，賊不知我兵多少，又虞我卽渡，時不可失！且客軍利速戰，難持久。」乃遣千騎繞趨下游牽賊勢，自率大兵乘晦霧驟渡上游，礮聲與風沙相併，乘勢衝入賊陣，賊大奔。三月朔，遂復喀什噶爾，甫旬日，英吉沙爾、葉爾羌、和闐以次復，加太子太保。張格爾遠遁，詔遇春先入關。八年正月，楊芳擒張格爾於鐵蓋山，遇春入覲，捷音適至，帝大悅，賜紫韁，實授陝甘總督，圖形紫光閣。遇春坐鎭陝、甘凡十年，務持大體，不輕更張，討蒐軍實，鎭馭邊疆，皆有法。十五年，以老予告歸，召至京，陛辭，晉封一等昭勇侯，食全俸，御製詩書扇賜之。十七年，卒於家，贈太子太傅、兵部尙書，賜金治喪，入祀賢良祠、鄉賢祠，謚忠武。

遇春結髮從戎，大小數百戰，皆陷陣冒矢石，未嘗受毫髮傷。仁宗詢及，歎爲「福將」。治軍善於訓練，疲卒歸部下即膽壯，或精鋭改隸他人，仍不用命。將戰，步伐從容，雖猝遇伏，不至失措。俘虜必入賊三月以外始誅，老稚皆赦免。馭降衆有恩，尤得其死力。操守廉潔，治家嚴整，子弟皆謹守其家風。

弟逢春，久隨軍中，積功授重慶鎮標游擊。後從賽沖阿平陝西洋縣匪，累擢山東曹州鎮總兵，調兗州鎮。

子國佐，四川茂州營都司，加副將銜。

國楨，字海梁。以舉人入貲爲戶部郎中，出任潁州知府，累擢河南布政使。洎回疆底定，宣宗推恩，就擢巡撫，疏請留其父部將訓練河南兵。武臣父子同時膺疆寄，與趙良棟、岳鍾琪兩家比盛焉。遇春歿，襲侯爵，服闋，授山西巡撫，歷官皆有聲。道光二十一年，擢閩浙總督。尋以腿疾乞歸，在籍食俸，數年卒。

遇春尤知人，獎拔如不及。識楊芳於卒伍中，力薦之，卒爲大將，勳名與之埒，天下稱「二楊」，自有傳。部曲多洊至專閫，著者曰吳廷剛、祝廷彪、游棟雲。

廷剛，四川成都人。由行伍征苗，擢守備。從遇春剿教匪，善偵敵。嘉慶四年，破王登廷於青龍坪，擢都司。五年，剿楊開甲、辛聰於龍駒寨，倍道掩襲，敗賊輝塔、洞寨。伍金柱踞手板巖，輕騎往探，獲賊諜，馳報，得大捷。追張天倫至馬桑壩，高天升、戴仕傑由箭桿山突出，迎擊，大敗之，擢游擊。六年，孫家坡之戰，分追餘賊至關埡，奪據山頂，賊多墜崖死，擢參將。追高見奇、姚馨佐至通江，山徑紆險，棄馬行，見賊數十人，奪路走，擒其酋，乃辛斗也。通江賊李彬夜竄熊家灣，廷剛先至，橫衝賊爲二，後賊回竄，與大軍夾擊，大破之，擒魏中均、苟朝萬、王士元。七年，迭擊辛聰、劉永受於老君嶺、茱子坪、太平峒、燕子巖，賊四竄；偕祝廷彪徒步入山，追賊田峪，將歸隊，過桃川沙壩，見山樹紅旗，疑之，偵知賊首苟文明冒官軍，奮擊敗之，分路要截，擒斬數百。文明將入川，追至花石巖，見山上炊烟起，麾兵仰攻，文明知不能脫，擲跳巖下，就斬之；又擒殲苟七麻子、吳廷詔、張芳等。八年，搜剿南山餘匪，往來老林。九年，賊聚川、陝邊界，廷剛至桃木坪，賊乘霧衝撲，受矛傷，窮追越楚境，迭敗之石渣河、亢喜坡。進攻馬鞍山，賊伏陡崖，徑馳上，擒賈燦華、苟文華、王振、謝尚玉等。賊遁老山，偕祝廷彪選健卒持乾糒輕騎躡剿，徧歷險僻。至十年，擒斬殆盡，擢甘肅涼州鎮總兵，調漢中鎮。十八年，剿三才峽匪萬五，別賊起古子溝，分兵克之。萬五乘間連踞峒寨，敗之於袁家莊、平木山梁，分兵抄襲，設伏沙壩，擒其黨周在庭、周之順。萬五窮蹙，竄盩厔山中，爲他軍所擒。進剿餘黨，擒尹朝貴、劉功。十九年，事平，詔廷剛首先進剿，功最，加提督銜。尋擢廣東陸路提督，未至，卒。詔念前勞，予優卹，謚壯勤。

廷彪，四川雙流人。由行伍征苗，擢守備。嘉慶五年，從遇春殲劉元恭、劉開玉，擢都司。六年，擒王廷詔，擢游擊。七年，剿賊平安寨，設伏長溝，乘夜掩擊，中矛傷，裹創力戰，斃苟文淸於陣；偕吳廷剛殲苟文明於花石巖，擒苟文齊於鼈鍋山：擢參將。又破張世雲於北溝口。八年，迭擊賊於老林、小岔溝、白果園，擒冉璠。九年，偕羅思舉追賊入界嶺老林，攻望都觀賊巢。從遇春擊賊鳳凰寨、壩口、馬鞍山，並多斬獲。十一年，擢漢中協副將。值寧陝兵變，赴南山截剿。甫定，瓦石坪周士貴復起，偕羅思舉合擊擒之，賜號迅勇巴圖魯。十四年，擢甘肅寧夏鎭總兵，調陝西西安鎭。十九年，剿三才峽匪萬五餘黨，偕吳廷剛擒尹朝貴於木瓜園。分路剿賊黃草坪，燬其巢，追入手板巖老林，賊詭降，設伏，擒其渠陳四，擢湖南提督。道光三年，內召，授頭等侍衞，仍兼提督銜。以熟悉南山情形，未幾，復授西安鎭總兵。在任凡十年，擢貴州提督，調浙江提督。二十年，英吉利兵陷定海，守招寶山，吏議褫職，詔留任。尋以年老休致，歸，卒於家。

廷彪果敢力戰，善撫士卒，當時降衆多生事，所部帖然，世稱之。

棟雲，四川巫山人，寄籍華陽。以武舉補把總，從征廓爾喀、苗疆，積功累擢寧羌營游擊。從額勒登保剿教匪，與遇春偕，後乃爲其部將。攻終報寨先登，功最。嘉慶三年，從遇春追張漢潮、詹世爵、李槐等，由漢中入川境。諸軍合剿於隘口，棟雲據高俯擊，斷槐手，箭貫世爵胸，皆斃。漢潮竄梅子關，迎擊，敗之；又連敗之巴東及陝境兩河關。設伏王家河，賊至，痛殲之，窮追至河南盧氏，漢潮遁。四年春，敗賊涼泌河，兵僅五百，斬獲三百餘級。賊走龍駒寨，屯康家河，棟雲躡之，忽山坳突出悍賊，中矛傷，戰愈力，射殪執旗者，賊乃却。事聞，特詔嘉獎。四月，漢潮踞紅門寺，冒雨出間道擊走之，扼之黑龍口，與明亮、興肇爲犄角。谿水漲，潛涉上游襲擊，賊大潰，又冒雨克欒家河。八月，敗賊犂澤坪，竄石峽子，棟雲設伏野雞溝，與大兵夾擊，漢潮窮蹙入老林；分路追剿，擒李潮於張家坪，而漢潮已爲明亮擊斃，至是獲其屍：擢甘肅提標參將。五年，擢安慶協副將。敗冉學勝於沔陽，連擊高天德、馬學禮於獅子梁、櫻桃埡；六年春，復破之於五郎坪、鳳凰山。天德、學禮爲遇春所擒。餘黨踞八斗坪，棟雲分隊襲之，擒羅鳳友；又破伍金柱餘黨於三岔坪。至七年春，所部凱撤，擢狼山鎭總兵，父憂去官。十一年，授河州鎭。西寧番族出擾，棟雲專剿貴德一路，破賊甘壩山，連敗之六哈圖河、什尖里、斡汪科合山，遂克沙卜浪賊巢，進至紅露井。番僧昂賢率十二族降，焚其巢，番境悉平。以母憂去，起補陝安鎭，調寧夏鎭。十八年，從遇春剿南山匪，數戰於隴州、沔陽，擒賊渠。二十三年，標弁江芝誣訐棟雲侵餉，下總督察治，得白，抵芝罪。棟雲坐私役兵丁，褫職，詔赴遇春軍委用。道光初，署鹽茶都司，乞病歸，卒。

羅思舉，字天鵬，四川東鄉人。少有膽略，蹻捷，踰屋如飛。貧困，爲盜秦、豫、川、楚間。結客報仇，數殺不義者。遭阨，幸不死，久之自悔。教匪起，充鄉勇，誓殺賊立功名。

王三槐踞東鄉豐城爲巢，衆數萬，官軍莫敢擊，出掠羅家壩，團勇不習戰。思舉見賊前鋒數百，詭呼曰：「數十人耳！」衆氣倍，擊走之。游擊羅定國使偵豐城，還報：「請率死士夜擣之，官兵外應，可一舉滅。」定國以爲狂。思舉憤，獨攜火藥往，乘烈風燔之。賊黑夜相蹂殺，走巔巖，踣死無算，遂奔南壩場。是役，一夫走賊數萬，聲震川東，總督英善給七品軍功，隸副都統佛住。川賊以羅其淸、冉文儔、徐天德、王三槐爲最強，徐、王二賊合窺東鄉。思舉請佛住嚴備，勿聽。乃爲知縣劉淸說其淸降，知其詐，馳歸，則賊已陷東鄉，戕佛住，淸亦拔營去。時嘉慶二年正月也。調苗疆凱旋兵猶未至，總兵索費音阿率甘肅兵來援，用思舉策，紮營大團堡，開壕樹柵，埋火藥，誘賊入，轟之，遂奪金峨寺賊巢，復東鄉。賊竄重石子、香爐坪，德楞泰、明亮並以兵會，思舉請仍如破豐城事，德楞泰壯之。隻身夜入賊營，會大雨，火藥不燃，賊覺，懼而遁。自是常將鄉勇，分路爲奇兵，與官軍犄角，或爲前鋒，殲孫士鳳於淨土庵，又敗賊於峨城山，皆以火攻劫營獲捷。

時川賊與襄陽賊齊王氏等合，雲陽教黨亦起應。獲諜，知王三槐將赴陳家山，卽假所獲賊旗，夜馳往，聲言白號賊至，賊下山迎，悉誘殲之，擒賊首高名貴，其黨張長庚覺而奔，追

戰績至是始上聞，擢守備。

夜率死士焚其巢。將明，殿旅出，大呼曰：「我豐城劫寨羅思舉也！」賊膽落，潰圍走。思舉

斬甚衆，擢千總。三年，總督勒保誘擒三槐，其黨冷天祿踞安樂坪，環攻不下；召思舉往，

德楞泰圍羅其清等於箕山，復召思舉問計。思舉相地勢，曰：「賊各隘皆壘石守，惟山後懸削數十丈，必恃險乏備。若官軍攻於前，使不暇他顧；我率勇敢者梯而上，可擣也。」如其言，夾擊，大破之，餘賊四逸。思舉料其必走方山坪，率鄉勇先往，伏坪後，越數日，賊爲官軍追擊，果至，擒斬幾盡，遂獲其清。四年，其清餘黨踞東鄉四季坪，從提督七十五破之。秋，敗賊巴州豆眞坡，又援田朝貴於鐵爐山。五年春，德楞泰剿冉天元於川西，檄思舉率鄉勇三千赴軍。戰靑龍口，賊踞山險，選精銳九十人夜薄賊巢，破之。賊分趨農安，將入陝，思舉獻計，請致書額勒登保，約守陽平關，易裝潛入賊卡，殺二賊，衆追捕，乃棄所齎書逸出。賊果不敢前，回竄江油。思舉先驅深入，伏起，奮鬭，而賊以擋牌禦矢銃，困德楞泰於馬蹄岡；急趨救，使鄉勇人取石亂擊，毀擋牌。會冉天元馬蹶就擒，賊瓦解。假賊旗追逐餘匪，斬雷士玉。攻鮮大川於天寨子，山險不能上，德楞泰遣箭手五百助之，令伏巖下，先以鄉勇誘賊，俟擂石且盡，仰射，箭落如雨，賊退避，遂克之，思舉手擒賊六十餘人。德楞泰訶其輕生，聲色俱厲；思舉跪謝，良久出，則冠上已換花翎，由是深感德楞泰，樂爲

盡力。

尋從勦保防嘉陵江，七十五以桂涵新敗，調思舉代領所部鄉勇，擢都司。六年，殲張世龍於鐵溪河，擊援賊陳天奇，陣斬之，賜號蘇勒芳阿巴圖魯，擢游擊。自是轉戰老林，餉不時至，煮馬韉，啗賊肉以追賊。七十五卞急，屢爲賊所窘，輒賴思舉援救得捷。既而七十五坐事逮，德楞泰攻苟文明於瓦山溪，賊踞楠木坪，三戰不克。召思舉率鄉勇至，皆衣狗皮，躡草履，人笑爲丐兵，夜越後山伏，一戰破之，殲苟明獻、苟文舉。衆詫曰：「丐兵破賊矣！」始補給餉，製衣履，擢參將。七年，迭敗庹向瑤於風硐子、萬古樓，破齊國點於通江，殲張天倫、魏學盛於巴州。秋，擊劉朝選於仙女溪，遁鞋底山，擒之。又偕羅聲皋擒張簡、羅道榮於巴州。冬，唐明萬竄大寧，追至石柱坪，賊方食，奮擊，大潰，擒明萬。仁宗以明萬劇賊久稽誅，特詔嘉賚。諸賊漸就殲除，搜捕南山餘孽，兩年始淸，擢太平協副將。十年，德楞泰剿寧陝叛兵，檄思舉赴軍，尋就撫，盡釋歸伍。思舉曰：「兵變，殺將陷城破官軍，亂無大於此者。反賞，是勸叛也！何以懲後？請誅首逆，以申國法。」諸將不可。後川、陝兵果數叛。十一年，思舉攻西鄉叛兵，斬首逆於陣，風稍息。署川北鎭，擢涼州鎭總兵，未之任，調重慶鎭。

二十年，中瞻對番酋洛布七力叛，夾河築碉。總兵羅聲皋不能克，許其降，以專擅遣戍。命思舉進剿，克四砦，洛布七力就殲，請分其地以賞上下瞻對諸出力頭目，事乃定。道光元年，擢貴州提督，歷四川、雲南、湖北提督。

十二年，湖南江華錦田寨猺趙金龍爲亂，與長寧趙福才糾合九沖猺肆掠，提督海淩阿戰死，勢益熾。詔總督盧坤偕思舉討之，至永州，議遏賊南竄，斷其西道州、零陵、祁陽山徑，進兵兜擊。於是驅諸猺出山，皆東竄常寧洋泉鎮，檄各路進逼合圍，四月，大破之，金龍中鎗死，擒其妻子及死黨數十，賜雙眼花翎，予一等輕車都尉世職。時命尚書禧恩督師，未至軍，先三日奏捷。禧恩方貴寵用事，怒其不待，盛氣陵之。思舉曰：「諸公貴人多顧忌。思舉一無賴，受國厚恩至提督，惟以死報，不知其他！」禧恩無如何，則詰金龍死狀虛實，思舉獲其屍及所佩印、劍、木偶爲證，乃止。二十年，卒於官，賜太子太保，諡壯勇。子本鎭，襲世職。

思舉既貴，嘗與人言少時事，不少諱。檄川、陝、湖北各州縣云：「所捕盜羅思舉，今爲國宣勞，可銷案矣。」再入覲，仁宗問：「何省兵精？」曰：「將良兵自精。」宣宗問：「賞罰何由明？」曰：「進一步，賞；退一步，罰。」皆稱旨。晚年自述年譜。川中殄諸劇寇，多賴其力，功爲人掩，軍中與二楊並稱。楊芳於諸將少許可，獨至思舉，以爲「烈丈夫」。嘗酒酣袒身示人，戰創斑斑，爲父母封股痕凡七，其忠孝蓋出天性云。

同時起鄉勇者，桂涵名與之亞，包相卿較後出，亦至專閫。

涵，亦東鄉人。少恃勇，橫行鄉里，亡命出走。繼歸，與思舉同應募爲鄉勇。父天聰，聚族黨屯罐子山。賊數爲涵所窘，欲報之，萬衆來攻。涵率壯士伏隘，誘賊入空寨，痛殲之。嘉慶二年，從朱射斗攻金峨寺，賊突出，圍涵於山峒，火熏水灌皆不傷，反多斃賊，賊乃走。尋戰淨土庵，偕思舉陷陣，大破之，徐天德黨衆幾盡殲。同里聞其屢捷，爭來投効，德楞泰、明亮特編涵字營，使涵領之，擢千總，由是知名。

三年，大軍圍安樂坪，冷天祿詐降出走，涵偵知之，伏兵於方家壩、魚鱗口，賊至伏發，擒斬甚衆，擢守備。四年，從德楞泰追賊入陝，每由間道出賊前，與官軍夾擊，數捷。又從朱射斗殲包正洪於雲陽蘆花嶺。從七十五破龔建於開縣火峯寨，手擒建以獻，擢都司。五年，復從射斗破賊雲陽，擒其渠李甲，縱歸，招出黨衆數百人，自是降者日至。

既而改隸勒保軍，始與思舉分路，轉戰川東西，所至有功，累擢游擊。六年，從阿哈保追湯思蛟於墊江，賊夜走，涵謂：「窮寇且死鬭，請先伏魏家溝。」俟其至，突擊，大破之。又從薛大烈追李彬、冉天士於通江，至小中河，大雪，賊不爲備，涵率鄉勇夜半薄賊壘，與官軍四面乘之，賊奔曠野，勁騎衝踏，盡殲焉。彬遁，未幾，爲劉淸所獲。自七年後，復偕思舉徧歷老林，搜剿匿匪，累遷夔州協副將。九年秋，從經略、參贊圍餘匪於太平火燒梁山，峻無路。涵議：「守此相持，雖數月無如賊何。山下小溪通民峒，賊久困，必出劫峒糧，請以步卒伏山後。」賊果以驍銳千餘潛出，諸將皆死戰，半日殲之，前山自潰。遂殄滅淨盡，川、陝肅清。

十一年冬，綏定兵叛，涵在梁山聞變，慮本部兵與通，單騎馳入郡城，聲言越兩日出兵；密令弟吉出募鄉勇舊部爲一隊，約期合攻。時賊踞景市廟，將往麻柳場。涵至，令急赴景市廟，中途改趨麻柳場，距賊數里止隊，入深箐，諜報賊踰千，且至，叱曰：「安得有此衆？」戒毋輕進，毋漏言涵至。既而賊自山衕下，三進三退，乃突起擊賊；而弟吉已率五百人據山頂，賊大潰，擒首逆王德先。叛兵起事甫五日，一鼓平之，賜號健勇巴圖魯。十三年，署重慶鎮，尋授川北鎮總兵。十九年，擊三才峽匪黨吳抓抓等於沔縣，走之。川北獲安。道光二年，擢四川提督。果洛克番匪劫西藏堪布貢物，命剿擒首逆曲俊父子，被優賚。在任十載，遇番、夷蠢動，兵至輒定。十三年，討越巂夷匪，連戰皆捷。忽遘疾，卒於軍。優卹，贈太子太保，謚壯勇。子三人，並晉官秩。

相卿，鄰水人。嘉慶六年，以鄉勇隸松潘鎮標。嘗從思舉擊陳朝觀於通江龍鳳埡，追賊受矛傷，裹創力戰。七年，破張天倫於巴州金子寺，相卿斬天倫轂子山下，給藍翎、八品頂戴。又殲張簡、唐明萬，功皆最。十年，思舉偵襄賊王世貴、謝應洪匿太平老林，檄相卿躡捕，殲之，授千總。十二年，剿瓦石坪叛兵，擢守備。累遷廣元營游擊。十三年，調征臺灣。會峨邊越嶲倮夷叛，命回川從提督楊芳赴剿，攻克嘓嚕崖。夷踞曲曲烏烏斯坡，相卿梯絕壁，牽挽負礮而上，破之，進燬巴姑賊寨，擢參將。十五年，倮夷復叛，攻克峨邊十三支夷巢，破越嶲沈嗜夷，抵濫田壩，兩廳叛夷悉降，累遷懋功協副將。剿馬邊夷，擒其渠，加總兵銜。再署建昌鎮總兵，總督鄂山、寶興皆以邊事倚之。十九年，病歸，卒。

論曰：川、楚之役，竭宇內之兵力而後定之。材武驍猛，萃於行間，然戰無不勝，攻無不取者，厥惟二楊及羅思舉爲之冠。遇春謀勇俱絕，劇寇半爲所殲。思舉習於賊情、地勢、險阨，强梁非其莫克。至於忠誠忘私，身名俱泰，遇春際遇之隆，固爲稀覯；而思舉以藪澤梟傑，終保令名，煥於旂常矣。鄉兵出平鉅寇，亦自其爲始云。

清史稿卷三百四十八

列傳一百三十五

賽沖阿 溫春 色爾滾 蘇爾慎 阿哈保 綸布春 格布舍
札克塔爾 桑吉斯塔爾 馬瑜 蒲尙佐 薛大烈 羅聲皋 薛陞

賽沖阿，赫舍里氏，滿洲正黃旗人。襲雲騎尉世職，充十五善射，授健銳營參領。征臺灣力戰，賜號斐靈額巴圖魯，圖形紫光閣。歷吉林、三姓副都統。

嘉慶二年，率吉林兵赴四川，始終隸德楞泰麾下。張漢潮等竄平利，敗之澍河口，又敗之大寧黑虎廟。追齊王氏、姚之富入寧羌山中，要之羅村壩，以勁騎橫衝賊陣，往來擊射，大破之。三年春，破高均德於洋縣金水鋪，躡追至安子溝。賊夜突營，偕總兵達音泰躍壘而出，斬賊千餘。齊、姚二賊復與均德合擾安康。師次判官嶺，賊隱深林，遣數百人誘戰，賽沖阿鼓勇先入，敗之。賊走山陽，截擊於壩店，遂與明亮、德楞泰三路進逼，大破之於鄖西三岔河，齊、姚二賊投崖死。敍功，被珍賚。四月，分剿均德於華州，連敗之洋縣茅坪、關西溝。均德合諸賊奔渠縣大神山，會諸軍克之。自秋徂冬，迭克箕山、大鵬寨、青觀山，遂擒羅其清、冉文儔，功皆最。

四年夏，敗徐天德於開縣旗桿山，敗張天倫於太平修溪壩。秋，龔文玉踞夔州八石坪。從德楞泰進攻，破賊寨，追敗之竹谿大禾田，擒文玉。冬，擊高均德於大市川，遂破高家營，擒均德。進兵川北，殲張金魁於通江空水河，擒符曰明等於廣元野人村。復移軍川北，迭敗苟文明、鮮大川於貓兒梁、馬家營。

五年春，從德楞泰由陝回川西，擊冉天元於江油新店子，又大戰馬蹄岡，並深入遇伏，先挫後勝，天元就擒。詳德楞泰傳。乘勝破賊劍州李家坪、石門寨。俄而張子聰、雷世旺犯蓬溪，圍成谷、太和、仁和、仁義四寨。偕溫春往援，斬世旺。破冉天泗、王士虎於南江長池壩，破鮮大川、苟文明於岳池新場，擢固原提督。命赴陝專剿高天德、馬學禮諸賊，德楞泰素倚吉林馬隊，賽沖阿尤得衆心，士卒聞其將去，環跪乞留，累疏陳狀，請權緩急，暫留川，允之。秋，從德楞泰擊趙麻花、王珊於雲陽寒池壩、濫泥溝，並殲之。冬，敗楊開第、李彬、齊國謨於觀音河。

六年春，破高天升於鎮安野鷄坪，殲之；又破唐明萬等於和岡溪，進至黃花廟，賊夜犯營，奮擊，潰走。夏，從德楞泰擊徐天德、樊人傑等於白河黃石坡，擒陳朝觀，偕溫春破天德於寧陝兩河口，蹙之於紫陽仁和、新灘，天德赴水死，授西安將軍。

諜報龍紹周由川入楚，率勁騎躡擊，先俘其妻子，復殲其兄紹華、弟紹海；至平利岳家坪，冒雨雪縱兵衝踏，陣斬紹周，併蕭四餘匪盡殲之，予騎都尉世職。冬，迭破劉朝選於東鄉土黃壩，奉節、大寧邊境。七年春，又大破之潘家槽，擒斬殆盡，朝選僅以千餘人逸；敗宋國品於梁山柏林槽，擒席尚文於東鄉袁家壩；與勒保部將夾擊陳自得於大竹、鄰水，大破之：調寧夏將軍。

夏，從德楞泰赴楚剿樊人傑，人傑與蒲天寶相犄角，迭敗人傑於雞公山、譚家廟，又克天寶於大埡口。人傑竄平口河腦，自黃茅埡進逼之，無去路，人傑投河死。額勒登保檄赴陝，駐太平河，截剿川、楚竄匪。是冬，大功戡定，詔論諸將戰績，以賽沖阿與楊遇春居最，予輕車都尉世職。九年，調西安將軍，命偕德楞泰檢捕南山殘匪，隨同奏事。尋以遲延降騎都尉。賊平，還舊職，調廣州將軍。

十一年春，海盜蔡牽犯臺灣，命副德楞泰往討，會牽爲李長庚擊走，乃專任賽沖阿爲欽差大臣，提督以下受節制。尋責專辦陸路，至則鳳山已復，南北兩路僅餘零匪，請停調兩粵、福州駐防兵，水師責成李長庚，陸路責成許文謨。詔嘉其曉事，調福州將軍。秋，牽復入鹿耳門，檄鎮將擊沉賊艦十一，獲船十，擒賊目林略等。十二年，蔡牽、朱濆皆窮蹙，乃赴本官。

十四年，調西安，尋調吉林。十六年，入覲，途見岫巖、復州流民，奏下副都統松箖安撫。會松箖疏請驅逐流民出境，詔斥其誤，命如賽沖阿所議行。十八年，調成都將軍。二十年，勦陝西南山匪，連破之木竹壩、太陽灘，進薄漢北，凡兩月肅清，封二等男爵，賜雙眼花翎。二十一年，廓爾喀與披楞搆兵，互請援，命賽沖阿行邊防之而已。誤會上旨，馳檄諭詰，復請越境脅以兵威，詔斥貪功搆釁，奪雙眼花翎，降二品頂戴。尋以兩國言和，復之。二十二年，召爲正白旗漢軍都統、御前大臣、領侍衞內大臣。尋授盛京將軍。二十四年，復召爲理藩院尚書，兼御前諸職如故。宣宗卽位，加太子少保，賜紫韁，管理咸安宮蒙古、唐古忒、托忒諸學。

道光元年，出爲西安將軍。三年，入祝萬壽，賜宴玉瀾堂，列十五老臣，繪像，御製詩褒之。四年，召授內大臣、鑲藍旗蒙古都統，充總諳達。六年，以疾乞休。尋卒，贈太子太師，命皇子賜奠，諡襄勤。子額圖渾，三等侍衞。孫特克愼，襲男爵，坐事除名。曾孫清福，襲官四等侍衞。

溫春，默爾丹氏，滿洲正黃旗人。由拜唐阿累擢三等侍衞。從征廓爾喀。乾隆五十九年，高宗幸南苑行圍，以殺虎超擢頭等侍衞。明年，從征苗疆，連克蘇麻寨、大烏草河，賜號克酬巴圖魯。大戰尖雲山，與總兵達音泰分將左右軍，晝夜鏖鬬，遂復乾州。苗平，從德楞泰赴四川。嘉慶二年，敗賊東鄉馬耳溝，又敗齊王氏、姚之富於夔州白帝城，加副都統銜，充領隊大臣，駐守竹谿、平利。賊來犯，並卻之。李潮、張世虎餘黨走渡漢，率索倫騎兵蹴之於中流，殲賊千。

三年，破高均德，殲齊王氏、姚之富，破羅其清、冉文儔。四年，破張天倫，擒龔文玉，擒高均德。諸役皆與賽沖阿同爲軍鋒，名績相埒。方高家營之未破也，賊扼大市川，倚險抗拒，鼓勇先登，馬蹶，易騎而上，殺賊獨多，詔特嘉之。五年，授正紅旗蒙古副都統。江油新店子及馬蹄岡之戰，並分當一路，瀕危，克捷。冉天元餘黨與張子聰、庹向瑤等合竄潼河西岸，追及渡口，殲其後隊千餘，迭敗賊於蓬溪、中江。秋，偕賽沖阿擊鮮大川於新場，偕薛大烈擊湯思蛟於倒流水，從勒保擊庹向瑤於長壩，皆捷。六年，偕賽沖阿殲徐天德。其秋，擊龍紹周於湖北境，紹周合衆萬餘，已進和岡溪，後隊攻天平寨誘戰，而伏千賊截官軍後，賽沖阿擊攻寨者，溫春扼溪口以要伏賊，遂入峽攻其中堅，大敗之，追斬紹周於岳家坪，予雲騎尉世職。七年，偕賽沖阿敗劉朝選於土黃壩，分兵破庹文正於潘家槽，擒之；又偕賽沖阿破樊人傑於平河口腦，陣斬其弟人禮及二子，人傑走死。是年功蕆，被優賚。凱旋，授虎槍長、正紅旗護軍統領。十一年，寧陝兵變，赴陝協剿。十五年，充烏里雅蘇台參贊大臣，行抵烏蘭博木圖，病卒，帝憫之，命其子護喪歸，予祭葬。子烏凝襲世職，官至護軍參領。

色爾滾，莫爾丹氏，黑龍江正黃旗人。由打牲兵襲佐領。從征廓爾喀，以功賜號托默歡武巴圖魯，遷副總管。嘉慶二年，從德楞泰剿教匪。三年，殲齊王氏、姚之富於鄖西，受槍傷，擢協領。合攻箕山，破賊於順水寺、郭家廟、廖家碥，及賊由青觀山敗竄，要擊於濛子灘，擒羅其清，又敗冉文儔於麻壩寨。四年春，擢總管。從德楞泰入陝，破高均德於大市川，擒之，色爾滾戰功居最。五年，從戰馬蹄岡，冉天元負創逸，追至包家溝，天元就擒，又敗賊於石門寨、風如井、鐵山關，加副都統銜。夏，截擊劉朝選於東鄉茨竹林，躡擊張子聰等於九亭場，進搗通江長池壩冉天士賊巢，皆敗之。秋，剿鮮大川、苟文明於巴州元口鎮，沿江兜截，與大軍合擊，斬賊渠吳耀國、鮮文炳，擒苟文禮。又擊湯思蛟、趙麻花於茅坪、倒流水。冬，殲麻花於大禾田，被獎敍。

六年，從德楞泰入陝，擒龔如一、高天升；合擊龍紹周、徐天德，先後擒殲。冬，擊苟文明於槽子溝，陷陣被創。七年，從德楞泰追樊人傑入楚，馳三百里繞其前；又偕蒲尙佐破蒲天寶於鮑家山，徒步入賊巢，天寶走死。詔嘉其奮勇，命在乾淸門侍衞行走。又殲戴仕傑於興山施家溝。八年，搜剿餘匪，肅清，被優敍。歷阿勒楚克副都統、伊犂領隊大臣。十四年，叛兵蒲大芳等在戍所煽亂，將軍松筠令色爾滾往誅之，詔嘉所使得人，召來京，授鑲藍旗蒙古副都統。歷伯都訥、阿勒楚克副都統。十八年，命協剿滑縣教匪李文成，遁，設伏白土岡敗之。賊固守司寨，毀垣入，登樓殺賊，文成自焚死，加都統銜，予雲騎尉世職。歷黑龍江副都統、呼倫貝爾辦事大臣。道光七年，乞病，給全俸。十三年，卒，賜金治喪，謚壯勇。子明晉，孫濟克扎布，襲佐領兼雲騎尉。

蘇爾愼，蘇都里氏，滿洲正黃旗人，黑龍江馬甲。從征廓爾喀。嘉慶初，從德楞泰剿教匪，積功授三等侍衞，改隸京旗。五年，馬蹄岡之戰，初不利。德楞泰憩山上，賊至，馳下奮擊，蘇爾愼射冉天元馬，應弦倒，天元就擒，賊遂大潰。論功最，擢二等侍衞、乾清門行走。其冬，攻大埡口，陷陣被創，賜號西林巴圖魯。六年，戰紅花堖、鯽魚埡，追賊至陝境黃石坂，首先躍馬衝入賊陣，擒賊渠龐士應、方文魁，尋殲徐天德、樊人傑、苟朝獻，戰皆力。七年，破鳳皇山、鷄公梁、桂林坪，先登奪隘，軍中號爲勇敢。凱旋，擢頭等侍衞。

十八年，林清黨犯禁城，聞警入，首先殺賊，加副都統銜，命爲領隊大臣，率巴圖魯侍衞赴山東剿教匪。詔稱其材武出衆，可當百人，愛惜之，戒勿步戰。破曹州、武定賊巢十一，復偕提督馬瑜破賊於滑縣潘章村，擒賊目郭明山。事定回京，授鑲紅旗蒙古副都統，充上書房諳達。二十四年，上幸熱河，乘馬蹶，蘇爾愼控止之，擢鑲藍旗蒙古都統。道光元年，隨扈昌陵，馬逸，突乘輿，降藍翎侍衞。逾年，以二等侍衞休致。未幾，卒，贈副都統銜。

阿哈保，鄂拉氏，滿洲正黃旗人。由司轡護軍授侍衞。從征臺灣，解諸羅圍，擒林爽文，賜號錫特洪阿巴圖魯，圖形紫光閣。繼從征廓爾喀，擢二等侍衞。苗疆事起，轉戰最力，論功居上等，迭擢頭等侍衞、正黃旗蒙古副都統。嘉慶二年，命率吉林兵赴襄陽，偕景安勦教匪，擊賊於獨樹塘、楓樹埡，擒斬甚衆。三年，追賊入川，合攻大神山，分克插旗山賊卡，盡殲之。四年，合擊徐天德於渠河，又破之於譚家壩，賊大潰。冬，設伏白水磡，殲賊千餘，被奬敍。

五年，冉天元等犯川西，禦之場院，失利，責領新到貴州兵戴罪立功。從德楞泰擊天元，獨當火石埡一路，先敗後勝。冬，偕薛大烈擊楊開第於安仁溪山梁，追越大山數重，至兩台山，所過賊寨皆下，開第伏誅，被優賚，擢御前侍衞。六年秋，復偕大烈擊靑、黃、藍三號賊於巴州石潓山，分路設伏，夜襲之，殲戮二千餘，授正紅旗護軍統領，並賜其子阿顏托克托爲藍翎侍衞。搜勦老林，擒老教首鄧金祥，予雲騎尉世職。尋合擊高見奇等於大茅坪，因病赴達州醫療。七年，召回京。逾歲，以扈駕神武門，陳德突御輿，失於防護，褫職，予副都統銜，在乾淸門行走。歷正白旗蒙古副都統、正紅旗護軍統領。十年，病，加都統銜，遂卒，依都統例賜卹。子阿顏托克托襲世職，兼三等侍衞。

柳鄧。

綸布春，羅佳氏，滿洲鑲白旗人。以黑龍江學圍駐京，授司轡。從征廓爾喀、苗疆，賜號色默爾亨巴圖魯。累擢二等侍衞。嘉慶元年，裹創克騾馬岡險隘，加副都統銜。平隴賊寨尤固，綸布春從獅子坡入，囊土塡壕，毀牆柵，出間道撫其背，大軍進薄石隆，遂擒石柳鄧。

二年，苗平，從額勒登保剿湖北教匪，破林之華於芭葉山，追賊紅土溪、鐵鑛坡、羅鍋圈，迭敗之，授鑲藍旗蒙古副都統。三年，擒覃加耀於終報寨，移軍入川，敗高均德於野猪坪，擊李全等於紫泥嶺。賊走湖北，額勒登保自漢江下襄陽，令綸布春將騎兵由陸出平利。遇張漢潮於南漳，敗之於菩提河、孟石嶺，殲賊數千。尋，漢潮與詹世爵、李槐合，衆可二萬，偕明亮扼之清池子山口，漢潮先遁，世爵、槐於隘口抗拒，綸布春以勁騎截擊，木石並發，賊窘，多觸崖死，世爵、槐並殲焉。秋，從額勒登保擊高均德於吳家河口，賊自林中出，矛傷左脅，力戰敗之。進攻張公橋，擒漢潮子正瀧及劉朝佐等。

四年春，械送諸賊至京，命偕侍衞十八人解餉回川，坐報侍衞等患病失實，降黜。未幾，敗漢潮於黃牛鋪，諸軍合擊之張家坪，漢潮就殲，綸布春獲其屍，擢乾淸門侍衞。迭破餘賊於教場壩、藥壩、茨溝、板房子，那彥成疏陳戰績超衆，屢詔褒賚。

五年，隨那彥成出寶雞，遏白號賊北犯，破之於龍山鎭，授鑲黃旗蒙古副都統。黃號賊分屯，連營十餘里，綸布春潛師先破八里灣，回擊牛蹏嶺，賊傍秀金山列隊以拒，徑衝入陣，手刃數賊，遽却；進援卡狠寨，扼石峽口夾擊，大敗之。夏，偕穆克登布擊楊開甲於七盤溝，而高天德、馬學禮犯漢中，提督王文雄戰死，詔責綸布春專剿，敗之於白溪。俄，冉學勝渡漢北，將與伍懷志合，偕總兵汪啓邀擊於留壩，又會諸軍敗之於太吉河、魚洞河。

六年春，以追剿學勝久無功，被劾褫職，以馬甲留營効力，從穆克登布擊伍懷志於五郎鐵鎖橋，率三十人先驅衝敵，殺賊數十。賊據山拒闘，躍登橫擊，賊衆披靡，追擊於紅水河，徒步奮戰，奪山梁。詔嘉其愧奮，授藍翎侍衞。復偕穆克登布躡賊，偵知潛匿老林一層窰，地險絕，督兵猱升而上，懷志與黨六七人惶急投崖下，爲綸布春所獲，授二等侍衞，復巴圖魯。其冬，病卒於漢中，依頭等侍衞議卹。

格布舍，鈕祜祿氏，滿洲正白旗人。父薩克丹布，以吉林新滿洲留京爲前鋒。乾隆中，從海蘭察征石峯堡、臺灣有功，累擢三等侍衞，賜號伯奇巴圖魯，圖形紫光閣。又從額勒登保征苗疆，擢二等侍衞。遂從剿教匪，破芭葉山，其大金坪、抱窩山兩戰尤力。以病解軍事，久之始卒。臨歿，仁宗念前勞，加副都統銜。

格布舍亦起前鋒，累遷三等侍衞。隨父赴苗疆，平隴之役，從額勒登保克巖人坡、大壩角諸寨，賜號庫奇特巴圖魯。及赴湖北黃柏山，戰頻有功，又殲逃賊於巫山。嘉慶四年，殲冷天祿。奏諸將功，格布舍第一。上夙知其將門子，善用鳥槍，特嘉經略所列公允，加副都統銜。五年，偕楊芳夾擊楊開甲於兩岔河，陷陣，被創墜馬，躍上再戰，追斬甚衆，予恩騎尉世職。又偕楊遇春殲伍金柱、宋國富，六年，擒王廷詔及高天德、馬學禮，功皆最，晉雲騎尉世職。其冬，擊辛斗於黑龍洞。七年，從額勒登保追剿苟文明，冒雨深入老林，文明就殲。留川、陝邊界檢捕殘匪。凱旋，授正黃旗漢軍副都統、乾清門行走。十二年，出爲伊犂領隊大臣，尋授寧夏副都統。召還，授鑲紅旗漢軍副都統。

十八年，命往河南剿教匪，將行，值匪犯禁城，急入捕賊，被優獎，命充領隊大臣，率火器營赴軍。迭敗賊於道口，進圍滑縣，敗援賊於城北，掘東門隧道，爲賊覺，復踞西南隅，穴成火發，格布舍仍攻東門，以雲梯先登，獲賊目徐安國於地窖，擢御前侍衞，予騎都尉世職，遷正藍旗護軍統領。坐失察部下私攜俘獲子女，議褫職，帝曰：「格布舍出兵時，聞警，由德勝門奔赴大內，朕不忍負之。」改留任，予副都統銜、頭等侍衞，在大門行走。既而直乾清門，帝閱步射，中三矢，賞黃馬褂，擢寧夏將軍。道光初，回疆軍事起，命駐哈密爲聲援，調烏里雅蘇台將軍，移師守吐魯番。八年，召爲正白旗蒙古都統，復出爲寧夏將軍。十年，卒，謚昭武。子秀倫，襲騎都尉。

札克塔爾，張氏，滿洲正黃旗人，初金川土番也。父爲索諾木所殺。年未二十，密獻入番路徑於將軍阿桂，隨征，洊擢守備。高宗憐之，命隸內務府旗籍，擢一等侍衞、乾清門行走，兼正白旗蒙古副都統。

嘉慶四年，從尚書那彥成赴陝軍，擊高天德、馬學禮於灰峪林，又擊川匪於龍草坪。五年，偕綸布春夾擊白號賊於秦安龍山鎮，擒賊渠余禮等，賜號瑚爾察巴圖魯。又偕擊王廷詔、楊開甲於牛蹏鎮，由山梁馳下，馬蹶，復起力戰，大破之，遷鑲白旗護軍統領。那彥成破張天倫於岷州林家鋪，轉戰鞏昌、文縣，賊據河岸，且擊且濟，逼賊郭家山，自中路仰攻，擒高天德子狗兒；又偕綸布春破伍金柱、楊開甲於分水嶺。

是年夏，召那彥成還京，札克塔爾留聽額勒登保節制。每戰猛銳無前，軍中號曰「苗張」。楊開甲等竄湖北，間道邀擊於鄖西黃鶯鋪，擒斬千餘，予恩騎尉世職。偕楊遇春破伍金柱於手扳崖、銅錢窖，殲楊開甲於茅坪。詔以是役得其分擊之力，優予賚敍。諸賊循渭東竄，札克塔爾邀擊於寬灘，乃折趨棧道。帝廑陝事急，趣其還軍，乃偕慶成駐褒城、西鄉，兼顧川、楚。竄匪高天德、馬學禮窺渡漢，從額勒登保鈔截，屢敗之。

六年元旦，破賊五郎坪，躡伍懷志餘黨於瓦子溝，擒教首彭九皋，遇賊南鄭猨渡磏，躍馬衝賊爲二，擒其渠王淩高。夏，追冉學勝於棧東，夜襲黄安壩賊營，破之。偕楊遇春夾擊於天池山，突占山梁，擒其黨陳學文，追敗之竹谿、草鞋峽，賊竄陝。又偕遇春夾擊姚馨佐、曾芝秀於南唐嶺、劉家河口。諸賊尋與學勝合，又敗之孫家坡、渭子池，與遇春同被褒賚。

七年，從額勒登保追剿苟文明，賊匿太白山老林，瞭於山巔，軍至卽遁。札克塔爾以圍捕非計，撤辛峪口兵誘之，果出，晝夜追奔，扼其三面，偕楊遇春夾擊於鎭安石門溝，賊復竄老林，屢出屢入，詔斥曠日持久，褫職留任。歷數月，獲文明妻子，始復之。

八年，凱旋，充奏事處領班。扈駕回宮，入神武門，有男子陳德突犯御輿，札克塔爾手擒之，封三等男爵。十一年，寧陝兵變，從德楞泰往剿，戰於方柴關，不利。旣，叛兵就撫，德楞泰以震懾乞降奏。上召札克塔爾詢狀，斥其隱飾，褫職留男爵，回四川，以副將用。尋予副都統銜，充科布多參贊大臣。十三年，召還，授護軍統領，兼武備院卿。十七年，卒，賜金治喪。子常安，襲爵。

桑吉斯塔爾，滿洲正黄旗人，亦四川土番。應募征金川，歷石峯堡、廓爾喀之役，賜號察爾丹巴圖魯。累擢頭等侍衞，改隸內務府滿洲。嘉慶四年，與札克塔爾同赴陝軍，迭敗張漢潮於黃牛鋪、二郎壩、洵陽壩。迨漢潮就殲，加副都統銜，連擊教場壩、大壩、韭菜坪，並下之。五年，隴山鎮、林江鋪、郭家山諸戰，皆與札克塔爾俱，又殲劉允恭於陝境大中溪，敗伍金柱於鎮安手扳崖，被優敍。尋，金柱爲楊遇春所殲，其餘黨西走，要其去路，躡追，自文縣、寧羌至龍安擊之，賊竄打箭鑪寨，山徑險陋，棄馬徒步，及於窄口子，痛殲之。分兵擊木蘭溝伏賊，僅存二百餘人，遁三岔河，與冉學勝合。詔斥遲留，額勒登保爲疏辯，得白。六年，偕札克塔爾迭敗賊於狠渡磏、天池山、孫家坡。賊自孫家坡敗竄，桑吉斯塔爾設伏楊柏坡以待，擒斬幾盡，高見奇就誅，被獎敍。是冬，召回京。

八年，偕札克塔爾捕陳德，予騎都尉世職。十一年，率巴圖魯侍衞赴寧陝剿叛兵。及還，坐召對遲到，降頭等侍衞。尋授正藍旗漢軍副都統。十八年，率火器營赴滑縣剿賊，以火攻，克城先登，復在御前行走。坐軍中攜俘童當黜，原之；又坐事褫副都統，仍以頭等侍衞乾清門行走。二十三年，卒，賜金優卹。子策楞訥爾，三等侍衞，襲騎都尉，請葬父於近京，允之，賜葬貲焉。

馬瑜，甘肅張掖人。祖良柱，官四川松潘鎮總兵，遂寄籍華陽。瑜少以武生入伍，從征廓爾喀、苗疆，累遷游擊。嘉慶元年，赴達州剿教匪，戰大園堡、安子坪，數有功，賜號達春巴圖魯。三年，從德楞泰殲齊王氏、姚之富於鄖西，瑜間諜功居多，擢參將。擊高均德於雒南鐵釘埡，賊奔就冉文儔，合踞大神山，諸軍合擊，瑜攻其東，克之。及攻大鵬寨，瑜冒雨燬其南門。四年春，文儔就擒，授四川督標副將。從德楞泰入楚，擒高均德，尋赴援陝、甘。

五年春，復從德楞泰回川西，擊冉天元，戰江油新店子，進攻重華堰，深入火石埡，瑜分路助擊有功。追賊石門寨、開封廟，至嘉陵江岸，迭敗之。又設伏敗藍號匪於七孔溪，克長池壩賊巢，擢貴州安義鎮總兵，調重慶鎮。瑜祖故溫福部將，勒保與有舊，甚倚之，又久從德楞泰爲翼長，軍事多所贊畫。八月，白號庹向瑤竄長壩，將渡河，瑜率步騎掩至，殲之，向瑤赴水逸。

六年春，徐天德自洵陽北竄，留後隊於峪河口，前隊奪渡漢江，追及乾溝，擒斬千餘，賊奔鎭安，雪夜間道出野猪坪要之。時龍紹周分黨入太平老林，自率大隊赴楚，欲與天德合，殲之竹山官渡河，夜聞追騎聲，爭赴水，漂溺泰半。夏，從德楞泰追天德，破之黃石坂，進逼毘河鋪，賊勢瓦解，天德竄死河灘。遂偕賽沖阿等追紹周入川，戰茱子埡、雲霧溪，皆捷，賊西趨陝。冬，殲紹周於平利岳家坪，於是黃號略盡。又敗賊於通江劉家壩，俘獲甚衆。

七年春，師次巫山十二峯，檢捕線號殘匪。夏，擊樊人傑等於東湖鷄公山梁，又敗蒲景於大埡口，人傑走死。冬，追賊老山施家溝，山徑險陋，徒步而入，擒其渠趙鑑，殲餘匪於中子洋。偵巴、巫界上有匿匪，月夜擣其巢，悉殲之，被獎賚。時賊勢窮蹙，瑜自巫山向北搜剿。八年，擒王三魁於馬家壩，三槐之弟也。會楚匪復逼入川，偕色爾滾破之鐙盞窩，餘匪殆盡。三省設防，瑜駐川界徐家壩，擊陝境逸匪，殲之。九年，擢江南提督，調雲南，皆未之任，留辦善後。殲湖北竄匪苟文華等，被優賚。尋坐添紫城疏防，奪巴圖魯、花翎。率兵二千入老林追賊，攻克鳳凰寨，擒斬數百。既而苟文潤就殲，復花翎、勇號。

十年，赴本官，歷江南、直隸提督。十八年，從車駕幸熱河，校射，中三矢，賜黃馬褂。其秋，滑縣賊起，命偕總督溫承惠進剿，破南湖、北湖賊，進擊道口。尋赴開州搜捕，燬潘章、李家莊、袁家莊諸賊巢。事平，優敘。十九年，調江南。坐事左遷徐州鎮總兵，調兗州鎮。二十四年，復任江南提督。未幾，卒，以前勞優卹，謚壯勤。

蒲尚佐，四川松潘人。由行伍拔補千總，從征苗疆，累擢游擊。嘉慶三年，從德楞泰殲齊王氏、姚之富於鄖西，賜號勁勇巴圖魯。克箕山有功，擢參將。五年，偕馬瑜合擊藍號賊於陡坎子山，大破之，擢四川維州協副將。圍趙麻花於石虎林，賊夜突圍者三，皆擊却，次日盡殲焉，被獎敍。

六年，從德楞泰破高天升於洵陽江岸，追至二峪河，雪夜出山徑進攻，天升就誅，擢雲南鶴麗鎭總兵。敗龍紹周於茅壩，迭敗徐天德於廟坪、黃石坂，又追擊於川、陝境上。每戰輒殪數百，遂躡入楚，沿路搜剿，及紹周爲賽沖阿等所殲，其餘黨竄竹山，圍剿殲戮無遺。

七年，從德楞泰轉戰川、楚，諜知樊人傑屯杉木嶺，蒲天寶屯代峰，別有賊屯雞公山爲聲援，先破之。人傑走霧露河，尙佐迎擊，轉戰七晝夜，斬獲無算。天寶走當陽，偕色爾滾偵蹤追擊，賊收殘衆屯興山桂連坪，襲破之。賊走踞鮑家山，德楞泰衡其前，尙佐等攀危崖，繞出賊巢上，痛殲之，餘賊狂奔出山，僅數百人，竄入老林。天寶被追急，墜崖死，被優賚，兼乾清門侍衞。又偕副都統富僧德殲戴仕傑於興山，擒崔連樂、崔宗和於房縣，斬陳仕學於巴東。

八年，青號劉渣鬍子與黃號陳大貴踞老鴉寨，尙佐乘霧雨襲之，賊棄寨循當陽河走，遇富僧德伏兵，爭赴水死，擒大貴。駐巫山，搜捕餘匪，賊氛遂淨。十三年，擢湖南提督，調甘肅。二十年，以病解職，歸，卒。

薛大烈，甘肅皐蘭人。由行伍從征臺灣、廓爾喀，累遷都司。嘉慶二年，從總督宜緜剿教匪，由陝入川，數有功，擢游擊。三年，迭克賊於白沙河、蘭場。時王三槐踞東鄉安樂坪，勒保令劉清招降。清遣劉星渠偕二武員往，留爲質。三槐偕至大營，星渠密請擒之。大烈爭曰：「舍守備、千總二員易一賊，褻國體，失軍心。」乃止。越數日，三槐復自來，遂羈留，而以陣擒上聞，勒保受上賞，大烈亦賜號健勇巴圖魯，擢參將。未幾，擢四川提標副將，充翼長。善伺勒保意，預諸將黜陟，軍中屬目焉。

五年，擢川北鎮總兵。勒保以罪逮，魁倫代之，諸將不用命，賊益猖，遂連渡嘉陵江、潼河，大烈偕阿哈保等禦之。尋復起勒保督師，從剿賊於保寧。別賊自開封廟截大軍後路，大烈擊却之。偕阿哈保扼嘉陵江，賊不得渡，被獎敍。夏，連敗白號賊於龍安鐵籠堡、竹子山，遂從勒保擊苟文明，解高寺寨圍。追賊循嘉陵江至石板坨，德楞泰躡其後，勒保繞其前，賊分遁。大烈掩擊餘匪於飛龍場，盡殲之。九月，敗賊下八廟，進扼倒流水。會賽沖阿、溫春兵至，夾擊，大破之，殲湯思舉。冬，偕阿哈保破楊開第於渠縣安仁溪，追奔百餘里，至巴州兩臺山，擒斬二千餘。開第逸入營山柏林場，亂矛斃之。

六年春，剿楊步青於大寧金竹坪，乘雪進擊，連敗之白馬廟、大蓋頂。樊人傑、徐萬富屯儀隴碑寺寨，偕阿哈保夜襲之，殲萬富，賊奔川東，追及之，人傑跳崖遁，散竄老林。大烈進剿楊開第、張漢潮餘黨，拔九杵寨，追擊於沙箕灣，擒賊目李尊賢。藍號曹世倫竄南江九嶺子，偕田朝貴合擊殲之。夏，青、藍兩號賊竄東鄉，犯仁和、永興二寨，師分三路入，大烈由右，蹙之華尖壩河濱，殲苟文通、鮮俸先，又擊賊巴州石漊山，遣兵伏龍鳳埡，自與阿哈保奮擊，擒賊渠徐天壽、王登高等，詔獎賚，授其子千總。白號高見奇、魏學盛合竄棧道，大烈要之於大茅坪山半，偕阿哈保夾擊，勒保督諸將自山頂下壓，賊大潰。見奇竄空山壩，與冉學勝合，屯南江盧家灣，乘不備擊之，擒學勝，予雲騎尉世職。冬，敗白號賊於達州盧硐寺，又追敗之開縣，擒黎朝順，賊竄西鄉漁渡壩。大烈裹糧追躡，由陝入川，敗之於通江羅村，復偕羅聲皋等尾擊之。師次八臺山，別賊圍趙家坪寨峒，掩擊敗之。又殲黃號餘賊於太平邀仙崖，乘勝破八卦山，殪賊渠李顯林。

七年，搜剿老林，連敗苟文明於雙河口、圓嶺山，擒其黨姚青雲。額勒登保檄回剿川賊，大烈乞病，解職回籍。九年，病痊，命在乾清門行走。扈從墜馬，遣蒙古醫療治，給頭等侍衞歲俸。尋授天津鎭總兵，擢直隸提督，賞黃馬褂。十一年，從德楞泰赴寧陝剿撫叛兵，調固原提督。明年，偕楊遇春平瓦石坪之亂，予優敍。調江南，復調直隸。坐爲子娶所屬守備女，降天津鎭總兵。尋授廣東提督。復坐動用馬乾銀，再降漢中鎭總兵，調河北鎭。二十年，以睢工出力，加提督銜。卒於官，錄前勞，依提督例賜卹，謚襄恪。

羅聲皋，四川雙流人。由行伍授把總。從孫士毅赴湖北剿匪，克旗鼓寨、芭葉山，擢守備。嘉慶三年，勒保調回四川。四年，從額勒登保破徐天德、冷天祿，累擢游擊。五年，授提標中軍參將。破冉天士於南江長池壩，賜花翎。六年，偕薛大烈殲曹世倫，追湯思蛟、劉朝選入楚，敗之於竹山柳林店。青、藍號賊擾東鄉，偕大烈敗之，又偕擊賊石遱山，徐天壽就擒，賜號濟特庫勒特依巴圖魯。遂合擊高見奇，擒冉學勝。冬，偕張績擒蕭焜於太平。黃號餘賊屯茨竹溝，聲皋自花角園進攻，大軍繼之，擒葛士寬等。

七年，遷督標中軍副將，充翼長。張簡與湯思蛟合擾東鄉，敗之於老生園、楊家壩，偕田朝貴兵合擊，蹙之河濱，賊爭赴水，擒思蛟弟思武，追擒汪貴於太平梧桐坪。庹向瑤竄東鄉鳳皇山，偕達思呼勒岱合圍，殲其衆，擒向瑤。川匪漸清。楚匪被剿急，多竄川境。偕達思呼勒岱合擊，殲賴飛龍於雲陽閻王碥；又偕羅思舉追賊巴州，分兩路遁，思舉擒簡，聲皋獲思蛟於東鄉村店。八年，搜剿餘匪，擒青號張朝隴、李明學。軍事大定，赴達州辦理凱撤兵勇事宜。十三年，從勒保剿馬邊涼山彝匪，克曲曲烏彝寨，擢重慶鎮總兵，調松潘鎮。二十年，剿中瞻對叛番，克滄龍溝。番酋洛布七力守險，未大創，乞降，受之，以專擅褫職，戍伊犁。逾三年赦歸，卒於家。

薛陞，貴州畢節人。以鄉勇剿仲苗，授把總。嘉慶三年，從勒保赴四川軍，偕羅思舉攻安樂坪，攀援絕壁入賊營，斬馘多，進攻祖師觀，夜伏手把巖下，拔栅而登，又從薛大烈設伏，破撲營賊，常爲軍鋒，擢守備。四年，殲龔文玉、包正洪，陞皆從戰有功，賜花翎。五年，兜剿川東竄匪，陞率兵分駐黃草壩，尋擊賊八石坪，追至東鄉南壩場，敗之。軍駐蘆花嶺，賊夜撲營，先伏兵山洞伺擊，賊大潰，擢都司。偕桂涵破猴兒巖賊巢，擒唐大魁。六年，從薛大烈擊賊巴州石洟山，分路要截，多有斬獲，擒徐天壽於王家坪，擢游擊。七年，從勒保殲張天倫，遂從田朝貴防川、陝邊界，擒徐天培於徐羅壩，殲楊呂清於白巖峒。八年，入山搜捕，擊走茍朝九股匪於八百谿，擢雲南新嶍營參將。軍事蕆，赴本官，歷東川、尋霑參將。十八年，調勦滑縣教匪，攻克南門，擢副將，尋回雲南。二十三年，從勦臨安夷匪，授永昌協副將。道光元年，勦大姚夷匪，擢鶴麗鎭總兵。歷陝西河州鎭、直隸大名鎭，擢直隸提督，調湖南。十六年，新寧瑤生藍正樽習教拒捕，犯武岡城，鎭筸兵滋事戕官，事皆旋定，吏議鐫級留任。陞年已七十，總督林則徐疏論其老於軍事而無振作。未幾，以楊芳代之，調陞廣西提督。二十二年，英吉利犯廣東，赴潯梧治防。因病乞假歸，尋休致，以舊勞予食全俸。咸豐元年，卒，謚勤勇。

論曰：額勒登保以楊遇春、穆克登布爲翼長，德楞泰以賽沖阿、馬瑜爲翼長，勒保以薛大烈、羅聲皐爲翼長，觀偏裨之人材，其成功可知矣。是諸人者，其後多膺軍寄，二楊而外，亦無赫赫功，豈非材器有所限哉？勒保部將差弱，蓋賴羅思舉、桂涵等鄉勇之力爲多焉。

清史稿卷三百四十九

列傳一百三十六

王文雄 朱射斗 子樹 穆克登布 富成 穆維
施縉 李紹祖 宋延清 袁國璜 何元卿 諸神保 達三泰
德齡 保興 凝德 多爾濟扎布 王凱 王懋賞
惠倫 安祿 佛住 西津泰 豐伸布 阿爾薩朗 烏什哈達 和興額

王文雄，字叔師，貴州玉屏人。由行伍從征緬甸、金川，擢至游擊，洊升直隸通州協副將。嘉慶元年，調剿襄陽教匪，從慶成戰劉家集、梁家岡、張家壋，賜號法佛禮巴圖魯。秋，賊圍鍾祥，進擊破之，擢南陽鎮總兵。冬，賊分竄河南，命率兵二千回境防禦。二年春，敗賊禹山，又敗之鄭家河；追剿至裕州四里店，值他軍與賊戰，夾擊敗之。夏，息縣姦民張雲路倡亂，馳剿卽平。秋，仍赴襄陽。時姚之富等逼南漳，文雄駐軍五盤山，扼其衝，擊賊於白虎頭、峽口。聞賊竄陸坪，分兵擊之，追至羊角山，斬其渠。賊乃以數百人綴官軍，潛趨南漳城，文雄伏兵百步梯，火之，賊多墜崖死，遂赴陝西、河南界禦賊，且防興安江岸。

三年春，高均德自寧羌渡漢，齊王氏、姚之富乘官軍往剿，偕李全自西鄉、洋縣分道踵渡，掠鄘縣、盩厔，西安戒嚴。文雄馳援，敗賊焦家鎭，追至屹子村，猝遇賊萬餘。文雄兵不滿二千，張兩翼待。賊亦分左右來犯，爲火器擊退；復分四路至，又敗之，遂悉馬步圍官軍數重，文雄爲圓陣外向，賊以千餘騎猛撲，令籐牌兵大呼躍出，賊馬驚，返奔，追殺數千人，殲其黨王士奇。自是賊不敢北犯，省城獲安。詔以文雄當數倍之賊，五戰，所殺過當，深嘉之，立擢固原提督。追敗賊於尹家沖，其分竄翔峪、澧峪者盡殲焉。夏，敗高均德於盩厔，又敗阮正通於南鄭。秋，張漢潮由南鄭東南竄，文雄冒雨疾馳兩晝夜，追及於廉水壩，賊踞山，以礮仰擊之，乃分馬步隊潛來鈔截，三路迎擊，殲賊千餘。正通竄西鄉西流河，而設伏於銅廠山梁，文雄分兵破其伏，自攻中堅，擒張金等。

四年，命與恆瑞分領總督宜緜所部兵，專剿陝境竄匪。秋，敗苟文明於倒水洞，連敗冉天元於沙田壩、景山坪、皮貨鋪，川賊龍紹周竄黛池壩，欲應天元，扼之貫子山。別賊冒齊家營者來犯，悉殲之。黃號伍義蘭、藍號曾六兒踞老鷹崖，分兵進擊，擒其黨李智花等，餘賊遁入川。冬，樊人傑、唐大信竄西鄉。文雄積勞嘔血，力疾督戰，溫詔慰勞。尋，黃號諸賊復自川入陝，令游擊梁煥擊之，遇伏幾殆，馳救，解其圍。疾復作，而賊之匿老林者，潛出犯南鄭、沔縣、略陽，欲渡嘉陵江，詔斥疏防，當治罪，以病原之。

五年夏，敗楊開甲於土門關。唐大信踞西鄉節草壩、大祥壩，夜襲克之。龍紹周與大信合，敗之魏家寨，又連敗之黑山萬曲灣、火石埡、山王廟，賊遁入川。未幾，高天德、馬學禮及戴家營賊竄西鄉堰口，窺縣城，迎擊敗之。偵賊衆潛屯法寶山，夜偕副將鮑貴等分三路進，賊擲石以拒，文雄督衆仰攻，突有騎賊從溝中出，截其後，山上賊出間道撲鮑貴隊，急趨救，賊乘勢悉衆下山，鏖戰至午，圍益急，文雄被創十餘，猶力鬬，左臂斷，墜馬，伏地北向呼曰：「不能仰報君恩矣！」遂卒。仁宗震悼，封三等子爵，祀昭忠祠，謚壯節，諭慰其母，賜銀千兩。逾年，獲戕文雄之賊馬應祥，命傳首就其家致祭。子開雲，襲子爵，官至山東鹽運使。

朱射斗，字文光，貴州貴筑人。幼讀書。入伍，從征緬甸、金川，功多，累擢至都司。果毅善戰，爲將軍阿桂所激賞，洊升貴州平遠協副將。乾隆五十年，擢湖南鎮筸鎮總兵，調雲南普洱鎮，民、苗雜處，綏撫得宜，邊氓翕服。從征廓爾喀，歷福建福寧鎮、四川川北鎮。苗疆事起，率本鎮兵赴剿，迭克險隘。平隴之戰，潛師襲後山貫魚坡，賊乃潰。偕額勒登保攻石隆寨，伏溝下驀入，斷其要路，賊來爭，奮擊盡殲，遂斬賊魁石柳鄧，賜號幹勇巴圖魯。

嘉慶二年春，凱撤回川北，王三槐踞金峩寺，合攻克之，連破王家寨、茨茹梁、富成寨，要擊於黃家山，三槐中槍，墜馬跳免。合攻重石子、香爐坪賊巢，擊秋波梁竄匪，殲之。偕總兵百祥攻羅其清、冉文儔於方山坪，敗走巴州。射斗駐保寧，詔以本鎮轄地，責嚴守。三槐撲天華山營，力戰卻之。又合徐天德分撲風門鋪、角山、茶店，馳擊，賊遁走。三年，其清竄儀隴雙路場，偕穆克登布追剿，斬七百餘級。其清等踞大鵬寨，諸軍合攻，射斗與恆瑞當其北，賊冒雨突營，出其後夾擊，賊竄伏深溝，悉擒之。及賊由青觀山逸出，追至方山坪，奮擊大潰，其清旋就擒。

四年春，從德楞泰破賊麻壩寨，獲文儔。既而蕭占國、張長庚竄營山，額勒登保迎擊黃土坪，令射斗扼其西，占國、長庚就殲。夏，包正洪潛匿隣水，連敗之唐家坪、趙家場，追至開縣九龍山，痛殲之；窮追及毛坪，賊踞山，以火槍仰擊，斃正洪，予騎都尉世職。秋，破卜三聘於八石坪，又截擊高天德、馬學禮，擒其黨潘受榮。

五年春，張世龍竄南江，迭敗之竹壩、草廟。會額勒登保、德楞泰先後赴陝，冉天元糾羣賊乘虛入川。總督魁倫初任軍事，諸將中惟射斗忠勇可恃，所部兵僅二千，至達州，賊已渡嘉陵江，乃自順慶渡河，迎擊於西充文井場，殲賊後隊；乘勝至蓬溪高院場，賊踞山下撲，衆數倍官軍，遂被圍。魁倫初約自率兵繼進而不至，射斗力戰，隊伍衝斷，手刃十餘人，遇坎墜馬，歿於陣。仁宗悼惜，晉二等輕車都尉世職，依提督例賜䘏，謚勇烈，入祀昭忠祠。後獲賊李自剛戕射斗者，詔磔之，設射斗靈致祭，復傳首祭墓。

射斗從軍三十四年，受高宗知，仁宗尤以宿將重之。額勒登保入川數大捷，皆倚射斗及楊遇春如左右手，賊畏之，號曰「朱虎」。在軍得士心，尤恤難民，前後拯濟不下萬人。歿後兵民胥流涕。賊既退，收遺骸，遺左足，川民於戰處得之，瘞於潼川鳳皇山仙人掌，建祠以祀。

子樹，襲世職，授戶部主事。道光中，累官漕運總督，休致歸。咸豐中，命治本籍團練捐輸事宜。同治初，卒。

穆克登布，鈕祜祿氏，滿洲正紅旗人，將軍成德子。乾隆中，成德駐西藏，入覲，高宗詢知穆克登布曾從征金川，授藍翎侍衞。累擢直隸提標游擊。嘉慶元年，從勦湖北教匪，以功賞花翎。遷山東參將，遂轉戰川、陝。四年春，從惠齡克麻壩寨，加總兵銜，擢貴州清江協副將。從額勒登保殲闖中賊蕭占國、張長庚，乘勝進勦冷天祿於岳池。令穆克登布先據人頭堰，與楊遇春夾擊，大破賊衆，殲天祿，賜號濟特庫勒特依巴圖魯。於是額勒登保軍威大振，遂任經略，穆克登布與楊遇春爲左右翼長，常爲軍鋒。冬，與七十五夾擊樊人傑於通江，敗之，擢山西太原鎮總兵。

時川賊徐天德、王登廷、冉天元合撓官軍，阻餉道。額勒登保以賊皆勁悍，集師合擊於蒼溪貓兒埡，議與穆克登布、楊遇春分三路進攻。穆克登布恃勇，先期往，爲賊所乘，腹背受敵，傷亡副將以下二十四人、士卒數百。及遇春至，據險與賊相持，經略中軍亦被攻，血戰竟夜，黎明賊始卻，登廷旋就擒。偕遇春追天元至開縣，與德楞泰會師夾擊，賊勢乃蹙。

五年，從經略入陝。夏，與楊遇春合擊伍金柱於手扳崖、銅錢窖，追殲楊開甲於茅坪。秋，要擊張天倫於兩當剪子巖，追殺數十里。賊折奔階州，遇於佛堂寺，擊敗之，斬其渠曾印。六年春，冉學勝將入陝，雪夜率勁騎衝之，賊潰，又敗伍懷志於五郎江口，擢乾淸門侍衞。夏，伍懷志糾黨由漢北東竄，分兵晝夜窮追，及之於秦嶺，擒懷志，餘黨盡殲，予雲騎尉世職。七年，調湖南永州鎮，擢甘肅提督。馳剿川東、湖北竄匪，破王國賢於平利，追入川，迭敗賊於靑岡坪、太平坡，擒景英。是年，軍事將蕆，錄諸將功，擢御前侍衞，晉騎都尉世職。

八年春，搜捕餘匪，由巴峪關深入，擒宋應伏，又擒姚馨佐等於南江。應伏最悍，馨佐乃之富子，皆賊之著名者。應伏黨尙存馮天保、余佐斌、熊老八，並百戰猾賊。熊老八年二十餘，死黨百餘，皆壯悍矯捷，所用矛長數丈，出沒老林，傷將士甚衆。至是，誘官軍入林，設伏狙伺。穆克登布卞急輕敵，勁卒又爲他將分調，倉猝中矛，歿於陣，加予輕車都尉世職，併爲二等男爵，謚剛烈。嚴詔捕熊老八，期必獲。武弁陳弼賄降俘取賊屍，僞冒以獻，立擢弼參將，傳首祭穆克登布墓。逾年，羅思舉始捕得老八，磔之，軍中不敢上聞。

子頤齡，襲爵，二等侍衞，孝全成皇后之父也。道光十四年，册立皇后禮成，追封一等承恩侯，擡入鑲黃旗，謚榮僖，以孫瑚圖哩兼襲兩爵。三十年，文宗卽位，晉封三等承恩公，以長子文壽襲，次子文瑞襲男爵。

富成，石莫勒氏，滿洲鑲黃旗人。起健鋭營前鋒，從征烏什、大小金川，積勞至參領，歷火器營營總。出爲廣西、直隸副將，擢山西太原鎭總兵。坐失察盜馬賊入邊，降京營游擊。復擢山東兗州鎭總兵。嘉慶元年，教匪起，率本鎭兵赴河南協剿。先淸鄧州賊巢，進剿呂堰驛、隨州紅土山，黃玉書就擒，敍功，以提督升用。又連敗賊於鍾祥鄧家岡、香花園、南線畈。命兼領直隸、吉林新調兵。

二年，進攻梁家集，總統惠齡與賊戰槐樹岡，富成聞礮聲，馳往夾擊，大敗之。偕慶成合擊劉起榮，又敗賊於溫峽口。襄匪由河南竄入陝境，總督宜緜疏調富成赴西安，率甘肅兵二千、回兵二千助勦。夏，分兵五路圍賊於大涼山下，殲賊千餘，擒其渠李天德等，又連敗賊於雙河口、青莊坪、放牛坡、大石川，擢江南提督。赴漢中寧羌，扼川賊入竄之路，循漢南而西，與明亮夾攻，賊距江近，佯引兵入山，圖潛渡，富成繞出賊後兜擊之，斬獲甚衆，被奬賚。

三年春，赴達州擊退犯城賊，通新寧運道，又連敗賊於竇山關、木竹坪、白山寺，擢成都將軍。命勦徐天德，屢詔責戰甚急。冬，戰清涼寺，殲賊數百。四年，張映祥竄廣元、寧羌，擊之毛家山，又與恆瑞夾擊於略陽、階州。經略勒保疏言其兵力不足，未能制賊，褫職逮問。會富成連敗賊於黃家坪、大水溝、黨家坪、蔣家坪，詔免治罪，以披甲留營効力，駐鎮安防勦。五年夏，總督長麟追勦冉學勝、伍金柱等，而高天德、馬學禮亦來犯，富成馳援徽縣。賊襲長麟營，官軍敗績於架子山，富成力戰被重創，遂歿於陣。上初以勦張映祥久無功，故加重譴，至是惜之，命入祀昭忠祠，予雲騎尉世職，子三等侍衞普亮襲。

時軍事久不定，兵多，或事剽掠，鄉勇尤甚，人目爲「紅蓮教」。富成與總兵穆維馭下較嚴，爲時所稱云。

維，直隸清苑人。隸督標。乾隆中，山東王倫倡亂，以陣斬賊渠楊壘功，擢千總。賊聞京兵南下，掠糧艘造浮橋，圖西竄，維直搏獲賊砲二，焚其橋，賜號奮勇巴圖魯。累擢膠州協副將。嘉慶元年，偕富成赴襄陽。恆瑞攻劉家集，維率騎兵橫貫賊營，大軍躡其後，獲大捷。師次滾河，賊屯對岸董家岡、梁家坳，維偕王文雄選精兵夜潛渡，破賊營。二年，擢登州鎮總兵。冬，高均德、王廷詔分擾班鳩關，窺渡漢江，偕副都統六十七連敗之雙河塘、土門埡，被優獎。三年春，赴四川，從勒保敗王三槐、徐天德於石壩山，偕富成要賊竹峪關、洪口諸隘，又敗冉文儔於黑馬山。夏，賊出李家山西逸，要之大完山，以砲俯擊，賊退，他將乘勢追擊。維直搗李華寺，破賊巢，勞甚致疾，卒於軍，詔視陣亡例賜卹。

施縉，陝西定邊人。由行伍從征緬甸，累擢雲貴督標都司。苗疆事起，應調隨征，屢有功，賜號毅勇巴圖魯。累擢湖南參將。嘉慶二年，從總督勒保剿貴州仲苗。三月，連克關嶺、巴隴諸要隘，進逼永寧，克下山塘賊寨，解新城圍。五月，與總兵張玉龍分兩翼，進克望城坡、碧峯山賊寨，攻羊腸山，追賊至新店，擒其渠梁阿站等，擢副將。六月，從勒保攻克水煙坪，偕按察使常明設伏八角洞坡，進攻阿捧，毀寨十一。大軍進卡子河，縉分克納賴坡、鷄灣寨，攻普坪，渡河解南籠圍；進攻九頭山，擒賊渠陸寶貴，焚其巢，克馬鞭田山寨。七月，破韋七綹鬚於普磨，擒其孥，圍阿召山梁李景寨，設伏破援賊，擢臨元鎮總兵。偕常明攻安有大寨，率勇士攀藤上，克之，擒賊渠賀阿豆、吳阿降。九月，從勒保克洞灑賊巢，擒首逆韋七綹鬚。十一月，搜勦上下羅障，直達關嶺，前後克寨二十。調貴州安義鎭。十二月，偕總兵七格等搜勦各路，乘勝擊壩郁、嶆峒諸寨。自捧鮓至黃草壩，賊皆淨盡。松林、紅巖、石門坎、香爐箐諸苗，尙負固抗拒，要擊破之，焚寨十九，特詔嘉獎，予優敍。三年，復從總督鄂輝進勦兩薛巖、師趙屯諸苗，克寨五十，苗境遂平。

五年春，四川教匪復熾，起用勒保，會貴州巡撫常明薦縉率貴州兵往協勦，仁宗知縉勦仲苗奮勇冠軍，爲勒保舊部，兵將相習，命所領自爲一軍；又慮地利賊情未悉，聽德楞泰節制。三月，至潼川，連破賊於大雙墩、潼河岸。四月，高天德、馬學禮由甘肅竄農安，從勒保迎擊盤龍驛、漩河口，敗之，偕阿哈保迎擊於黃連埡。白號、藍號衆賊竄合江口，奪渡嘉陵江，偕阿哈保分四路進擊，大敗之。詔以嘉陵江西肅淸，貴州兵新到屢捷，特予褒敍。時高、馬二賊欲與藍、白諸號合屯竹子山，勒保以龍安西北兩面俱通番地，議分三路兜勦，自率一軍出東北，一軍出西北，而以縉軍由南進。甫抵山南，賊乘高下壓，縉揮軍迎擊，奮力急戰；賊來益衆，猝受矛傷，殞於陣。縉最爲勒保所倚，至川以不習地勢致敗，優詔依提督例賜卹，稱爲驍將，予騎都尉兼雲騎尉世職。子登科，襲騎都尉；占科，襲雲騎尉。

李紹祖，順天大興人。以武進士授三等侍衞。出爲山東武定營游擊，累遷臨清協副將。嘉慶元年，赴襄陽，數擊賊有功，賞花翎。二年，從恆瑞赴四川，迭敗賊於田家壩、大寧山梁、金子梁。三年，擢甘肅巴里坤總兵。秋，合攻打石坡、插旗山、古戰坪，皆捷。冬，從惠齡克馬鞍山賊巢。四年夏，從德楞泰擊賊於王家壩、川埡子。秋，偕七十五破樊人傑於開縣，又敗之臨江市。五年春，冉天元等渡嘉陵江，總督魁倫調七十五往援，會其病，以兵付紹祖，率赴川西，進擊鹽亭、南部。德楞泰擊賊於江油白家壩，檄紹祖馳赴，賊踞箐林口，宵犯紹祖營，擊卻之。賊諜詭稱難民，詣營獻計，誘官軍往，德楞泰知其詐，率紹祖掩擊之，大捷，追敗之於包家溝，進戰火石埡。以功被優敍。詔以川西略定，命紹祖率貴州兵赴陝，額勒登保疏請仍留川，遂從德楞泰擊張子聰於中江黃鹿山、朱家坪，擒斬甚衆。調四川松潘鎮，旋調廣東高廉鎮，仍留軍。夏，敗張子聰、庹向瑤於達州土主河，又擊劉朝選於七孔溪山，大破之。追餘匪至大竹，遇苟文明屢夜來撲營，擊却之。八月，徐萬富竄房縣，追敗之兩河口。賊竄木瓜鋪，偪近遠安縣城，紹祖扼之牛鹿坡。賊分二隊，一犯縣城，一薄紹祖營。紹祖力拒，賊佯敗走，匹馬追之，遇伏被害。依提督例賜卹，謚果壯，予騎都尉兼雲騎尉世職，子霖襲。

宋延清，山東招遠人。乾隆四十六年武進士，授藍翎侍衞。出爲貴州都司，遷游擊。從征苗疆，迭克峒寨。從額勒登保攻鴨保山，率健卒奪賊卡，夜大風，攀崖縱火，克之，賜號蹻勇巴圖魯，擢參將。仲苗之役，勒保調回貴州，率兵爲左翼，克關嶺、碧峰山諸隘，破洞灑、當丈賊巢。論功居最，擢大定協副將。嘉慶三年，從勒保赴四川，擊賊董谿口、大元山，皆力戰，斬馘多。乘勝追賊至楊家壩，中槍，歿於陣。延清驍勇出衆，勒保常置左右。剿仲苗時，每戰歸，持刀負首級纍纍，衣盡赤，勒保輒手酌酒慰勞。至川未逾月即戰歿，深惜之，加等賜卹，予騎都尉世職。

袁國璜，四川成都人。由行伍從征金川，屢克堅碉，擢守備。復革布什咱全境及達爾圖，功皆最，洊升游擊。金川平，擢江南狼山鎮總兵。乾隆五十三年，從征臺灣，克大埔尾、斗六門、水沙連、大里杙，賜號博濟巴圖魯。及林爽文竄匿東勢角，山徑深隘，徒步搜捕，生擒於老衢崎，被優敍。病歸，起署四川建昌鎮，尋授重慶鎮總兵。從征廓爾喀，克象巴宗山、甲爾古拉卡。臺灣、廓爾喀兩次論功，再圖像紫光閣。六十年，從總督孫士毅由川境進剿苗疆，數有功，被褒賞。

嘉慶元年，四川教匪蜂起，蔓延數縣。川兵多赴苗疆，署總督英善倉猝偕副都統勒禮善、佛住馳往，兵僅數千，檄國璜及總兵何元卿進剿達州。賊屯天星橋，國璜奮擊，斬戮千餘。賊竄橫山子，偕元卿焚其卡，奪據山梁。賊自東鄉糾黨數千來犯，礮擊之退，次日復聚，迎擊，斃賊數百，而來者愈衆。國璜苦戰三日，力竭陣亡，依提督例賜卹，予騎都尉兼雲騎尉世職，子起襲。

何元卿，四川華陽人。從征金川、廓爾喀、苗疆，積勞擢副將。嘉慶元年，從福寧克旗鼓寨，擢陝西興漢鎮總兵。達州横山子之戰，與國璜同遇害，予騎都尉兼雲騎尉世職。孫勝先襲，官至湖南沅州協副將。

諸神保，馬佳氏，滿洲正紅旗人。起護軍校，出爲四川游擊，駐西藏，累擢重慶鎮總兵。廓爾喀之役，守絨轄要隘，賞花翎。調建昌鎮，從征苗疆。嘉慶元年，赴湖北剿教匪，從福寧破賊來鳳，克旗鼓寨，賜號喀勒春巴圖魯。二年，從額勒登保圍攻芭葉山，賊夜突營，由諸神保汛地逸出，坐褫職，留營自贖。尋擊賊紅土溪，被創墜馬陣亡，依參將例賜卹，予雲騎尉世職。

達三泰，原名達音泰，呢瑪奇氏，滿洲鑲黄旗人。由鳥槍藍翎長累遷副護軍參領。從征石峯堡，授陝西循化營參將。歷甘肅永固協副將，署西寧鎮。從征廓爾喀有功，賜號常勇巴圖魯，授四川松潘鎮總兵。乾隆六十年，湖南苗犯酉陽，率屯土兵擊之，克砲木山、石花諸寨。偕提督花連布進解永綏圍，又偕阿哈保、塞靈額攻納共山，攀縋而上，斬獲甚衆。克貴道嶺、馬鞍山，追賊黄土坡，被創力戰，大捷，特賜蟒服。又破貫魚坡，苗疆平。嘉慶二年，移軍湖北剿教匪，遂赴四川。齊王氏、姚之富趨達州，欲與王三槐等合，達三泰先據白帝城，連戰却之，進援巫山、巴東，要擊之小河口，又追敗之均州、竹溪。賊復由陝入川，與明亮合擊於黃壩驛。三年，從大軍逼賊三岔河，齊、王二賊就殲，被優賚。尋擊高均德於山陽，合圍大神山，設伏誘賊，敗之靜邊寺，擒斬甚衆。會諸軍克箕山，擢甘肅提督。勒保調赴川東助剿冷天祿，攻手把巖，奪魚鱗口賊卡，遇伏被害。優卹，謚壯節，予騎都尉兼雲騎尉世職，子呢瑪善襲。

呢瑪善從父軍中，以戰功授藍翎侍衞。父歿，轉戰三省，累擢頭等侍衞，授河北鎮總兵，歷鄖、衢州、南陽諸鎮。道光初，擢成都將軍，平果洛克番匪。卒，謚勤襄。

德齡，納喇氏，滿洲鑲白旗人。由拜唐阿累擢鑾輿衞冠軍使。出爲直隸副將，擢山西太原鎮總兵。調赴襄陽剿教匪，從慶成等轉戰，以功賜花翎。嘉慶二年，駐防夔州。三年，偕觀成合攻老木園。賊旣殲，剿鐵瓦寺餘匪。四年秋，擊張金魁於岳池場、安家山，敗之。追至萬縣陳家坡，後隊爲賊所襲，馳馬回戰，歿於陣，予騎都尉世職。

保興，承吉氏，滿洲鑲白旗人。鳥槍護軍隊長。從征緬甸、金川，累遷參領。出爲陝西神木協副將，丁憂回旗。甘肅撒拉爾回叛，起署河州協。兵事初定，撫綏有法，軍民安之。調督標中軍，擢直隸宣化鎮總兵，歷陝西興漢鎮、甘肅河州鎮。嘉慶二年，赴川、陝剿教匪。偕朱射斗擊賊營山，又敗之小埡口。王三槐擾大竹、廣安，要擊之。隣水被圍，知縣楊爲龍堅守，馳援，賊始退，被優賚。偕朱射斗破賊天華山，乘勝連奪要隘。三年，攻彈子壩，殲賊渠。時王三槐犯開縣，羅其清、冉文儔合踞東鄉後河，將窺陝。保興繞出賊前，與楊秀夾擊，敗賊於固軍壩，賞花翎。賊自陝回擾達州，保興要擊於龍鳳埡。又戰石梯坎，徑路紛歧，會大風雨，賊壓而陣，遂遇害。予騎都尉世職，河州民爲立祠。

凝德，烏雅氏，滿洲正黃旗人，尚書官保子。授藍翎侍衞，歷鑾輿衞治儀正、冠軍使。出爲直隸獨石口副將，調督標中軍。嘉慶元年，赴湖北軍，從破黃玉貴於紅土山，賞花翎。二年，赴孤山沖防勦，尋入川。王三槐擾渠縣，扼守紅春壩。四年，擢甘肅巴里坤總兵。從恆瑞勦賊甘肅，駐守三曹河。賊北走，追敗之老柏樹、牟家壩、兩河口。五年，辛聰餘黨竄秦安，訛言伏羌被圍，凝德率兵四百赴援，未至四十里遇賊，衆寡不敵，拒戰被害。予騎都尉世職。

多爾濟扎布，巴魯特氏，蒙古鑲黃旗人。由藍翎侍衞累擢湖北鄖陽參將。從勦鎮筸苗，遷副將。嘉慶元年，檄防竹山、竹谿。三年，署宜昌鎮總兵。從擊張漢潮於山中，躡蹤窮追，被嘉獎。五年，授廣東碣石鎮總兵。二月，勦陝匪於洵陽三岔山，乘勝深入，賊分隊繞襲後路，四面受敵，揮軍殺賊百餘，日暮力盡，被害。予騎都尉世職。

王凱，貴州貴筑人。從征金川，積勞至游擊，累擢浙江定海鎮總兵。嘉慶二年，以不諳水師降副將，命赴貴州從勒保剿仲苗，補都勻協。三年，授宜昌鎭總兵，駐守鄖縣，敗賊於黃龍灘。率兵二千，分守鄖西、巴州，防張漢潮。四年，賊竄房縣，擊走之。五年，復來犯，大敗其衆，又破賊於東湖。夏，徐天德窺襄、鄖兵單，犯當陽、遠安，踞馬鞍山，合諸軍環攻，凱傍左麓進，賊走馬家營。師分三路入，賊張左右翼拒戰，別遣步隊鈔截後路，凱奮擊，賊稍却，兵進遇伏，賊自林中出，猝被害。優卹，諡勇壯，予騎都尉世職。

王懋賞，山東福山人。乾隆四十一年一甲一名武進士，授頭等侍衞。出爲雲南景蒙營游擊，累遷廣西潯州協副將。從征苗疆，克結石岡，破尖雲山，復乾州，皆有功。嘉慶二年，以剿西隆匪，回廣西。五年，調赴湖北軍。六年，敗賊佘家河、茅倫山，賞花翎。攻鵝坪坡、秦家坪，擢湖南永州鎭總兵，駐守興州、房縣、大竹，防川、陝竄賊。七年，曾家秀等竄保康，倍道窮追，賊踞馬鬃嶺拒戰，懋賞先登，中矛，歿於陣。予騎都尉世職。

惠倫，富察氏，滿洲鑲黃旗人，一等承恩公奎林子。出嗣伯父一等誠嘉毅勇公明瑞，襲爵，擢頭等侍衞、尚茶正、鑲藍旗護軍統領，授奉宸苑卿。嘉慶二年，命偕副都統阿哈保率東三省兵赴湖北剿教匪，時賊氛方熾，詔惠倫迅往襄陽，如明亮、德楞泰猶在賊後，卽會同王文雄攻剿，聽景安調度。惠倫至襄陽，擊賊小河口，偕阿哈保追殺二十餘里。大兵適自荊州至，乘機夾擊，賊大敗，竄入南漳山中，優詔獎賚。又偕德楞泰擊賊秏子溝，賊衆猛撲，達三泰連射賊，惠倫揮軍突進，衝入賊陣，會明亮自楓樹埡夾攻，斬獲甚多。賊竄花石嶺，總兵長春誘之下山，達三泰設伏山半，惠倫以勁騎横擊。賊敗竄黄龍灘，欲分走鄖陽斗河，無船可渡。追及草甸，賊五路迎拒，官軍亦分五隊，明亮等據山梁，賊上撲，擊敗之。別賊突出援，惠倫等又敗之。乃奔陳家山梁，乘霧圖遁。惠倫渡澗追擊，見一賊執旗指揮，知爲渠魁，追至長坪，射之，應弦倒；餘賊競集，連射斃數賊，猝中槍，歿於陣。仁宗震悼，詔惠倫父子効命疆埸，實爲可憫，從優議卹，賜内帑三千兩治喪，以子博啓圖襲公爵，在御前侍衛行走。博啓圖自有傳。

安祿，多拉爾氏，滿洲鑲黄旗人，一等超勇公海蘭察子。以海蘭察平石峯堡功，推恩授二等侍衛、乾清門行走，並予騎都尉世職。從征廓爾喀，賜號哈什巴巴圖魯。乾隆五十八年，承襲公爵，擢頭等侍衛。嘉慶四年，命解餉赴四川，遂從額勒登保軍。時徐天德敗竄雞公梁，額勒登保乘夜追之，黎明，賊復拒戰，安祿偕格布舍以左翼衝賊陣，賊竄城隍廟，右翼楊遇春伏起，前後夾擊，殲戮無算。又敗王登廷，追至西鄉魚渡壩。王登明與齊家營股匪合踞青岡嶺，安祿等三路競進，賊大潰。鮮大川、苟文明窺開縣，偕朱射斗敗之於枯草坡，乘霧奪汪家山，餘賊數千奔下山溝，安祿率五六騎大呼馳擊，賊衆披靡，突林中數矛攢刺，遂歿於陣。事聞，優卹，賜內帑一千兩，諡壯毅，加予騎都尉世職。仁宗深惜之，詔以惠倫、安祿皆名將子，膺五等之封，爲莠民所戕，國威大損，戒統兵大臣以滿洲、東三省兵自爲一隊，及鋒而用，勿致疏虞。子恩特賀莫札拉芬，襲公爵，兼騎都尉。尋議又加騎都尉，併爲三等輕車都尉，以安祿弟安成襲。

佛住，瓜爾佳氏，滿洲正白旗人，侍郎三泰子。三泰殉難葉爾羌，封三等伯，佛住襲爵，爲散秩大臣、世管佐領，充阿克蘇領隊大臣，授成都副都統。嘉慶元年，充哈密辦事大臣，行抵西安，聞達州教匪起，自請偕英善往勦，允之。時賊撲東山廟，與豐城賊合，佛住與副都統勒禮善分路進攻，冒雪由山路破賊卡，扼東山隘口。賊自大東林潛渡河，率協領塔克愼、知縣劉清隔岸砲擊之。又偕英善、勒禮善擒徐天富，被優賚。二年正月，豐城賊傾巢出，游擊范楙、守備楊成陣亡，賊遂逼東鄉，別賊復自張家觀來犯，佛住率衆力戰，歿於陣。詔：「佛住已調哈密，自請回川勦賊。今在東鄉捐軀，其父三泰亦係陣亡，尤爲可憫，從優議卹。應給世職，併爲一等子爵，加一雲騎尉。」子瑞齡襲。

西津泰，和色里氏，滿洲鑲黃旗人。前鋒侍衞。從征臺灣，累戰皆捷，賜號法爾沙台巴圖魯，圖像紫光閣，擢護軍參領。從征苗疆，克楖木陀山、大坪山、雷公灘、大烏草河，圍高多寨，復連破賊於大坡腦、得勝山，克垂藤、董羅諸寨，焚大小天星寨，進克馬鞍山，擢頭等侍衞，加副都統銜。從額勒登保克石隆賊巢，石柳鄧就殲，予優敍。嘉慶二年，赴四川，破王三槐於冉家埡、金峩寺，從宜緜擊賊於花潭子，又克香鑪坪賊巢，迭被優賚。進擊安子坪，賊退精忠寺，圍之，傾巢出犯，西津泰衝入賊陣，手刃十餘賊，身受重創，陣亡。予騎都尉兼雲騎尉世職。

豐伸布，唐古忒氏，蒙古鑲紅旗人，福州駐防。由馬甲累擢協領。從征臺灣，擢西安右翼副都統。嘉慶元年，率軍駐興安，防湖北教匪。二年，移防商、雒要隘。賊犯雙樹卡，又間道攻縣城，連卻之，賞花翎。進駐竹谿，遏賊入陝。賊掠近地，屢擊走。高天升大股踞石槽溝，率兵千自竹山進剿。關廟河，要隘也，冒雨進扼之，賊來爭，豐伸布先據山梁，賊分兩路猛撲，殺傷相當，而賊益坌集，短兵相接，豐伸布受創甚，至暮大雨，息軍山巓，以傷殞。優卹，謚壯勇，予騎都尉兼雲騎尉世職。六年，高天升就擒，傳首祭墓。無子，以姪阿克當阿襲職。

阿爾薩朗，賴奇忒氏，蒙古鑲白旗人。以副前鋒參領從征金川，迭克山寨堅碉，破扎古功尤著。戰達撒谷受創，特詔慰問。累擢正紅旗蒙古副都統，賜號阿爾杭阿巴圖魯。金川平，圖像紫光閣。歷喀什噶爾、伊犁領隊大臣，召回京，會甘肅石峯堡回叛，自請從剿，連破賊於雲霧山、田家山，進圍石峯堡，攻其西北，以火攻克之，斬虜特多，授護軍統領，調正藍旗滿洲副都統。嘉慶元年，率健銳、火器營從永保剿教匪，轉戰河南、湖北，屢破賊。二年五月，駐兵王家坪，營壘未定，賊自山溝出襲，阿爾薩朗力戰，猝中槍，歿於陣。賜卹，予騎都尉世職。及高天升傳首京師，命祭其墓。

烏什哈達，伊爾根覺羅氏，滿洲正黃旗人。以前鋒從征緬甸有功，賜號法福哩巴圖魯，授三等侍衞。從征金川，屢克堅碉，擢一等侍衞、正白旗蒙古副都統，予騎都尉加一雲騎尉世職。充和闐領隊大臣，坐與辦事大臣德鳳互訐，褫職，効力烏什邊卡。尋復起授頭等侍衞、虎槍營營長、健銳營翼長。從征臺灣，率水師擒賊渠莊大田於瑯嶠，復勇號、世職。授吉林副都統，調鑲紅旗蒙古副都統。從征廓爾喀，烏什哈達臨陣勇敢，論功輒最，三次圖像紫光閣。召對，自伐戰績，高宗惡之，褫職戍伊犂。嘉慶元年，赦歸，請赴湖北軍剿匪自効，偕副都統鄂輝敗賊襄陽，進戰鍾祥。二年，駐守宜城西岸，賊窺古河口，擊走之。移防四川石硅，攻白巖山，克賊卡。三年，王三槐由梁山、墊江竄渠口，與白巖山賊潛結，引之渡江。烏什哈達兵少不敵，力戰遇害。予輕車都尉世職，子圖爾弼善襲。

和興額，葛濟勒氏，滿洲鑲白旗人。以烏槍護軍從征緬甸、金川、撒拉爾、石峯堡，賜號佛爾欽巴圖魯，累擢廣州右翼副都統。坐事降調，授頭等侍衞，充巴里坤領隊大臣，復授廣州左翼副都統。嘉慶二年，仲苗擾及廣西西隆，從總督吉慶赴剿，敗賊於戛雄。苗屯亞稿，設伏山徑，由深箐繞出夾擊，殲之。進攻那地，西隆肅清。圍巖塲寨，連敗之紅水江、板蜂、板階，解册亭圍。仲苗平，調甘肅涼州副都統。五年，赴陝西防剿。冉學勝等由辛峪竄出，和興額不能禦，奪勇號、花翎，降爲防禦，隨營効力。尋破賊沔縣乾溝河，授佐領。六年，樊人傑由黑河西竄，和興額扼之於五丁關，擒斬甚衆，擢協領。冉學勝屯大壩，偕總兵楊奎猷擊之，和興額先進，遇伏，歿於陣，依副都統例賜卹，予騎都尉兼雲騎尉世職，子福格襲。

論曰：教匪之役，首尾十年，國史忠義傳所載副參以下戰歿至四百餘員，其專閫提鎮及羽林宿衞階列一二品者，且二十餘人。王文雄、朱射斗，一時名將；穆克登布、施縉，亦號驍勇；惠倫、安祿，並貴胄儁才。倉猝摧仆，三軍氣熸，當宁爲之震惻，旌卹特示優異；餘雖功過相參，要皆竭忠行間，殞身不顧。嗚呼，烈已！當日巖疆悍寇，軍事艱難，葢可見云。

清史稿卷三百五十

列傳一百三十七

李長庚 子廷鈺　胡振聲　王得祿　邱良功 陳步雲

許松年　黃標 林國良　許廷桂

李長庚，字西巖，福建同安人。乾隆三十六年武進士，授藍翎侍衞。出為浙江衢州營都司，累遷樂清協副將。五十二年，署福建海壇鎮總兵。鄰海有盜，誤指所轄界，坐褫職。罄家財募鄉勇，捕獲巨盜，起用，補海壇游擊，遷銅山參將。自乾隆季年，安南內亂，招瀕海亡命劫內洋，以濟餉為患，粵東土盜鳳尾、水澳兩幫附之，遂益肆擾。五十九年，夷艇始犯福建三澎，長庚擊走之。

嘉慶二年，遷澎湖協副將，擢浙江定海鎮總兵。三年，迭擊洋匪於衢港及普陀。四年，鳳尾幫引夷艇入溫州洋，敗之，賜花翎。五年夏，夷艇合水澳、鳳尾百餘艘萃於浙洋，逼台州。巡撫阮元奏以長庚總統三鎭水師擊之，會師海門。賊泊松門山下相持，颶風大作，覆溺幾盡，其泊岸及附敗舟者皆就俘，獲安南僞侯倫貴利等四總兵，磔之，以敕印擲還其國。是年，擢福建水師提督，尋調浙江。安南烏艚船百餘號，總兵十二人，分前中後三隊，所獲四總兵，其後隊也。

未幾，安南新阮內附，受封守約束，艇匪無所巢穴。其在閩者，皆爲漳盜蔡牽所幷，有艇百餘，粵盜朱濆亦得數十艘。牽，同安人，奸猾善用衆，旣得夷艇，凡水澳、鳳尾諸黨悉歸之，遂猖獗。阮元與長庚議夷艇高大，水師戰艦不能制，乃集捐十餘萬金付長庚，赴閩造大艦三十，名曰霆船，鑄大礮四百餘配之。連敗牽等於海上，軍威大振。

八年，牽竄定海，進香普陀山，長庚掩至，牽僅以身免，窮追至閩洋，賊船糧盡帆壞，僞乞降於總督玉德，遣興泉永道慶徠赴三沙招撫，玉德遽檄浙師收港，牽得以其閒修船揚帆去。浙師追擊於三沙及溫州，毀其船六。牽畏霆船，賄閩商造大艇，高於霆船，出洋以被劫報，牽得之，渡橫洋，劫臺灣米以餉朱濆，遂與之合。

九年夏，連鯮八十餘入閩，戕總兵胡振聲，詔治閩將不援罪，長庚總統兩省水師。秋，牽、濆共犯浙，長庚合諸鎭兵擊之於定海北洋，衝賊爲二，自當牽，急擊，逐至盡山。牽以大艇得遁，委敗朱濆，濆怒，於是復分。十年夏，調福建提督。牽聞長庚至，遂竄浙，追敗之青龍港，又敗之於台州斗米洋。復調浙江提督。

十一年正月，牽合百餘艘犯臺灣，結土匪萬餘攻府城，自號鎭海王，沉舟鹿耳門阻援兵。長庚至，不得入，諜知南汕、北汕、大港門可通小舟，遣總兵許松年、副將王得祿繞道入，攻洲仔尾，連敗之。二月，松年登洲仔尾，焚其寮，牽反救，長庚遣兵出南汕，與松年夾擊，大敗之。牽無去路，困守北汕。會風潮驟漲，沉舟漂起，乃奪鹿耳門逸去，詔奪花翎、頂戴。四月，蔡牽、朱濆同犯福寧外洋，擊敗之，追至台州斗米洋，擒其黨李按等。

長庚疏言：「蔡逆未能殲擒者，實由兵船不得力，接濟未斷絕所致。臣所乘之船，較各鎭爲最大，及逼近牽船，尙低五六尺。曾與三鎭總兵顧預支養廉，捐造大船十五號，而督臣以造船需數月之久，借帑四五萬之多，不肯具奏。且海賊無兩年不修之船，亦無一年不壞之槓料。桅柁折則船爲虛器，風篷爛則寸步難行。乃逆賊在鹿耳門竄出，僅餘船三十，篷朽硝缺；一回閩地，裝篷燂洗，煥然一新，糧藥充足，賊何日可滅？」詔逮治玉德，以阿林保代。既至福建，諸文武吏以未協勦、未斷岸奸接濟，懼得罪，交譖長庚。阿林保密劾其逗留，章三上，詔密詢浙江巡撫清安泰。清安泰疏言：「長庚熟海島形勢、風雲沙線，每戰自持柁，老於操舟者不及。兩年在軍，過門不入。以捐造船械，傾其家貲。所俘獲盡以賞功，士爭効死。八月中戰漁山，圍攻蔡逆，火器瓦石雨下，身受多創，將士傷百四十人，鏖戰不退。賊中語：『不畏千萬兵，只畏李長庚。』實水師諸將之冠。」且備陳海戰之難，非兩省合力不能成功狀。時同戰諸鎮，亦交章言長庚實非逗留。仁宗震怒，切責阿林保，謂：「朕若輕信其言，豈不自失良將？嗣後剿賊專倚長庚，儻阿林保從中掣肘，玉德即前車之鑒！」並飭造大同安梭船三十，未成以前，先雇商船備剿。長庚聞之，益感奮。是年秋，擊賊於漁山，受傷，事聞，復還翎頂。

十二年春，擊敗牽於粵洋大星嶼。十一月，又擊敗於閩洋浮鷹山。十二月，遂偕福建提督張見陞追牽入澳，窮其所向，至黑水洋。牽僅存三艇，皆百戰之寇，以死拒。長庚自以火攻船掛其艇尾，欲躍登，忽礮中喉，移時而殞。時戰艦數十倍於賊，見陞庸懦，遙見總統船亂，遽退，牽乃遁入安南外洋。上震悼，褒卹，初擬侯寇平錫以伯爵，乃追封三等壯烈伯，謚忠毅，於原籍建專祠。

長庚治軍嚴，信賞必罰，自偏裨下至隊長水手，耳目心志如一，人人皆可用。與阮元同心整厲水師，數建功，爲玉德所忌。及阿林保之至閩也，置酒款長庚，謂曰：「大海捕魚，何時入網？海外事無左證，公但斬一酋，以牽首報，我飛章告捷，以餘賊歸善後辦理。公受上賞，我亦邀次功，孰與窮年冒風濤僥倖萬一哉？」長庚謝曰：「吾何能爲此？久視海船如廬舍，誓與賊同死，不與同生！」阿林保不懌。既屢劾不得逞，則飛檄趣戰。長庚緘所落齒寄其妻，志以身殉國。既歿，詔部將王得祿、邱良功嗣任，勉以同心敵愾，爲長庚雪讐。二人遵其部勒，卒滅蔡牽，竟全功焉。

長庚無子，養同姓子廷鈺爲嗣，襲伯爵，授二等侍衞。道光中，出爲南昌副將，累擢浙江提督。因病不能巡洋，奪職家居。咸豐初，治本籍團練，迭克厦門、金島、仙游，授福建提督。尋以誤報軍情解任，仍會辦團練。十一年，卒，孫經寶襲爵。

胡振聲，亦同安人，提督貴子。起行伍，累擢至溫州鎭總兵。從長庚大破夷艇於台州松門洋，自是屢從長庚擊賊海上。嘉慶九年六月，率二十六艘運舟材赴福建，至浮鷹洋，遇賊，與總兵孫大剛夾攻，殲賊甚衆，而舟爲礮焚，閩師不能救，遂被害。優卹，謚武壯，予騎都尉兼雲騎尉世職。

王得祿，字玉峯，福建嘉義人。林爽文倡亂，陷縣城。得祿家素豐，捐貲募鄉勇，助官軍復之，授把總。明年，賊復圍城，從總兵柴大紀固守。及圍解，率鄉勇搜捕大坪頂等處餘匪，焚瑯嶠賊巢，賊渠莊大田就擒。臺灣平，賜花翎、五品頂戴，遷千總。嘉慶元年，巡洋至獺窟，遇賊，得祿先登，擒吳興信等。歷年出洋捕海盜，號勇敢，累擢金門營游擊。七年，從李長庚擊蔡牽於東滬洋，擒賊目徐業等百餘人，又擒呂送於崇武洋，被獎敍。九年，從總兵羅仁太擊賊於虎頭山洋面，獲船械甚多。十年，擊蔡牽於虎井洋，敗之，署澎湖協副將。九月，遇牽於水澳，焚其舟，擒殲朱列等百餘人。十一年春，牽入臺灣，圍府城。李長庚令得祿與許松年駕小舟自安平港入偵之，帆檣彌望，夜縱火焚賊舟，遂入屯柴頭港。明日，賊自洲仔尾攻府城北門，得祿率兵躡其後，大呼以前，賊驚卻。城內軍出夾攻，大敗之，乘勝至洲仔尾，破其營，賊乃遁。五月，牽復竄鹿耳門，得祿首先衝擊，獲船十，沉船十一。敍功，加總兵銜。尋擢福寧鎮總兵。

十二年，調南澳鎮。七月，敗朱濆於雞籠洋，獲船十四。十一月，又敗其黨於古雷洋，射殪賊目朱金，擒張祈，被獎敍。未幾，李長庚戰歿，命得祿與邱良功繼任軍事。十三年，擢浙江提督。既而調福建，邱良功代之。時阮元再任浙江巡撫，張師誠爲福建巡撫，兩省合力，得祿與良功同心滅賊。十四年八月，同擊蔡牽於定海漁山，敗之。牽東南走，追至黑水洋，合擊累日，良功以浙舟駢列賊舟東，得祿率閩舟列浙舟東，戰酣，良功舟傷暫退，得祿舟進，附牽舟，諸賊黨隔不得援。牽鉛丸盡，以番銀代，得祿額腕皆傷，擲火焚牽舟尾樓，復衝斷其柁。牽知不免，舉礮自裂其舟沉於海。詔以牽肆逆十有四年，渠魁就殲，厥功甚偉，錫封得祿二等子爵，賜雙眼花翎。餘黨千二百人，後皆降，海盜遂息。

得祿爲福建提督歷十載，屢疏陳緝捕事宜，改定水師船制，皆如議行。二十五年，調浙江提督。道光元年，乞病歸。十二年，臺灣張丙作亂，得祿率家屬擒賊目張紅頭等，加太子少保。十八年，臺匪沈和肆掠，輸糧助守，晉太子太保。二十一年，英吉利犯厦門，命駐守澎湖。次年，卒，贈伯爵，謚果毅。次子朝綸襲子爵，官戶部員外郎。

邱良功，福建同安人。起行伍，屢以獲盜功，洊擢閩安協副將。嘉慶十年，偕許松年會剿蔡牽，追至小琉球，見臺灣師船二爲賊圍，赴援，松年舉旗招之，未至。以違調遣被劾，褫職逮訊。得白，復原官，署臺灣副將。十一年春，從李長庚擊蔡牽，破洲仔尾賊巢，牽乘間逸，奪頂戴。五月，破牽於鹿耳門，賜花翎。十二年，朱濆犯淡水，偕王得祿追至雞籠洋，連敗之，擒殲甚衆，被優敍。十三年，擢浙江定海鎭總兵。十四年，擢浙江提督。偕王得祿合擊蔡牽於漁山外洋，乘上風逼之，夜半浪急，不得進。明日，復要截環攻，牽且戰且走，傍午逾黑水洋，見綠水。良功恐日暮賊遁，大呼突進，以己舟逼牽舟，兩篷相結。賊以椗衝船，陷入死鬬。良功腓被矛傷，毀賊椗，得脫出。閩師繼之，牽遂裂舟自沉。論功，錫封三等男爵，次於王得祿。或爲之不平，良功曰：「海疆肅清，已爲快事，名位軒輊何足計？」二十二年，入覲，卒於途，賜卹，謚剛勇。子聯恩襲男爵，官直隸河間協副將。

陳步雲，浙江瑞安人。入伍隸水師，數獲盜，以勇力稱，授溫州營把總。從良功追蔡牽，步雲以四十人駕舟徑逼牽艦塵鬬，舟小不相當，見兩提督至，亟投火礶焚賊艦，以長戟鉤舷，率數卒躍登，短兵相搏，殲牽妻及其黨。賊艦已壞，牽猶持利刃踞柁樓，顧欲取之。良功隔船疾呼，船與水平，速去，放長繩水中援之起，而牽船沒矣。步雲身被十數創，兩提督皆臨慰視。事聞，賜獎武銀牌，擢千總。累遷閩安副將。總督孫爾準欲裁減師船，步雲言李提督所造船高大堅緻，其利遠勝同安夾板、快駒諸船，裁之緝匪無具，有事不能制敵，議乃寢。爾準薦其才可勝專閫，入覲，宣宗曰：「汝卽隨邱、王兩提督攻沉蔡牽之陳步雲耶？」詢戰功甚悉。遂擢定海鎭總兵，歷瓊州、福寧、金門、海壇諸鎭。道光十九年，以傷發，乞解職。三十年，卒。

許松年，字蓉雋，浙江瑞安人。以武舉効力水師，從李長庚積功至提標參將。嘉慶十年，護理金門鎭總兵。擊蔡牽於小琉球；又擊朱濆、烏石二於宮仔洋，從李長庚追敗之於閩、粵交界甲子洋。又迭擊牽於青龍港、斗米洋。十一年，偕王得祿敗牽於臺灣洲仔尾，跳海水而登，焚溺無算。是年夏，李長庚攻牽於鹿耳門，松年扼張坑、返埕洋面，獲賊船一，沉船三，又於水澳擒蔡三來等。李長庚論水師將材，舉松年可獨當一面，總督阿林保以疏聞。十二年，從長庚擊蔡牽於大星嶼、浮鷹洋，松年躍入賊船獲之，被優敍。十三年，朱濆潛匿東湧外洋，命松年躡勦，遂移師入粵。追至長山尾，瞭見賊船四十餘，知其最巨者爲濆所乘，併力圍攻，濆受礮傷，未幾斃。詔嘉松年奮勇，克殲渠魁，賜花翎，予雲騎尉世職。粵匪張保仔竄閩洋金門、廈門，松年遣漁船誘之，以舟師圍擊，獲船七，沉船六，被優敍。十五年，傷發回籍，尋丁母憂。十九年，授甘肅西寧鎮總兵，歷延綏、漳州、天津、碣石諸鎮。道光元年，擢廣東陸路提督，調福建水師提督。六年，臺灣械鬬，松年方閱兵，彈壓解散，總督孫爾準與之不協，尋以治理輕縱，被議褫職，留臺効力。乞病歸，卒於家。子錫麟，襲世職。

黃標，字殿豪，廣東潮州人。由行伍拔補千總，擢守備。乾隆五十五年，艇匪肆掠，總督福康安議練水師，募奇才異能者領之。標技勇過人，生長海壖，習知水道險易，能久伏水底，視物歷歷可數，特被識拔。以捕獲龍門洋盜及狗頭山匪功，擢都司，署游擊。

嘉慶元年，勦匪於南澎外洋，獲李超勝等三十餘名。仁宗素知其名，詔嘉緝捕勤能，擢參將。二年，俘洋盜胡三勝等，復擊斃安南匪首，盡獲其衆，被優敍。三年，遷澄海副將。未幾，擢廣東左翼鎮總兵，命總統巡洋水師，責以肅清海盜。四年，勦匪大放雞山及雙魚䑩、夾門外洋，殲獲甚衆，賜花翎，命繪像以進。尋以盜劫鹽艘被劾，詔原之。六年，復擊賊於南澎外洋，獲田亞猛等。七年，偕提督孫全謀勦博羅會匪，連破羊矢坑、羅溪營要隘，擣其巢。事平優敍，並被珍賚。自將水師，飲食寢處與士卒共，先後獲匪六百餘名，粵海倚爲保障。八年，偕孫全謀出海捕賊，賊遁廣州灣。標議合兵守隘，俟賊糧盡可盡殲。全謀慮持久有風濤患，乃分兵，賊得突圍逸出。標歎曰：「此機一失，海警未已！」憤懣成疾。尋坐師久無功，吏議奪職留任。未幾，卒。

自安南夷艇散後，餘黨留粵者分五幫：曰林阿發、曰總兵保、曰郭學顯、曰烏石二、曰鄭乙。提督錢夢虎、孫全謀皆庸材，不能辦賊。標歿後，益無良將，惟林國良、許廷桂以死事聞。

國良，福建海澄人。世襲騎都尉，授廣東碣石鎮標游擊，累遷海澄副將，繼標爲左翼鎮總兵。十三年，追剿烏石二於丫洲洋，擊沉數艘，賊艦續至益多。國良以傷殞，優卹，諡果壯。

廷桂，廣東歸善人。由行伍擢千總。乾隆中，從征臺灣，累遷海門營參將。國良歿，護理左翼鎮總兵。十四年，擊殲匪首總兵保於外洋，圍其餘黨。張保仔率大隊來援，衆寡不敵，廷桂死之。賜卹，予雲騎尉世職。

洎蔡牽既滅，惟粵匪存，於是百齡爲兩廣總督，乃斷接濟，整軍紀，越一年，剿撫以次定。東南海氛始靖。

論曰：東南海寇之擾，始末十有餘年。惟浙師李長庚一人能辨賊，以閩帥牽掣而阻成功，然長庚忠誠勇略聞於海內，上結主知，廟算既孚，乃專倚畀。洎閩、浙合力，賊勢寖衰，不幸長庚中殞，而王得祿、邱良功等以部將承其遺志，卒殲渠魁。粵將惟黃標可用，而未盡其才。百齡乘閩、浙殄賊之後，剿撫兼施，遂如摧枯拉朽。要之海戰惟恃船堅礮利，與斷接濟而已，循之則勝，違之則敗。得失之林，故無倖哉！

清史稿卷三百五十一

列傳一百三十八

沈初　金士松　鄒炳泰　戴聯奎　王懿修子宗誠　黃鉞

沈初，字景初，浙江平湖人。少有異稟，讀書目數行下，同郡錢陳羣稱爲異才。乾隆二十七年，南巡，召試，賜舉人，授內閣中書。明年，成一甲第三名進士，授編修。三十二年，直懋勤殿，命寫經爲皇太后祝釐。逾年，大考翰詹，以直內廷未與試，詔褒初學問優美，特晉一秩，擢侍講。三十六年，直南書房，督河南學政，未赴任，丁祖母承重憂。服闋，遷右庶子。累擢禮部侍郎，督福建學政。遭本生父憂，服闋，起兵部侍郎。尋以母病乞歸終養。後起故官，督順天學政，調江蘇。任滿回京，調吏部，又督江西學政。

初以文學受知，歷充四庫全書館、三通館副總裁，續編石渠寶笈、秘殿珠林，校勘太學石經。嘉慶元年，與千叟宴，充會試知貢舉。擢左都御史，授軍機大臣，遷兵部尚書，歷吏、戶二部。四年，以老罷樞務，免直內廷，充實錄館副總裁。未幾卒，謚文恪，祀賢良祠。

金士松，字亭立，江蘇吳江人，寄籍宛平。舉順天鄉試，改歸原籍。乾隆二十五年，成進士，選庶吉士，授編修。遷侍讀，直懋勤殿寫經。典福建鄉試，督廣東學政。直南書房，累遷詹事，以生母憂歸。服闋，會高宗南巡，迎鑾道左，回京督順天學政。以寄籍辭，詔免迴避，聯任凡七年。累擢禮部侍郎，調兵部。五十年，帝御乾清宮，賜千叟宴。士松年五十七，未得與，特命賦詩，賞賚同一品。調吏部，直講經筵，校勘石經，遷左都御史。嘉慶元年，再與千叟宴，遷禮部尚書。二年，調兵部，罷直書房。五年，扈蹕謁裕陵，途次嬰疾，遣御醫診視。還京，卒，謚文簡，祀賢良祠。

鄒炳泰，字仲文，江蘇無錫人。乾隆三十七年進士，選庶吉士，授編修，纂修四庫全書，遷國子監司業。國學因元、明舊，未立辟雍，炳泰援古制疏請。四十八年，高宗釋奠禮成，因下詔增建辟雍。逾兩年，始舉臨雍禮，稱盛典焉。尋超擢炳泰為祭酒。累遷內閣學士，歷山東、江西學政。嘉慶四年，授禮部侍郎，調倉場，剔除積弊。坐糧廳顏培天不職，劾去之。六年，京察，特予議敘。軍船交糧掛欠，已許抵補，後至者復然。炳泰慮年年積欠，與同官達慶意不合，自具疏奏，詔斥其偏執使氣，鐫級留任。又奏監督輪值宿倉，倉役出入滋弊，宜令於倉外官房居住，從之。十年，擢左都御史，遷兵部尚書，兼署工部，管理戶部三庫。十一年，兼管順天府尹事。十二年，調吏部。十四年，加太子少保。倉吏高添鳳盜米事覺，坐久任倉場無所覺察，褫宮銜，降二品頂戴，革職留任，久乃復之。十六年，署戶部尚書。尋以吏部尚書協辦大學士。

炳泰在吏部久，尤慎銓政。十八年，銓選兵部主事有誤，同官瑚圖禮徇司員議，迴護堅執。炳泰力爭曰：「吾年已衰，何戀戀祿位？不可使朝廷法自我壞！」自具疏白其故，上韙其言，卒罷瑚圖禮。既而有降革官捐復者二人，準駁不當，侍郎初彭齡論與不合，疏聞，上斥炳泰無定見，鐫級留任。又盜劫兵部主事姚埜於昌平八仙莊，詔以地近京畿，官吏闒茸，不能治盜，罷炳泰兼管府尹事。及教匪林清變起，逆黨多居固安及黃村，追論炳泰在官不能覺察，以中允、贊善降補。尋休致，歸。二十五年，卒。

炳泰自初登第，不登權要之門，浮沉館職，久之始躋卿貳。屢掌文衡，稱得士。立朝不苟，仁宗重之，而終黜。

戴聯奎，字紫垣，江蘇如皋人。乾隆四十年進士，選庶吉士，授編修。聯奎少從邵晉涵受經學，既通籍，以清節自厲，在翰林久不遷。大學士嵇璜掌院事，將保送御史，列聯奎名，滿掌院學士曰：「吾未識其人，何以論其才否？」璜以語聯奎，使往見，聯奎漫應之，不往。及京察舉一等，又列聯奎名，復言如前，終不得與，璜乃益重之。和珅爲掌院，訪時望傅其子豐紳殷德，或薦晉涵及聯奎，晉涵移病歸，聯奎亦堅辭。循資累遷至內閣學士。嘉慶九年，遷兵部侍郎，歷禮部、兵部、吏部。二十一年，擢左都御史。逾年，擢禮部尚書，調兵部。二十五年，失行印，坐降三品京堂，補太常寺卿，督浙江學政。道光元年，擢禮部侍郎，又擢兵部尚書。召還京，未至，卒。

王懿修，字仲美，安徽青陽人。乾隆三十一年進士，選庶吉士，授編修。入直上書房，授慶郡王永璘讀。典陝西、廣東、江西鄉試，督廣西、湖北學政，洊擢少詹事。五十四年，引病歸，終父母喪始出，復乞病在告。嘉慶元年，舉行千叟宴，懿修與焉，被御製詩刻、玉鳩杖、文綺之賜。七年，起授通政司副使，歷光祿寺卿、內閣學士。八年，擢禮部侍郎，督順天學政。十年，擢左都御史，回京供職。尋擢禮部尚書，管戶部三庫事。十二年，充上書房總師傅。十四年，萬壽慶典，加太子少保，典會試。

懿修持躬端謹，制作雅正，甚被仁宗眷遇。十八年，以老致仕。逾二年，年八十，賜壽，謁宮門謝，逢上出御經筵，親解佩囊賜之。二十一年，卒。謚文僖。

子宗誠，字廉甫。乾隆五十五年一甲三名進士，授編修。嘉慶中，歷典雲南、四川、陝西鄉試，督河南、山東、江西學政，洊擢禮部侍郎，歷工部、兵部，典會試。道光二年，擢兵部尚書，歷署禮部、工部尚書，兼管順天府尹。當懿修爲侍郎時，宗誠已官學士，尋隨父扈蹕東巡，侍宴翰林院，父子同席。高宗實錄成，賜宴禮部，懿修以尚書主席。懿修致仕後，宗誠繼直上書房，海內推爲榮遇。上亦以其兩世官禁近，皆能淸愼，特優睞焉。道光十七年，卒。

黃鉞，字左田，安徽當塗人。乾隆五十五年進士，授戶部主事。時和珅管部務，鉞不欲趨附，乞假歸，不出。嘉慶四年，仁宗親政，朱珪荐之，召來京。入見，上曰：「朕居藩邸時，知汝名久矣，何以假歸不出？」鉞以實對，荷溫諭，尋直懋勤殿。九年，改贊善，入直南書房，未補官，命與考試差，典山東鄉試。十年，督山西學政，累遷庶子。十五年，差滿，仍直南書房，遷侍講學士。十八年，復典山東鄉試，留學政，擢內閣學士。是年，滑縣教匪起，蔓延山東，劾罷失察武生習教之菏澤訓導宋璇，請卹擊匪陣歿之曹州學錄孔毓俊、生員孔毓仲，獎勵手擒賊渠之金鄉生員李九標。十九年，召回京，仍內直，擢戶部侍郎，尋調禮部。充秘殿珠林、石渠寶笈續編總閱、全唐文館總裁，書成，並邀賞賚。復調戶部。二十四年，擢禮部尚書，加太子少保。二十五年，命爲軍機大臣，尋調戶部尚書。

鉞受仁宗特達之知，久直內廷，書畫並被宸賞。習於掌故，持議詳愼。宣宗卽位，始畀樞務，甚優禮之。道光四年，以年老罷直軍機。累疏乞休，六年，始許致仕，在籍食半俸。二十一年，卒，年九十二，贈太子太保，諡勤敏。

論曰：國家優禮詞臣，迴翔禁近，坐致公卿。沈初、金士松，高宗舊臣，獲恩禮終。王懿修父子同朝，尤稱盛事。黃鉞以不附和珅，特邀殊遇，改授館職，馴參機務。鄒炳泰、戴聯奎皆有耿介之操，晚節枯菀乃殊，要不失爲端人焉。

清史稿卷三百五十二

列傳一百三十九

姜晟　金光悌　祖之望　韓崶

姜晟，字光宇，江蘇元和人。乾隆三十一年進士，授刑部主事，累遷郎中。擢光祿寺少卿，轉太僕寺，仍兼刑部行走。四十四年，出爲江西按察使。逾年，超擢刑部侍郎，屢命赴各省按事讞獄。五十二年，授湖北巡撫。時大軍征臺灣，晟運米十萬石濟餉需，上嘉之，予議敍。五十三年，荆州江隄潰，命大學士阿桂等往勘，以晟未能疏濬上游漲沙，並坐屬吏婪索淮鹽匣費，褫頂帶。尋召授刑部侍郎。

五十六年，復出爲湖南巡撫。芷江境失餉鞘久不獲，晟捕首犯置之法。洞庭湖盜董舒友等積年爲商旅害，邏獲之，傳首湖干，盜風以靖。六十年，黔苗石柳鄧叛，永綏苗石三保應之，晟偕總督畢沅往勦。尋雲貴總督福康安來督師，晟駐辰州治軍需，分兵屯諸要隘，緝獲奸匪百戶楊國安父子解京，詔嘉其治軍鎭靜，下部議敍。三月，赴鎭筸查緝邊備，並撫難民，上以辰州要衝，命仍回駐。首逆吳半生就獲，予優敍。

嘉慶元年，湖北枝江、來鳳邪匪起，遣副將慶溥擊賊於龍山，走之，湖南境內獲安。是年，福康安、和琳先後卒於軍，晟偕額勒登保、德楞泰等剿撫，加總督銜。苗疆漸平，駐辰州治善後事宜。二年，兼署總督。三年，京察，予議敍。布政使鄭源璹附和珅，以貪著，需索屬吏，必多金始得赴任。屬吏藉胥役爲幹辦，縱令嚇詐浮收，苦累百姓。四年，和珅敗，爲言官論劾。詔「晟平日居官猶能自守，因畏和珅不敢參劾，尙非通同舞弊」，命逮訊源璹，籍其貲財，澈底根究，具得源璹加扣平餘、蓄養優伶、眷屬多至三百人諸罪狀，論大辟；晟坐失察，當革職留任，上特寬之。冬，鎭筸苗吳陳受倡亂，晟督師守隘，同知傅鼐以計擒斬之，加太子少保。五年，實授總督，尋調直隸。六年，畿輔久雨，永定河決。坐奏報遲延，褫職逮問，發河工効力。工竣，予主事銜，刑部行走。七年，授刑部侍郎。

晟自爲曹郎，以治獄明愼受知高宗，敭歷中外，至是凡三入佐刑部。仁宗尤重刑事，晟讞鞫務得其平，多平反者。江西巡撫張誠基剿義寧州匪，飾稱自率兵臨陣，爲屬吏所訐。命晟往按，得實，逮誠基，遂暫署巡撫。尋回京。九年，兼署戶部侍郎，命赴南河查勘淸口運道，疏言河身淤墊，黃水增高，致淸水不能暢注，宜啓祥符五瑞等閘以減黃，增運口蓋壩以蓄淸，如議行。擢刑部尙書。十一年，以老疾乞休，溫詔慰留。以刑部事繁，特調工部。章再上，乃命解職在京養痾。尋以前在直隸失察藩庫虛收事，降四品京堂。歸，卒於家。

金光悌，字蘭畦，安徽英山人。由舉人授內閣中書。乾隆四十五年，成進士，轉宗人府主事。遷刑部員外郞，歷郞中。截取京察，並當外任，仍留部。五十五年，部臣奏請以四品京堂用，允之。江西舉人彭良昇爲子賄買吏員執照，光悌與爲姻親，御史初彭齡劾光悌瞻徇，坐降調，仍補刑部員外郞，留部覈辦秋審。御史張鵬展復劾之，詔：「光悌在部久，平日毁多譽少，停其兼部。」尋兼內閣侍讀學士。

嘉慶七年，授山東按察使，晉布政使。十年，召授刑部侍郞，數奉使赴山東、直隸、天津、熱河勘獄，並得實以報。十一年，授江西巡撫。疏言江西積案繁多，請設局淸釐。十四年，擢刑部尙書。

光悌自居郞曹，爲長官所倚，至是益自力。以當時讞獄多以寬厚爲福，往往稍減罪狀上之，部臣懸千里推鞫，苟引律當毋更議。故遇事必持律，不得減比。人咸以光悌用法嚴，然亦有從寬者。舊例，監守自盜限內完贓者減等，乾隆二十六年改重不減等，光悌奏復舊例。後阿克蘇錢局章京盜官錢，計贓五百兩以上，主者引平人竊盜律，當絞情實。光悌曰：

「盜官錢當擬斬監追，不決，絞情實則決矣。不得引竊盜律。」奏平之。仁宗覽奏曰：「官盜較私盜反薄耶？」對曰：「與其有聚斂之臣，寧有盜臣。律意如是。」卒如其議。光悌練習律例，議必堅執，同列無以奪之。然屢被彈劾，時論亦不盡以爲平允。十七年，卒於官，詔依尚書例賜卹。

祖之望，字舫齋，福建浦城人。乾隆四十三年進士，選庶吉士，散館授刑部主事，洊升郎中。俸滿當截取外任，以諳悉部務留之。京察一等，以四五品京堂用。歷通政司參議、太常寺少卿，仍兼部務。五十八年，出爲山西按察使。摘律例民間易犯罪名條列之，曰三尺須知錄，刊布於衆，俾民無誤罹法。六十年，遷雲南布政使。上以之望親老，調湖北，俾便迎養。

嘉慶元年，教匪起荆、襄，蔓延鄖、宜、施南諸郡。總督巡撫皆統師出，之望一人留武昌治事，訛言數作，時獲賊諜，僞檄徧通衢。之望靜定不驚，防禦要隘，城鄉市鎭設保甲互稽，民心帖然。賊犯孝感，調師翦滅，下游五郡皆安堵。詔以之望雖未與賊戰，坐鎭根本，武、漢無虞，嘉其功，賜花翎。二年，丁父憂，命留任素服治事。四年，安襄鄖道胡齊崙侵餉事發，命之望察治，齊崙侵蝕饋送，轇轕猝不易究，上切責之，命解任來京。及讞定，之望坐徇庇降調。上知之望無染指，居官有聲，素諳刑名，以按察使降補。踰月，授刑部侍郎，予假葬父省母。

五年，授湖南巡撫。鎭筸黑苗出峒焚掠，蔓延三廳，遣兵擊平之。親勘常德隄圍私墾洲地百數十處，造册立案，永息爭端。尋復召爲刑部侍郎。至京，面陳永綏廳孤懸苗境，不足資控制，請移廳治花園，移協營茶洞，沿邊徧設碉卡，以永綏舊城爲汛地，使苗弁駐劄，約束諸苗寨，下所司議行。六年，偕侍郎那彥寶勘近畿水災，又偕侍郎高杞監疏長辛店河道。

七年，命赴山東按皂役之孫冒考，巡撫和瑛誣斷事，和瑛譴罷，卽授之望巡撫。尋調陝西。大軍剿南山餘孽，之望籌備軍食，安插鄉勇，撫卹災黎，偕總督惠齡奏籌善後事宜甚悉。調廣東，乞假省親。九年，仍授刑部侍郎。逾一年，以母老乞養歸。十四年，仁宗五旬萬壽，之望入都祝嘏。其母年八十有三，上垂問褒嘉，賚予有加。尋丁母憂，服闋，擢刑部尙書。十八年，以病解職，尋卒。

韓崶，字桂舲，江蘇元和人。父是升，客游京師，授經諸王邸，以名德稱。崶少慧能文，由拔貢授刑部七品小京官，累擢郎中。乾隆五十四年，出爲河南彰德知府，遷廣東高廉道。坐失察吳川知縣庇縱私鹽事，降刑部主事，復洊遷郎中。

嘉慶六年，授湖南岳常澧道，遷按察使，調福建，署布政使。蔡牽方擾臺灣，海疆多事，峕籌軍備杜接濟甚力，遷湖南布政使。十一年，召爲刑部侍郎。十二年，命赴荆州按將軍積拉堪與知府交結事，又命勘南河。十三年，宗室敏學恃勢不法，讞擬輕比，詔斥部臣屈法縱奸，譴責有差。峕方奉使河間讞獄，未與畫諾，上以峕先於召對面陳，意存開脫，且部事素由峕先覈定，迹近專擅，降授廣東按察使。未幾，擢巡撫。

時英吉利兵船占澳門礮台，入黃埔，久之始退。總督吳熊光不卽遣兵驅逐，以罪罷，命峕兼署總督。十四年，峕查閱澳門夷民安堵，因疏陳：「西洋人於其地舊設礮台六，請自伽思蘭礮台迤南，加築女牆二百餘丈，於前山寨駐專營，蓮花莖增關牐石垣，新涌山口築礮臺，塡蕉門海口，以資控制。」如議行。又密陳粵海形勢：「沿海村落，處處可通，外洋盜匪，易生窺伺。必先固內而後可禦外。凡屬扼要礮台，宜簡練精銳，嚴密防守。並令沿海紳衿者董，督率丁壯，互相捍護，自衞身家，較爲得力。」百齡繼爲總督，會奏：「華、洋交易章程，外國兵船停泊外洋，澳內華、洋人分別稽覈。各國商賈，止許暫留司事之人，經理債務，餘俱飭依期回國，不得在澳逗留。洋船引水人，責令澳門同知給發牌照。買辦等華人，責成地方有司愼選承充，隨時稽察。洋船起貨時，不許洋商私自分撥。」下軍機大臣採擇議行。

逾年，海盜張保仔就撫，烏石二、東海霸以次誅降，賜花翎。十六年，復署總督。疏請免米稅，以通商販、裕民食。又疏陳：「潮州多械鬭，而營員無協緝之責，請令文武會拏；距省遠，請軍流以下就近由巡道覆覈。」又言：「懲治悍匪，請如四川例：初犯械繫，限一年改行；積兩限如故，卽治以棍徒屢次滋擾律。」皆允行。十八年，入覲，授刑部尚書。崶父是升年八十，給假三月歸爲壽。二十一年，丁父憂，服闋，以一品銜署刑部侍郎，尋補刑部尚書。

道光四年，平反山西楡次縣民閻思虎獄，被議敍。初，思虎强姦趙二姑，知縣呂錫齡受賕，逼認和姦，趙二姑忿而自盡，親屬京控。命巡撫親提，仍以和姦擬結。御史梁中靖疏劾，提解刑部，審得實情是强非和，並原審各官賄囑、徇縱、迴護諸弊狀，思虎論斬，趙二姑旌表，巡撫邱樹棠、按察使盧元偉及府縣各官，降革遣戍有差。詔嘉刑部堂司各官秉公申雪，並予議敍。梁中靖參奏得實，亦加四品銜。會有官犯倸際淸擬流，呈請贖罪，部議因際淸犯罪情重，仍以可否並請。詔斥含混取巧，命大學士托津等查訊，侍郎恩銘、常英、司員恩德等皆有賄囑情事，崶亦解任就質，坐失察司員得賄，嗣子知情，親屬撞騙，議奪職遣戍，因年老，從寬，命効力萬年吉地工程處。逾歲，召署刑部侍郎。六年，以病乞歸。十四年，卒。

論曰：有清一代，於刑部用人最慎。凡總辦秋審，必擇司員明慎習故事者爲之。或出爲監司數年，稍迴翔疆圻，入掌邦憲，輒終其身，故多能盡職。仁宗尤留意刑獄，往往親裁，所用部臣，斯其選也。姜晟、祖之望，敭歷中外，並有政績。金光悌、韓崶，皆筦部務最久，光悌治事尤厲鋒鍔，號刻深云。

清史稿卷三百五十三

列傳一百四十

達椿 子薩彬圖　鐵保 弟玉保　和瑛　覺羅桂芳

達椿，字香圃，烏蘇氏，滿洲鑲白旗人。乾隆二十五年進士，選庶吉士，散館授戶部主事，遷員外郎。歷翰林院侍講、侍讀、國子監祭酒、詹事府詹事、大理寺卿。二十九年，入直上書房，充四庫全書總閱，累擢禮部侍郎，兼副都統。四十五年，坐會同四譯館屋壞，褫朝鮮使臣，革職留任。五十四年，左遷內閣學士。達椿直內廷，不附和珅，數媒孽其短，以曠直褫職，仍留上書房効力行走。尋授翰林院侍講學士，復迭以大考降黜授檢討。仁宗知其屈抑，至嘉慶四年，詔：「達椿因曠班被譴，其過輕，當時劉墉亦緣此降官；今劉墉已爲大學士，達椿尚未遷擢，加恩補授內閣學士兼副都統。」子薩彬圖，時亦同官，命達椿班次列薩彬圖之前。歷禮部、吏部侍郎，兼翰林院掌院學士，擢左都御史兼都統，遷禮部尚書。六年，典會試。七年，卒。

薩彬圖，乾隆四十五年進士，授戶部主事，遷員外郎。典貴州鄉試，改歷翰詹，累遷內閣學士兼副都統。和珅既伏法，仁宗不欲株連興獄，而薩彬圖屢疏言和珅財產多寄頓隱匿，有嘗管金銀使女四名，請獨至愼刑司訊鞫。詔嚴斥之，命從王大臣訊，不得實，議革職，予七品筆帖式，効力萬年吉地。尋以其父年老，召還京，授戶部主事，累擢倉場侍郎。十二年，出爲漕運總督。逾三歲，京倉虧缺事覺，降光祿寺卿。遷盛京戶部侍郎，十六年，坐奉天災民流徙出邊，褫職。尋卒。

鐵保，字治亭，棟鄂氏，滿洲正黃旗人。先世姓覺羅，稱爲趙宋之裔，後改今氏。父誠泰，泰寧鎭總兵，世爲將家。鐵保折節讀書，年二十一，成乾隆三十七年進士，授吏部主事，襲恩騎尉世職。於曹司中介然孤立，意有不可，爭辯勿撓。大學士阿桂屢薦之，遷郎中，擢少詹事，因事罷。尋補戶部員外郎，調吏部。擢翰林院侍講學士，仍兼吏部行走，歷侍讀學士、內閣學士。五十四年，遷禮部侍郎，兼副都統。校射中的，賜花翎。調吏部。

嘉慶四年，奏劾司員，帝責其過當，左遷內閣學士，轉盛京兵部、刑部侍郎，兼奉天府尹。尋復召爲吏部侍郎，出爲漕運總督。五年，值車駕將幸盛京，疏請御道因舊址，勿闢新道；裁革餽送扈從官員土儀；禁從官妄拿車馬：上嘉納之。七年，遷廣東巡撫，調山東。河決衡家樓，詔預籌運道。九年三月，漕運迅速，加太子少保。尋以水淺船遲，革職留任。十年，擢兩江總督，命覆鞫安徽壽州武舉張大有妒姦毒斃族姪獄，蘇州知府周鍔受賄輕縱，及初彭齡爲安徽巡撫，勘實置法。鐵保坐失察，褫宮銜，降二品頂戴，尋復之。

十二年，疏請八旗兵米酌給二成折色，詔斥妄改舊章，革職留任。先後疏論治河，請改建王營減壩，培築高堰、山盱隄後土坡及河岸大隄，修復雲梯關外海口，遣大臣勘議，並採其說施行。十四年，運河屢壞隄，荷花塘決口合而復潰，鐫級留任。山陽知縣王伸漢冒賑，酖殺委員李毓昌，至是事覺，詔斥鐵保偏聽固執，河工日壞，吏治日弛，釀成重獄，褫職，遣戍烏魯木齊。逾年，給三等侍衛，充葉爾羌辦事大臣。尋授翰林院侍講學士，調喀什噶爾參贊大臣。授浙江巡撫，未之任，改吏部侍郎。擢禮部尚書，調吏部。請芟吏、兵兩部苛例，條陳時政，多見施行。林清之變，召對，極言內監通賊有據，因窮治逆黨，內監多銜恨，偏騰謗言。會伊犁將軍松筠劾鐵保前在喀什噶爾治叛裔玉素普之獄，誤聽人言，枉殺回民毛拉素皮等四人，上怒，追念江南李毓昌之獄，斥其屢蹈重咎，褫職，發往吉林効力。二十三年，召爲司經局洗馬。道光初，以疾乞休，賜三品卿銜。四年，卒。

鐵保慷慨論事，高宗謂其有大臣風。及居外任，自欲有所表見，倨傲，意爲愛憎，屢以措施失當被黜。然優於文學，詞翰並美。兩典禮闈及山東、順天鄉試，皆得人。留心文獻，爲八旗通志總裁。多得開國以來滿洲、蒙古、漢軍遺集，先成白山詩介五十卷，復增輯改編，得一百三十四卷，進御，仁宗製序，賜名熙朝雅頌集。自著曰懷淸齋集。弟玉保，字閬峯。乾隆四十六年進士，入翰林，有才名。高宗親試八旗翰詹，與兄鐵保並被擢，時比以郊、祁，軾、轍。官至兵部侍郎，究心兵家言。川、楚敎匪起，嘗願自効行間。會上欲用爲巡撫，爲和珅所阻，鬱鬱卒，年甫四十。

和瑛，原名和寧，避宣宗諱改，字太葊，額勒德特氏，蒙古鑲黃旗人。乾隆三十六年進士，授戶部主事，歷員外郞。出爲安徽太平知府，調潁州。五十二年，擢廬鳳道，歷四川按察使，安徽、四川、陝西布政使。五十八年，予副都統銜，充西藏辦事大臣。尋授內閣學士，仍留藏辦事。和瑛在藏八年，著西藏賦，博採地形、民俗、物產，自爲之注。

嘉慶五年，召爲理藩院侍郞，歷工部、戶部，出爲山東巡撫。七年，金鄕皁役之孫張敬禮冒考被控，知縣汪廷楷置不問，學政劉鳳誥以聞，下和瑛提鞫，誤聽濟南知府德生言誣斷，爲給事中汪鏞所糾。上以和瑛日事文墨，廢弛政務，卽解職，命鏞從侍郞祖之望往按，得實，褫和瑛職，又以匿蝗災事覺，譴戍烏魯木齊。尋予藍翎侍衞，充葉爾羌幫辦大臣，調喀什噶爾參贊大臣。

九年，授理藩院侍郎，仍留邊任。疏言：「喀什噶爾、英吉沙爾倉儲足供軍食，請減運伊犂布疋，改徵雜糧四千石，減價出糶，且請嗣後折收制錢，以免運費。」允之。劾喀喇沙爾歷任辦事大臣私以庫款貸與軍民，及土爾扈特、回子取息錢入己，降革治罪有差。十一年，召還京爲吏部侍郎，調倉場。未幾，復出爲烏魯木齊都統。十三年，塔爾巴哈台參贊大臣愛星阿欲調瑪納斯戍兵四百人番上屯田，和瑛謂瑪納斯處極邊，戍兵專事操防，不諳耕作，咨駁以聞，上韙之。

十四年，授陝甘總督。坐前在倉場失察盜米，降大理寺少卿。十六年，遷盛京刑部侍郎。復州、寧海、岫巖饑，將軍觀明以匿災罷免，授和瑛爲將軍，廉得邊門章京塔淸阿等承觀明意，諱災不報，降革有差。尋以誤捕屯民張建謨爲盜，鍛鍊成獄，刑部覆訊雪其冤，議革和瑛職，詔寬之，留任。調熱河都統，未上，召爲禮部尙書，調兵部。坐失察盛京宗室裕瑞强娶有夫民婦爲妾，降盛京副都統，遷熱河都統。二十一年，授工部尙書。命赴甘肅按倉庫虧缺，得總督先福徇庇及貪縱狀，治如律。二十二年，調兵部，加太子少保，歷禮部、兵部。二十三年，授軍機大臣、領侍衞內大臣，充上書房總諳達、文穎館總裁。逾一歲，調刑部，罷內直。道光元年，卒，贈太子太保，謚簡勤。

和瑛嫺習掌故，優於文學，著書多不傳。久任邊職，有惠政。後其子璧昌治回疆，回部猶歸心焉。璧昌自有傳。

覺羅桂芳，字香東，隸鑲藍旗，總督圖思德孫。嘉慶四年進士，選庶吉士，授檢討。嘗召對，仁宗曰：「奇才也！」不數年，累擢內閣學士。十一年，入直上書房，遷禮部侍郎，歷吏部、戶部侍郎，兼副都統、總管內務府大臣、翰林院掌院學士。迭典順天、江南鄉試，兼直南書房。桂芳家素貧，有門生餽納，曰：「執贄禮甚古。某忝佐司農，俸入粗給，無藉乎此。」封還之。大學士祿康輿夫聚博，命偕侍郎英和按治，無所徇。上嘉其不避嫌怨。

十八年，教匪林清逆黨闌入禁城，桂芳方直內廷，偕諸王大臣率兵殲捕，敍勞，加二級。上遇變修省，訓誡臣工，頒御製文七篇，示內廷諸臣，命各抒所見，書以進御。桂芳書罪己詔後曰：「皇上臨御以來，承列聖深仁厚澤，日以愛民爲政，四海之內，莫不聞覩。今茲事變，豈不怪異？而臣竊以爲此未足爲聖德之累。昔孔子論仁至於濟衆，論敬至於安百姓，皆曰：『堯、舜其猶病諸。』豈眞以堯、舜之聖爲未至哉？夫天下之大，萬民之衆，而決其無一夫之梗者，蓋自古其難之。然而揆之人事，則實有未盡者。夫林清先以習教被繫，既釋歸，轉益煽亂。數年之間，往來糾結於曹、衞、齊、魯之間，其黨至數千人。閹寺職官，竟有與其謀者，而未事之先，曾無一人抉發，是吏無政也。藏利刃，懷白幟，度越門闕，飲於都市，無詗而知者，是邏者、門者無禁也。禁兵千計，賊不及百，闔門而擊之，俄頃可盡，乃兩日一夜始悉擒戮，是軍無律也。夫吏惰卒驕，文武並弛，而法制禁令爲虛器，則事之可憂，豈獨在賊？我皇上觀微知著，洞悉天下之故，詔曰『方今大弊在因循怠玩』，至哉言乎！臣敬繹之，蓋因循怠玩，亦有所由。無才與識，則有因循而已；無志與氣，則有怠玩而已。是故得人而任之，則因循怠玩之習不患不除。儻非其人，微獨不能除其習而已，就令除之，不因循而且爲煩苛，不怠玩而且爲躁競，其無裨於治則均耳。是在皇上詢事考言，循名責實，器使之以奏其能，專任之以收其效，因小失而崇丕業，在陛下一旋轉間耳。」

書行實政論後曰：「實心者何？忠是也。忠者一於爲國，而不亟亟於求上之知。其所以急於公者如急於己，一政而便於民，其行之而恐不及也；一政而不便於民，其去之恐不速也。不以避疑謗而易其是非之公，不以處疏逖而違其夙夜之志。故其於政也，籌之至審，而不爲旦夕之謀；行之務當，而不揣詔旨之合；惟力是視，不必其事之諒於人；惟善之從，不必其謀之出於己。若是者謂之實政。夫爲臣之道，疇不當忠，然而忠之實蓋如此。非然者，初無寸勞，而已爲見功之地；未必加譴，而已存巧避之心。取容於唯諾，而不以國事爲憂；快意於愛憎，而不以人才爲惜。如斯人者，雖我皇上日討而訓之，尚望其能行實政乎？夫政者，上所以治天下之具。然而行之以實，乃能有功，不則文具而已。官無實政，民乃不治，非細故也。皇上震動恪恭，求賢納諫，敕中外諸臣，改慮易志。稍有人心者，疇敢不勉；而臣所欲言者，則又在陛下之心矣。臣昨歲恭錄乾隆朝臣孫嘉淦三習一弊疏於御製養心殿記册末，伏願萬幾之暇，時賜觀覽。用其說以考諸臣之政，因以識諸臣之心，則賢才不患其不思奮，庶績不患其不咸熙。較臣管蠡之見，似更有助於高深焉。」

又論致變之源，由於民窮，民窮由於幣輕，幣輕則國與民交病。論刑用重典而不得其平，則不能格姦定亂。論民惑邪教，由士大夫好言因果利益有以導之。因事納規，所言多切中時弊。於是復條陳時事，或見之，謂其未必盡合上意。桂芳慨然曰：「此何時，尚以迎合爲言耶？」及上，嘉納之，命暫在軍機處學習行走。未幾，授軍機大臣。

十九年，軍事竣，以贊畫功賜桂芳子炳奎七品小京官。尋命往廣西按事，授漕運總督。未至廣西，於武昌途次病疫，卒。上以桂芳明慎直爽，方嚮用，至是優詔褒卹，歎爲「良才難得」，贈太子少保，加尚書銜；復以曾授三阿哥讀書，喪至京師，命三阿哥往奠，御製詩悼之，謚文敏。著有經進稾、敬儀堂詩存，才華豐贍，爲時所稱。

論曰：承平既久，八旗人士起甲科、列侍從者，亦多以文字被恩眷。達椿忤權相，晚乃見用，其守正有足稱。鐵保、和瑛並器識淵雅，述作斐然。桂芳通達政體，建言諤諤，最為一時儁才，年命不永，未竟其用，惜哉！

清史稿卷三百五十四

列傳一百四十一

萬承風　周系英　錢樾　秦瀛　李宗瀚　韓鼎晉　朱方增

萬承風，字和圃，江西義寧人。乾隆四十六年進士，選庶吉士，授檢討。直上書房，侍宣宗讀。六十年，典試雲南。時仁宗在潛邸，賜詩寵行。累遷翰林院侍讀。嘉慶三年，大考，降檢討。四年，督廣東學政。瓊州海寇猝發，承風以聞，命總督吉慶按治，總兵西密揚阿等以恇怯置吏議。累遷侍講學士，任滿還京，直上書房，擢詹事。督山東學政，整厲士習，扶持善類。洊擢禮部侍郎，命還京。

十二年，督學江蘇。以清江浦、荷花塘河工取勢太直，屢築屢圮，奏請復舊，詔如議行。調兵部。十四年，上五旬萬壽，陳請解任還京祝嘏，詔嚴斥，左遷內閣學士。調安徽學政。定遠士子與鳳陽胥役有隙，至試期輒修怨，當事者庇胥役，士益憤，承風疏請下巡撫嚴治胥役，置諸法。擢兵部侍郎，還京，仍直上書房，充經筵講官。十七年，引疾歸，尋卒，入祀鄉賢祠。宣宗即位，追念舊學，贈禮部尙書銜，謚文恪。道光十二年，晉贈太傅，子方𣗥等加恩有差。

周系英，字孟才，湖南湘潭人。乾隆五十八年進士，選庶吉士，授編修，累遷侍講。嘉慶十年，督四川學政。十四年，入直南書房，擢太常寺卿。尋改直上書房，授三阿哥讀。上諭：「不但授讀講習詩文，當教阿哥爲人居心以忠厚爲本。」系英請加授資治通鑑，以知古今治亂興衰之故，悉民間疾苦，上韙之。轉光祿寺卿，督山西學政。任滿回京，仍直上書房。十九年，擢兵部右侍郎，母憂去，服闋，補吏部侍郎。

二十四年，湘潭民與江西客民鬨，相殺傷，巡撫吳邦慶亦籍江西，陳奏偏袒。系英詢齎奏人，得事始末，於召對時面陳，乃調邦慶福建，詔以獄事畀總督察治。系英素以樸直被眷遇，邦慶初與善，約地方事有見聞必告，至是手書言其曲直；系英子汝楨亦致書在籍給事中石承藻詢獄事：書並爲邦慶得，先後以兩書上聞。上怒系英庇鄉人，部議革職，猶命以編修用。繼以汝楨致書事，褫職回籍。

道光初，以四品京堂召用，歷翰林院侍讀學士、內閣學士。二年，遷工部侍郎，督江西學政，尋調江蘇，許密摺言地方利病，人才臧否。會瀕江大水，學政駐江陰，系英目擊災狀，貽書督撫，留官吏素得民者治賑務，假庫帑三萬兩購米平糶，民感之。四年，調戶部左侍郎，卒於任。

錢樾，字黼棠，浙江嘉善人。乾隆三十七年進士，選庶吉士，授編修。典陝西鄉試，督四川學政。直上書房。兩典江西鄉試，督廣西學政，累擢少詹事。嘉慶四年，還京，仍入直。驟遷內閣學士、禮部侍郎，督江蘇學政。時吳縣令甄輔廷治諸生糾控罪過當，學政平恕曲徇所請，斥革生員二十五人。上聞之，解平恕任，以樾代，至則先復諸生名，僅坐首事者三人，士民稱慶。方其赴任，途中見行船有大書「內廷南府」者，因上疏劾奸吏詭託，上累聖明，詔飭關津禁絕，嚴罪所司。

時南河邵壩決口，瓜、儀私梟充斥，爲閭閻害，命樾密訪以聞。疏陳：「黃河自豫東界至桃、宿以上，水緩沙停，致河高堤淺，所在防潰。請於霜降後鳩工疏正河，並增築堤防，先務所急。又以私梟爲患，皆由官鹽價貴，民利食私，若稍平鹽價，則私梟自絕。」疏入，俱報可。尋調吏部，任滿回京，調戶部，兼管錢法堂事務。奏請申禁改漕折色，以淸弊端。復調吏部，九年，坐失察書吏舞弊，以告病治中趙曰濂虛選運同，降內閣學士，樾上疏置辯，議革職，加恩賜編修。十年，擢鴻臚寺少卿，督山東學政。累遷大理寺少卿、內閣學士。母憂歸，服闋，引疾不出。二十年，卒。

秦瀛，字淩滄，江蘇無錫人，諭德松齡玄孫也。乾隆四十一年，以舉人召試山東行在，授內閣中書，充軍機章京，洊遷郎中。五十八年，出爲浙江溫處道，有惠政。嘉慶五年，擢按察使。寧、紹、台三府水災，有司匿不報，瀛力言於巡撫，乃得賑。調湖南，衡州歲歉，有司匿不報，方議派濟陝西兵米，瀛復力言於巡撫，留米平糶。七年，以病歸。逾兩年，起授廣東按察使，督郡縣治盜，擒著盜梁修平、吳鰕喜置諸法。撫瓊州黎匪，嚴禁賭博白鴿票。

十年，遷浙江布政使，入覲，乞內用，授光祿寺卿，轉太常寺卿。疏陳廣東治盜事宜，略曰：「海盜始在高、廉，近則闌入廣州。大股如鄭一、烏石二、總兵寶、朱濆等，聲勢甚張。內地順德、香山、新會三縣，連有肆劫，以馬觀、李英芳爲之魁，與海盜勾結，捕急則遁入海中。統將出海，藉詞遷延，不能盡力。黜提督孫全謀，而魏大斌卽爲之續。臣愚以爲剿捕之法：一曰討軍實。水師廢弛，則帑餉虛糜。洋商、鹽商捐輸寬裕，經手之員尙有侵漁，遣委之將仍復驕惰，非立法痛懲，徒資耗費。一曰樹聲威。盜善偵探，非先聲讋人，盜已輕我。兵行之日，督撫宜舉觴勸飲；有功而歸，開轅行賞，不用命者，殺無赦。一曰戒虛飾。擒盜豈能皆眞，一念邀功，讞多失實，偶有平反，不復深咎。嗣後總期弋獲眞盜，毋縱毋枉。至守禦之法，尤宜急講。礮臺防守口岸，口岸多而汛兵少，盜船乘間直入；巡船復少，不能禦盜，且爲盜資。保甲僅屬虛名，縱役訛索，反成厲政。欲行保甲團練，先須百姓服從。臣以爲嚴防守必先澄清吏治，澄吏治必先固民心。一曰清獄訟。粵民好訟，大小案件，諭旨嚴飭，尚多沉擱。殆由案之初起，遲延不辦，土棍訟師，從而把持，遂至供情屢易，莫可窮究。惟有督飭州縣，有一案卽清一案，務洗慵惰偏私之習。一曰抑冗濫。六計尙廉，近海州縣有緝捕解犯之責，尤宜撙節，庶不虧倉庫而累閭閻。一令到任，幕友長隨，多人坐食，勢不能復爲廉吏。雜職武弁，惟利是圖，稍授以權，卽挾制文吏。雜職差委過多，亦滋擾累。一曰懲蠹役。胥役熟習地方情形，串同官親家屬，肆爲民害。廣東胥役，每有暗通盜匪，收受陋規，此尤不可不嚴行懲創也。三者旣舉而吏治澄，吏治澄而民心固，於以舉行保甲團練，無不可使之民，卽無不可行之法矣。」疏上，詔下疆吏採行。遷順天府尹。

十二年，擢刑部侍郎。以宗室敏學獄會擬輕縱，議褫職，詔原之，左遷光祿寺卿。歷左副都御史、倉場侍郎。詔整頓倉場，慮瀛齒衰，以二品頂戴調左副都御史。尋授兵部侍郎，復調刑部。瀛治獄平愼，在浙辨定海難民十二人非盜。及海盜誣攀族人，已入告，卒更正省釋。在部治運丁盜米，訐者謂以藥置米中立溢，試之不驗，仁宗親試明其枉，尤爲時稱。十五年，以病解任。道光元年，卒。

瀛工文章，與姚鼐相推重，體亦相近云。

李宗瀚，字春湖，江西臨川人。乾隆五十八年進士，選庶吉士，授編修。嘉慶三年，大考二等，擢左贊善。累遷侍講學士，充日講起居注官。五年，典福建鄉試，母憂歸，服闋，補原官，轉侍讀學士。九年，督湖南學政，歷太僕寺卿、宗人府丞、左副都御史。二十年，丁本生母憂，服闋，在籍奏請終生祖母養，允之。道光三年，遭祖母喪。先是禮臣建議，爲父後者爲生祖母終三年喪，宗瀚幸奉功令，既而部議仍改期服，宗瀚本生父秉禮已老，而有子四人，以出繼不得終養。五年，入都，召見，詢家世官資甚悉。宗瀚具陳終養始末，宣宗爲之嗟歎，遂補原官。八年，擢工部侍郎，典浙江鄉試，留學政。十一年，丁本生父憂，哀毀，扶病奔喪，卒於衢州，以衰服殮，年六十三。

宗瀚孝謹恬退，中歲以養親居林下十年，書法尤爲世重。

韓鼎晉，字樹屏，四川長壽人。乾隆六十年進士，選庶吉士，授檢討。嘉慶九年，改御史。疏言天主教流傳之害，請申禁以絕根株，從之。以母老請終養，十六年，服闋，補原官。

疏陳四川積弊六事，曰：禁科派以安閭閻，除嘓匪以防積漸，查卡房以全民命，禁拐騙以警貪頑，嚴攤捐以養廉潔，覈戎政以歸實效。又言京師賭風大熾，多屬王公大臣輿夫設局，倚勢骫法，帝命指實，下詔嚴治。踰日，獲賭案三，大學士、步軍統領祿康輿夫爲之魁。親貴近臣，莫不悚息。

巡視山東漕務，轉工科給事中、光祿寺少卿，督陝甘學政。疏言：「榆、綏諸州縣倉貯空虛，宜設法籌補，其地資蒙古糧食接濟。今腹裏邊外俱荒，當分別安置撫恤。」又言：「南山善後事宜，宜行堅壁淸野之法。山內流民雜處，最爲姦藪，當嚴行保甲，使奸宄無所匿。軍中擄脅難民子女，請嚴禁。南山附近及豫東並經兵燹，宜愼選牧令，以蘇民氣。川北荒歉，與陝、甘毗連，鹽梟嘓匪多出其中，請先事豫防。」並下疆吏如所請行。歷鴻臚寺卿、通政司副使、太常寺卿、左副都御史。

二十四年，命察視近畿水災，督黃村賑務。督福建學政，疏言：「閩中吏治久窳，請不限資格，用廉幹吏補汀、漳、泉三郡望緊要缺，久其任以專責成。漳、泉營伍通盜，請責提鎭立予重典，勿稍袒庇。」道光六年，遷倉場侍郎，以病罷。起補工部侍郎，京察，原品休致。卒於家，祀鄉賢祠。

朱方增，字虹舫，浙江海鹽人。嘉慶六年進士，選庶吉士，授編修。典雲南鄉試，遷國子監司業。十八年，教匪之變，方增劾直隸總督溫承惠貽誤地方，黜之。

應詔陳言，論用人理財，略曰：「近今大臣中，罕有以進賢爲務者。蓋薦舉之事，易於徇私，黨援交結，不得不防，而大臣亦遂引嫌自避。夫大臣避徇私之名，而忘以人事君之責，所謂因噎廢食，非公忠體國者所宜有也。至於任用之方，則無過於考言詢事。皇上博訪周諮，徐爲印證。於召對時，各就所長，諭使面陳，果能洞悉原委，又當試之以事，以觀其能踐與否。如或敷奏並無條理，則其人固不足用，而大臣之識見優絀，心地公私，亦可見矣。抑臣思臣工居職，苟非闒茸齷齪者流，孰不思自効？況蒙皇上訓飭至再至三，而猶故習相仍，驟難振拔者，良有數端：條例過繁，文案瑣屑，雖有强敏之吏，而精神疲於具文，其實關於政治民生，轉致不能詳覈。一也。差務絡繹，公私賠累，身家之恤不遑，民物之懷漸恝。二也。訐告之風，至今益甚。嘗有以田土、鬬毆細故而叩閽京控者，有司畏其挾制，不得不姑息委蛇。雖有急公自好者，其尋常瑣屑之事，豈皆一一可達聖聰？甚至匿名揭帖，無主名之可指。蠹吏猾胥，奸民惡僕，求謀不遂，懲治過嚴，皆可造作飛語，訐及陰私。足使任事之心，不寒而栗，委曲隱忍。奸宄横行，大都由此。三也。今皇上欲整飭因循積習，臣愚以爲必先除此三者之弊，庶廓然無所疑畏，而得專精實政矣。經國之方，理財尤要。古者以三十年之通制國用，斟酌盈虛，量入爲出，用能經常不匱。今戶部歲入歲出，年一彙奏。惟中外未合爲一，條緒繁賾，極難釐剔。且凡撥解卽謂之出，並未實計所用。新舊牽溷，淩雜益甚，而出納諸欵，又因有無定之欵，盈朒參差。以故一歲之中，所出幾何，覈之所入，贏餘若干，不能得其實數。請旨敕下戶部，歲入歲出，宜合中外爲一。核計贏餘總數，仍取前一二歲所贏餘，確實比較，然後審其輕重緩急，舉一切例內例外諸用欵，有可裁省停緩者，酌加撙節。庶合於古人通年制用之法，而度支充裕矣。」

二十年，入直懋勤殿，編纂石渠寶笈、秘殿珠林。尋督廣西學政，累遷翰林院侍讀學士。道光四年，大考第一，擢內閣學士。典山東鄉試。七年，督江蘇學政。十年，卒。

方增熟諳朝章典故，輯國史名臣事蹟，爲從政觀法錄，行於世。

論曰：萬承風、周系英、錢樾以侍從之臣，軺車所至，建白卓然。秦瀛之治績，李宗瀚之孝行，非僅以文藻稱。韓鼎晉、朱方增侃侃獻納，言有體要，皆風采著於朝列矣。

清史稿卷三百五十五

列傳一百四十二

魁倫　廣興　初彭齡

魁倫，完顏氏，滿洲正黃旗人，副將軍查弼納孫也。襲世管佐領，兼輕車都尉，授四川漳臘營參將，累擢建昌鎮總兵。嘗入覲，高宗詢家世，魁倫陳戰功甚悉。乾隆五十三年，擢福州將軍。喜聲伎，制行不謹，總督伍拉納欲劾之。伍拉納故貪，逼勒屬吏財賄，復縱洋盜，盜艇集五虎門外不問。魁倫遂疊疏劾閩省吏治廢弛，伍拉納及巡撫浦霖溺職，按察使錢受椿等迎合助虐。上怒，褫伍拉納等職逮問，命長麟署總督，偕魁倫鞫訊，得伍拉納等貪婪及庫藏虧絀狀，俱伏法。伍拉納爲和珅姻戚，當按治時，上切責長麟瞻徇，罷去，以事由魁倫舉發，特寬之，代署總督，嚴捕海盜，屢獲其魁。

嘉慶元年，實授總督。三年，巨盜林發枝投首，海患稍戢。以母憂歸。自治閩獄，以伉直聞於時，仁宗尤眷之。四年，起署吏部尙書。魁倫屢於上前自稱昔治四川嘓匪功，謂賊不難辦，請赴軍前，時上督責諸將平賊甚急，經略勒保未稱帝意，命魁倫赴四川，逮勒保治罪，卽代署總督，駐達州治軍餉。勒保獲譴由蜚語，旣就逮，所部訴其寃，乞代奏，魁倫稍稍爲置辯，終以玩誤軍務讞擬重辟，軍心因之渙散，不爲用。額勒登保繼爲經略，與德楞泰先後赴甘肅剿竄匪，魁倫專任四川軍事。

五年春，冉天元糾數路殘匪潛匿大竹，魁倫逡巡未發，賊脅衆數萬由定遠渡嘉陵江，圖擾川西，魁倫繞道鄰水，自順慶追剿，檄總兵七十五還守重慶。上以數年來賊氛皆在川東北，惟川西完善，地爲軍餉所出，斥魁倫疏防，革職留任。賊尋渡江掠蓬溪，諸將獨總兵朱射斗力戰而兵少，魁倫約爲接應復不至，射斗戰死。魁倫退屯潼川，降三品頂戴，詔責嚴守潼河，曰：「此爾生死關頭也！」復起勒保爲四川提督，偕德楞泰進剿川西、川北。四月，賊伺川西備嚴，乘間竄渡潼河，焚太和，逼成都，上怒魁倫屢失機縱賊，褫職逮問，命勒保代署總督。侍郎周興岱往會鞫，尋逮京賜死，子扎拉芬戍伊犂。

魁倫居官廉，自爲尙書時，詔寬減闓闢賠繳銀六千兩，至是罄家產不足償，上益憐之，給還宅一區，俾其妻有所棲止；又因其孫幼稚，命扎拉芬到戍三年釋歸，宣諭廷臣，使知法戒焉。

廣興，字賡虞，滿洲鑲黃旗人，大學士高晉第十二子。入貲爲主事，補官禮部。敏於任事，背誦案牘如瀉水，大學士王杰器其才。累遷給事中。嘉慶四年，首劾和珅罪狀，擢副都御史。命赴四川治軍需，綜覈精嚴，月節糜費數十萬金，爲時所忌，以騷擾驛傳被劾，上優容之。復屢與總督魁倫互劾，召還，左遷通政副使。九年，擢兵部侍郎，兼副都統、總管內務府大臣，署刑部侍郎。同僚輕其於刑名非素習，廣興引證律例，屢正誤讞，衆乃服。十一年，奏劾御前大臣定親王緜恩揀選官缺專擅違例，廷臣察詢，不直所言，降三品京堂，罷兼職。尋補奉宸苑卿，擢刑部侍郎，復兼內務府大臣。上方倚任，廣興亦慷慨直言，召對每逾晷刻。上曰：「汝與初彭齡皆朕信任之人，何外廷怨恨乃爾？」廣興頓首謝。數奉使赴山東、河南按事，益作威福，中外側目。

內監鄂羅哩者，自乾隆中充近侍，年七十餘，嘗至朝廊與廣興坐語，以長者自居。廣興艴然曰：「汝輩閹人，當敬謹侍立，安得與大臣論世誼乎？」鄂羅哩恨次骨，思以中之。十三年冬，內庫給宮中紬段不如數，且竄敗，鄂羅哩言由廣興剋減，上卽命傳諭，出而漫言之，廣興不知爲上旨，坐而與辯。鄂羅哩入奏其坐聽諭旨，上怒，一日，面詰廣興，廣興言總管太監孫進忠與庫官勾通，欲交外省織造，藉遂需索規費之計。上以其不能指實庫官何人，挾詐面欺，下廷臣議罪，尋寬之。罷職家居，於是與廣興不協者，蠭起媒孽其短。上密諭山東、河南兩省巡撫察奏，遂交章劾其奉使時任意作威，苛求供頓，收納餽遺諸罪狀，下獄議絞。上親廷訊，尚欲緩其獄，廣興未省上意，抗辯無引罪語，而贓私有實據，上益怒，遂置之法，籍其家，子蘊秀戍吉林，並罪兩省官吏及山東言官各有差。

廣興伉爽無城府，疾惡嚴，喜訐人陰私。既得志，驕奢日甚，縱情聲色，不能約束奴僕，終及於禍。

初彭齡，字頤園，山東萊陽人。乾隆三十六年，巡幸山東，召試，賜舉人。四十五年，成進士，選庶吉士，授編修。五十四年，遷江南道御史。劾協辦大學士彭元瑞徇私爲婿姪營事，元瑞被黜；又江西巡撫陳淮以貪著，劾罷之，風采振一時。累遷兵部侍郎。

嘉慶四年，出爲雲南巡撫。時總督富綱請罷官鹽，改歸民運民銷，詔下彭齡議。疏上，略曰：「滇鹽向例官督竈煎，分井定額，按月完納省倉。行銷之法，按州縣戶口多寡定額，地方官備價運銷交課。其始竈戶所領官給薪本敷裕，交足額鹽之外，尚有餘鹽；官售額鹽，扣還脚價之外，尚有餘課。行之日久，不肖州縣勾通井官，私買額外餘鹽，行銷肥己。竈戶利於賣私，益滋偷漏。前巡撫劉秉恬遂令州縣額銷十萬斤者加銷一二萬，以資辦公。

竈戶薪本不敷，無力加煎，攙和灰土，州縣滯銷，因有派累之事。乾隆五十六年，鹽道蔣繼勳以官銀盡買安寧等井私煎之鹽，幷發州縣銷售，欲以彌縫虧空。額鹽積壓愈多，於是州縣又有計口授鹽、短秤加課之弊。煙戶無論男女老幼，皆應交課，窮困已極。迤西一帶，遂至聚衆抗官，甃差焚屋。前年威遠倮夷滋擾，卽有此等姦民。祿豐一案，亦由鹽務起釁，江蘭並匿情不奏。富綱到滇，實見有不得不改章以甦民困者。竊思滇鹽官運官銷，積弊難返，應如督臣所奏，改爲就井收課，聽民自便。」於是損益原奏，令竈戶自煎自賣，商販領照，聽其所之，試行二三年，再定各井歲額，下部議行。又籌置堡田，免徭役加派，滇民感之。劾前撫江蘭匿抱母、恩耕二井水災不奏，蘭因黜罷。

六年，自陳親老，乞改京職，允之，以貴州巡撫伊桑阿代。途次劾伊桑阿驕奢乖戾，苛派屬員，剿石峴苗飾詞冒功。遣使勘實，置伊桑阿於法。回京，授刑部侍郎。七年，偕副都統富尼善往貴州按事，劾巡撫常明鉛廠之弊，褫職治罪，卽代署巡撫。尋調署雲南巡撫，劾布政使陳孝昇、迤西道薩榮安以維西軍務冒帑，治如律。八年，偕侍郎額勒布清查陝西軍需，自巡撫秦承恩以下，黜罰有差。調工部侍郎，又調戶部。

九年，誤聽湖北巡撫高杞言，劾湖廣總督吳熊光受賄，不得實，後復以獨對時密諭私告杞，事覺，下廷臣議罪，以大辟上。仁宗知彭齡無他，不欲因言事加重譴，詔斥諸臣所擬過當，有意杜言事者之口；又念彭齡親老，免遠謫，罷職家居。逾年，起授右庶子，驟遷內閣學士。

十一年，偕侍郎英和往陝西讞獄，途經山西，命察議河東鹽務。尋授安徽巡撫。壽州武舉張大有因妒姦毒斃族姪張倫及雇工人，總督鐵保徇蘇州知府周鍔以自中蛇毒定讞，彭齡推鞫得實，詔嘉之，特予議敍，鐵保等降黜有差。父憂歸。

十四年，奪情授貴州巡撫，固辭不起。服闋，署山西巡撫，遂實授。劾前巡撫成齡需索供應，又劾布政使劉清、署按察使張曾獻及府州縣多人，尋調陝西。河東道劉大觀揭劾初彭齡任性乖張，命回山西聽勘，以怒斥前撫金應琦及瞻徇知府朱錫庚，部議革職，詔寬之，降補鴻臚寺卿。遷順天府尹。

十六年，偕尚書托津清查南河工帑，劾罷廳營四十八員，復偕尚書崇祿往福建讞獄。遷工部侍郎，署浙江巡撫。尋命往兩湖按訊湖北按察使周季堂及湖南學政徐松，季堂無貪跡，惟袒庇屬員，褫職，免治罪；松需索陋規，出題割裂聖經，褫職遣戍。

十七年，調戶部侍郎。時兩江總督百齡劾南河總督陳鳳翔誤啓智、禮兩壩，鳳翔已被譴，自訴辯，又訐百齡信任鹽巡道朱爾賡額督辦葦蕩失當，命彭齡、松筠往按。百齡於啓壩時實同畫諾，遂請薄懲百齡，而朱爾賡額被重譴，語詳百齡等傳。署南河總督，尋調倉場侍郎。

十九年，命往廣西按訊巡撫成林，以恣意聲色，用度侈靡，褫成林職，籍其家。擢兵部尚書，特命署江蘇巡撫，清查虧空，疏言：「虧空應立時懲辦，而各省督撫往往密奏，僅使分限完繳。始則屬官玩法，任意侵欺；繼則上司市恩，設法掩蓋。是以清查爲續虧出路，密奏爲緩辦良圖，請飭禁。」帝韙之。劾江寧布政使陳桂生、江蘇布政使常格催徵不力，並褫職。尋巡撫張師誠回任，仍命彭齡會同清查。彭齡與百齡、師誠意不合，各擬章程，上詔斥其不能和衷。既而疏劾百齡、師誠受關道鹽員饋銀，又劾陳桂生弊混，命大學士托津、尚書景安往按，至則百齡、師誠嗾屬員多方沮格，所劾並不得實。上以彭齡性褊急，嫉惡過嚴，斥其輕躁，降內閣學士，召回京。茅豫者，以部員隨赴廣西，因留江蘇佐理，改知府。至是彭齡疏陳豫兩耳重聽，代爲乞假。詔斥越職專擅，再降，以翰林院侍讀、侍講候補。百齡復劾彭齡沉湎於酒，事一委茅豫，文致陳桂生之罪，私拆批摺，挾怨誣參；且豫實非耳聾，亦徇欺。上怒，褫彭齡職，停其母九旬恩賚，令閉門思過。

二十一年，起爲工部主事。丁母憂，未歸，請改注籍順天，服闋，以員外郎用。道光元年，授禮部侍郎，尋擢兵部尚書。三年，萬壽節，與十五老臣宴，繪圖於萬壽山玉瀾堂，御製詩稱其耿介，優賚珍物。四年，以年老休致，食半俸。五年，卒，詔優卹。

論曰：甚矣直臣之不易爲也！赤心爲國，犯顏批鱗，而人主諒之。苟有排異己市盛名之心，借徑梯榮，衆矢集焉；況身罹負乘，或加之貪婪乎？魁倫、廣興之所以不得其死也。初彭齡雖亦褊躁，然實政淸操，蹶而復起，克保令名，宜哉！

清史稿卷三百五十六

列傳一百四十三

洪亮吉 管世銘 谷際岐 李仲昭 石承藻

洪亮吉，字稚存，江蘇陽湖人。少孤貧，力學，孝事寡母。初佐安徽學政朱筠校文，繼入陝西巡撫畢沅幕，爲校刊古書。詞章考據，著於一時，尤精孶輿地。乾隆五十五年，成一甲第二名進士，授翰林院編修，年已四十有五。長身火色，性豪邁，喜論當世事。未散館，分校順天鄉試。督貴州學政，以古學教士，地僻無書籍，購經、史、通典、文選置各府書院，黔士始治經史。爲詩古文有法。任滿還京，入直上書房，授皇曾孫奕純讀。嘉慶三年，大考翰詹，試征邪教疏，亮吉力陳內外弊政數千言，爲時所忌。以弟喪陳情歸。

四年，高宗崩，仁宗始親政。大學士朱珪書起之，供職，與修高宗實錄，第一次稿本成，意有不樂。將告歸，上書軍機王大臣言事，略曰：「今天子求治之心急矣，天下望治之心孔迫矣，而機局未轉者，推原其故，蓋有數端。亮吉以爲勵精圖治，當一法祖宗初政之勤，而尚未盡法也。用人行政，當一改權臣當國之時，而尚未盡改也。風俗則日趨卑下，賞罰則仍不嚴明，言路則似通而未通，吏治則欲肅而未肅。何以言勵精圖治尚未盡法也？自三四月以來，視朝稍晏，竊恐退朝之後，俳優近習之人，熒惑聖聽者不少。此親臣大臣啓沃君心者之過也。蓋犯顏極諫，雖非親臣大臣之事，然不可使國家無嚴憚之人。乾隆初年，純皇帝宵旰不遑，勤求至治，其時如鄂文端、朱文端、張文和、孫文定等，皆侃侃以老成師傅自居。亮吉恭修實錄，見一日中硃筆細書，折成方寸，或詢張、鄂，或詢孫、朱，曰某人賢否，某事當否，日或十餘次。諸臣亦皆隨時隨事奏片，質語直陳，是上下無隱情。純皇帝固聖不可及，而亦衆正盈朝，前後左右皆嚴憚之人故也。今一則處事太緩，自乾隆五十五年以後，權私蒙蔽，事事不得其平者，不知凡幾矣。千百中無有一二能上達者，卽能上達，未必卽能見之施行也。如江南洋盜一案，參將楊天相有功駢戮，洋盜某漏網安居，皆由署總督蘇淩阿昏憒糊塗，貪贓玩法，舉世知其寃，而洋盜公然上岸無所顧忌，皆此一事釀成。況蘇淩阿權相私人，朝廷必無所顧惜，而至今尚擁巨貲，厚自頤養。江南查辦此案，始則有心爲承審官開釋，繼則並聞以不寃覆奏。夫以聖天子赫然獨斷，欲平反一事而尚如此，則此外沉寃何自而雪乎？一則集思廣益之法未備。堯、舜之主，亦必詢四岳，詢羣牧。蓋恐一人之聰明有限，必博收衆采，庶無失事。請自今凡召見大小臣工，必詢問人材，詢問利弊。所言可采，則存檔册以記之。倘所舉非人，所言失實，則治其失言之罪。然寄耳目於左右近習，不可也；詢人之功過於其黨類，亦不可也。蓋人材至今日，銷磨殆盡矣。以模稜爲曉事，以軟弱爲良圖，以鑽營爲取進之階，以苟且爲服官之計。由此道者，無不各得其所欲而去，衣鉢相承，牢結而不可解。夫此模稜、軟弱、鑽營、苟且之人，國家無事，以之備班列可也；適有緩急，而欲望其奮身爲國，不顧利害，不計夷險，不瞻徇情面，不顧惜身家，不可得也。至於利弊之不講，又非一日。在内部院諸臣，事本不多，而常若猝猝不暇，汲汲顧影，皆云多一事不如少一事。在外督撫諸臣，其賢者斤斤自守，不肖者亟亟營私。國計民生，非所計也，救目前而已；官方吏治，非所急也，保本任而已。慮久遠者，以爲過憂；事興革者，以爲生事。此又豈國家求治之本意乎？二則進賢退不肖似尚游移。夫邪教之起，由於激變。原任達州知州戴如煌，罪不容逭矣。幸有一衆口交譽之劉清，百姓服之，教匪亦服之。此時正當用明效大驗之人。聞劉清尚爲州牧，僅從司道之後辦事，似不足盡其長矣。亮吉以爲川省多事，經略縱極嚴明，勦賊匪用之，撫難民用之，整飭官方辦理地方之事又用之，此不能分身者也。何如擇此方賢吏如劉清者，崇其官爵，假以事權，使之一意招徠撫綏，以分督撫之權，以蒇國家之事。有明中葉以來，鄖陽多事，則別設鄖陽巡撫；偏沅多事，則別設偏沅巡撫。事竣則撤之，此不可拘拘於成例者也。夫設官以待賢能，人果賢能，似不必過循資格。如劉清者，進而尚未進也。戴如煌雖以別案解任，然尚安處川中。聞敎匪甘心欲食其肉，知其所在，卽極力焚劫。是以數月必移一處，敎匪亦必隨而迹之。近在川東與一道員聯姻，恃以無恐。是救一有罪之人，反殺千百無罪之人，其理尚可恕乎？純皇帝大事之時，卽明發諭旨數和珅之罪，並一一指其私人，天下快心。乃未幾而又起吳省蘭矣，召見之時，又聞其爲吳省欽辨寃矣。夫二吳之爲和珅私人，與之交通貨賄，人人所知。故曹錫寶之糾和珅家人劉全也，以同鄉素好，先以摺稾示二吳，二吳卽袖其稾走權門，藉爲進身之地。今二吳可雪，不幾與褒贈曹錫寶之明旨相戾乎？夫吳省欽之傾險，秉文衡，尹京兆，無不聲名狼藉，則革職不足蔽辜矣。吳省蘭先爲和珅敎習師，後反稱和珅爲老師，大考則第一矣，視學典試不絕矣，非和珅之力而誰力乎？則降官亦不足蔽辜矣。是退而尚未退也。何以言用人行政未盡改也？蓋其人雖已致法，而十餘年來，其更變祖宗成例，汲引一己私人，猶未嘗平心討論。內閣、六部各衙門，何爲國家之成法，何爲和珅所更張，誰爲國家自用之人，誰爲和珅所引進，以及隨同受賄舞弊之人，皇上縱極仁慈，縱欲寬脅從，又因人數甚廣，不能一切屛除。然竊以爲實有眞知灼見者，自不究其從前，亦當籍其姓名，於升遷調補之時，微示以善惡勸懲之法，使人人知聖天子雖不爲已甚，而是非邪正之辨，未嘗不洞悉，未嘗不區別。如是而夙昔之爲私人者，尙可革面革心而爲國家之人。否則，朝廷常若今日清明可也，萬一他日復有效權臣所爲者，而諸臣又羣起而集其門矣。何以言風俗日趨卑下也？士大夫漸不顧廉恥，百姓則不顧綱常。然此不當責之百姓，仍當責之士大夫也。以亮吉所見，十餘年來，有尙書、侍郎甘爲宰相屈膝者矣；有大學士、七卿之長，且年長以倍，而求拜門生，求爲私人者矣；有交宰相之僮隸，並樂與抗禮者矣。太學三館，風氣之所由出也。今則有昏夜乞憐，以求署祭酒者矣；有人前長跪，以求講官者矣。翰林大考，國家所據以陞黜詞臣者也。今則有先走軍機章京之門，求認師生，以探取御製詩韻者矣；行賄於門闌侍衞，以求傳遞代倩，藏卷而去，製就而入者矣。及人人各得所欲，則居然自以爲得計。夫大考如此，何以責鄉會試之懷挾替代？士大夫之行如此，何以責小民之誇詐夤緣？輦轂之下如此，何以責四海九州之營私舞弊？純皇帝因內閣學士許玉猷爲同姓石工護喪，諭廷臣曰：『諸臣縱不自愛，如國體何？』是知國體之尊，在諸臣各知廉恥。夫下之化上，猶影響也。士氣必待在上者振作之，風節必待在上者獎成之。舉一廉樸之吏，則貪欺者庶可自愧矣；進一恬退之流，則奔競者庶可稍改矣；拔一特立獨行、敦品勵節之士，則如脂如韋、依附朋比之風或可漸革矣。而亮吉更有所慮者，前之所言，皆士大夫之不務名節者耳。幸有矯矯自好者，類皆惑於因果，遁入虛無，以蔬食爲家規，以談禪爲國政。一二人倡於前，千百人和於後。甚有出則官服，入則僧衣。惑智驚愚，駭人觀聽。亮吉前在內廷，執事曾告之曰：『某等親王十人，施齋戒殺者已十居六七，羊豕鵝鴨皆不入門。』及此回入都，而士大夫持齋戒殺又十居六七矣。深恐西晉祖尚玄虛之習復見於今，則所關世道人心非小也。何以言賞罰仍不嚴明也？自征苗匪、教匪以來，福康安、和琳、孫士毅則蒙蔽欺妄於前，宜緜、惠齡、福寧則喪師失律於後，又益以景安、秦承恩之因循畏葸，而川、陝、楚、豫之民，遭劫者不知幾百萬矣。已死諸臣姑置勿論，其現在者未嘗不議罪也。然重者不過新疆換班，輕者不過大營轉餉；甚至拏解來京之秦承恩，則又給還家產，有意復用矣；屢奉嚴旨之惠齡，則又起補侍郎。夫蒙蔽欺妄之殺人，與喪師失律以及因循畏葸之殺人無異也，而猶邀寬典異數，亦從前所未有也。故近日經略以下、領隊以上，類皆不以賊匪之多寡、地方之蹂躪掛懷。彼其心未始不自計曰：『卽使萬不可解，而新疆換班，大營轉餉，亦尚有成例可援，退步可守。』國法之寬，及諸臣之不畏國法，未有如今日之甚者。純皇帝之用兵金川、緬甸，訥親僨事，則殺訥親；額爾登額僨事，則殺額爾登額；將軍、提、鎮之類，伏失律之誅者，不知凡幾。是以萬里之外，得一廷寄，皆震懼失色，則馭軍之道得也。今自乙卯以迄己未，首尾五年，僨事者屢矣。提、鎮、副都統、偏裨之將，有一膺失律之誅者乎？而欲諸臣之不玩寇、不殃民得乎？夫以純皇帝之聖武，又豈見不及此？蓋以歸政在卽，欲留待皇上蒞政之初，神武獨斷，一新天下之耳目耳。倘遷平尚無期日，而國帑日見銷磨，萬一支絀偶形，司農告匱。言念及此，可爲寒心，此尤宜急加之意者也。何以言言路似通而未通也？九卿臺諫之臣，類皆毛舉細故，不切政要。否則發人之陰私，快己之恩怨。十件之中，幸有一二可行者，發部議矣，而部臣與建言諸臣，又各存意見，無不議駁，並無不通駁，則又豈國家詢及芻蕘、詢及瞽史之初意乎？然或因其所言瑣碎，或輕重失倫，或虛實不審，而一概留中，則又不可。其法莫如隨閱隨發，面諭廷臣，或特頒諭旨，皆隨其事之可行不可行，明白曉示之。即或彈劾不避權貴，在諸臣一心爲國，本不必避嫌怨。以近事論，錢灃、初彭齡皆常彈及大僚矣，未聞大僚敢與之爲仇也。若其不知國體，不識政要，冒昧立言，或攻發人之陰私，則亦不妨使衆共知之，以著其非而懲其後。蓋諸臣既敢挾私而不爲國，更可無煩君上之迴護矣。何以言吏治欲肅而未肅也？夫欲吏治之肅，則督、撫、藩、臬其標準矣。十餘年來，督、撫、藩、臬之貪欺害政，比比皆是。幸而皇上親政以來，李奉翰已自斃，鄭元璹已被糾，富綱已遭憂，江蘭已內改。此外，官大省、據方面者如故也，出巡則有站規、有門包，常時則有節禮、生日禮，按年則又有幫費。升遷調補之私相餽謝者，尚未在此數也。以上諸項，無不取之於州縣，州縣則無不取之於民。錢糧漕米，前數年尚不過加倍，近則加倍不止。督、撫、藩、臬以及所屬之道、府，無不明知故縱，否則門包、站規、節禮、生日禮、幫費無所出也。州縣明言於人曰：『我之所以加倍加數倍者，實層層衙門用度，日甚一日，年甚一年。』究之州縣，亦恃督、撫、藩、臬、道、府之威勢以取於民，上司得其半，州縣之入己者亦半。初行尚有畏忌，至一年二年，則成爲舊例，牢不可破矣。訴之督、撫、藩、臬、道、府，皆不問也。千萬人中，或有不甘冤抑，赴京控告者，不過發督撫審究而已，派欽差就訊而已。試思百姓告官之案，千百中有一二得直者乎？卽欽差上司稍有良心者，不過設爲調停之法，使兩無所大損而已。若欽差一出，則又必派及通省，派及百姓，必使之滿載而歸而心始安，而可以無後患。是以州縣亦熟知百姓之技倆不過如此，百姓亦習知上控必不能自直，是以往往至於激變。湖北之當陽，四川之達州，其明效大驗也。亮吉以爲今日皇上當法憲皇帝之嚴明，使吏治肅而民樂生；然後法仁皇帝之寬仁，以轉移風俗，則文武一張一弛之道也。」

書達成親王，以上聞，上怒其語戇，落職下廷臣會鞫，面諭勿加刑，亮吉感泣引罪，擬大辟，免死遣戍伊犂。明年，京師旱，上禱雨未應，命清獄囚，釋久戍。未及期，詔曰：「罪亮吉後，言事者日少。卽有，亦論官吏常事，於君德民隱休戚相關之實，絕無言者。豈非因亮吉獲罪，鉗口不復敢言？朕不聞過，下情復壅，爲害甚鉅。亮吉所論，實足啓沃朕心，故銘諸座右，時常觀覽，勤政遠佞，警省朕躬。今特宣示亮吉原書，使內外諸臣，知朕非拒諫飾非之主，實爲可與言之君。諸臣遇可與言之君而不與言，負朕求治苦心。」卽傳諭伊犂將軍，釋亮吉回籍。詔下而雨，御製詩紀事，注謂：「本日親書諭旨，夜子時甘霖大沛。天鑒捷於呼吸，益可感畏。」亮吉至戍甫百日而赦還，自號更生居士。後十年，卒於家。所著書多行世。

管世銘，字緘若，與亮吉同里。乾隆四十三年進士，授戶部主事。累遷郎中，充軍機章京。深通律令，凡讞牘多世銘主奏。屢從大臣赴浙江、湖北、吉林、山東按事，大學士阿桂尤善之，倚如左右手。時和珅用事，世銘憂憤，與同官論前代輔臣賢否，語譏切無所避。會遷御史，則大喜，夜起徬徨，草疏將劾之，詔仍留軍機處。故事，御史留直者，儀注仍視郎官，不得專達封事。世銘自言愧負此官，阿桂慰之曰：「報稱有日，何必急以言自見。」蓋留直阿桂所請，隱全之，使有待。嘉慶三年，卒。

谷際岐，字西阿，雲南趙州人。乾隆四十年進士，選庶吉士，授編修，與校四庫全書。充會試同考官，所拔多知名士。乞養歸，主講五華書院，教士有法。連丁父母憂，服闋，起原官。

嘉慶三年，遷御史。時教匪擾數省，師久無功，際岐徧訪人士來京者，具得其狀。四年春，上疏，略曰：「竊見三年以來，先帝頒師征討邪教，川、陝責之總督宜綿，巡撫惠齡、秦承恩；楚北責之總督畢沅、巡撫汪新。諸臣釀釁於先，藏身於後，止以重兵自衛，裨弁奮勇者，無調度接應，由是兵無鬬志。川、楚傳言云：『賊來不見官兵面，賊去官兵才出現。』又云：『賊去兵無影，兵來賊沒蹤。可憐兵與賊，何日得相逢？』前年總督勒保至川，大張告示，痛責前任之失，是其明證。畢沅、汪新相繼殂逝，景安繼爲總督。今宜緜、惠齡、秦承恩縱慢於左，景安怯玩於右，勒保縱能實力勦捕，陝、楚賊多，起滅無時，則勒保終將掣肘。欽惟先帝昔征緬甸，見楊應琚挑撥掩覆之罪，立予拿問。今宜緜等曠玩三年之久，幸荷寬典，而轉益懷安，任賊越入河南盧氏、魯山等縣。景安雖無吞餉聲名，而罔昧自甘，近亦有賊焚掠襄、光各境，均爲法所不容。況今軍營副封私札，商同軍機大臣改壓軍報。供據已破，雖由內臣聲勢，而彼等掩覆僨事，情更顯然。請旨懲究，另選能臣，與勒保會同各清本境，則軍令風行，賊必授首。比年發餉至數千萬，軍中子女玉帛奇寶錯陳，而兵食反致有虧。載贓而歸，風盈道路，嘲之者有『與其請餉，不如書會票』之語。先帝嚴究軍需局，察出四川漢州知州與德楞泰互爭報銷，及湖北道員胡齊崙侵餉數十萬，一則追賠，一則拿究。他屬類此者必多，尤宜急易新手清釐。則侵盜之跡，必能破露，不但兵餉與善後事宜均得充裕，銷算亦不敢牽混矣。」

間又上疏曰：「教匪滋擾，始於湖北宜都聶傑人，實自武昌府同知常丹葵苛虐逼迫而起。當教匪齊麟等正法於襄陽，匪徒各皆斂戢。常丹葵素以虐民喜事爲能，乾隆六十年，委查宜都縣境，嚇詐富家無算，赤貧者按名取結，納錢釋放。少得供據，立與慘刑，至以鐵釘釘人壁上，或鐵錘排擊多人。情介疑似，則解省城，每船載一二百人，飢寒就斃，浮屍於江。殁獄中者，亦無棺殮。聶傑人號首富，屢索不厭，村黨結連拒捕。宜昌鎮總兵突入遇害，由是宜都、枝江兩縣同變。襄陽之齊王氏、姚之富，長陽之覃加耀、張正謨等，聞風並起，遂延及河南、陝西。此臣所聞官逼民反之最先最甚者也。臣思教匪之在今日，自應盡黨梟磔。而其始猶是百數十年安居樂業人民，何求何憾，甘心棄身家、捐性命，鋌而走險耶？臣聞賊當流竄時，猶哭念皇帝天恩，殊無一言怨及朝廷。向使地方官仰體皇仁，察教於平日，撫弭於臨時，何至如此？臣爲此奏，固爲官吏指事聲罪，亦欲使萬禩子孫知我朝無叛民，而後見恩德入人，天道人心，協應長久，昭昭不爽也。常丹葵逞虐一時，上廑聖仁，下殃良善，罪豈容誅？應請飭經略勒保嚴察奏辦。又現奉恩旨，凡受撫來歸者，令勒保傳喚同知劉清，同川省素有清名之州縣，妥議安插。楚地曾經滋擾者，亦應安集。臣聞被擾州縣，逃散各戶之田廬婦女，多歸官吏壓賣分肥。是始不顧其反，終不顧其歸。不知民何負於官，而效尤醜忍至於此極？若得懲一儆衆，自可羣知洗濯。宣奉德意，所關於國家苞桑之計匪細也。」兩疏上，仁宗並嘉納施行。尋遷給事中，稽察南新倉，巡視中城。

雲南鹽法，官運官銷，日久因緣爲奸，按口比銷，民不堪命；又威遠調取民夫，按名折銀，折後又徵實夫，迤西道屬數十州縣，同時鬨變，解散後不以實聞，官吏骫法如故。際岐上疏痛陳其害，下雲南督撫察治。總督富綱請改鹽法以便民，巡撫江蘭方內召，欲沮其事，際岐復疏爭。初彭齡繼爲巡撫，際岐門下士也，熟聞其事，始疏請鹽由竈煎竈賣，民運民銷，一祛積弊，民大便。語詳鹽法志。

蔡永清者，總督陳輝祖家奴，擁厚貲居京師，以助賑敍五品職銜，出入輿馬，揖讓公卿間。際岐疏劾，自大學士慶桂、朱珪以下，多所指斥，下刑部鞫訊，褫永清職銜，際岐坐論奏未盡實，降授刑部主事。累遷郎中。以老乞休，貧不能歸，主講揚州孝廉堂垂十年，卒。

自乾隆末，雲南之官於朝以直言著者，尹壯圖、錢灃，時以際岐並稱焉。

李仲昭，字次卿，廣東嘉應人。嘉慶七年進士，選庶吉士，授編修，遷御史。長蘆鹽商僞造加重法馬，每引浮百斤，損課滯銷。商人查有圻家鉅富，交通朝貴。自給事中花杰劾蘆鹽加價，連及大學士戴衢亨，不得直，且被譴，遂無敢言者。仲昭疏劾之，戶部猶袒商，或騰蜚語，謂仲昭索賄不遂。仁宗方幸熱河，命留京王大臣同鞫，得舞弊狀，有圻論如律，在事降革有差，人咸側目。仲昭又劾吏部京察不公，亦鞫實。既而赴戶部點卯，杖責書吏，戶部摭其事奏劾，下吏部議。羣欲以傾仲昭，侍郎初彭齡號剛正，以妻喪在告，語人曰：「諸人欲報怨，加以莫須有之罪。李御史有言膽，臺中何可無此人？」部員聞彭齡言，遽議降四級，甫兩日而奏上，仲昭竟黜。

石承藻，字黼庭，湖南湘潭人。嘉慶十三年一甲三名進士，授編修。遷御史、給事中，敢言有聲。王樹勳者，江都人，乾隆末入京應試不售，乃於廣慧寺爲僧，名曰明心。開堂說法，假扶乩卜筮，探刺士大夫陰私，揚言於外，人益崇信。達官顯宦，每有皈依受戒爲弟子者。朱珪正人負重望，亦與交接。時和珅爲步軍統領，訪捕治罪，以賄得末減，勒令還俗，遂游蕩江湖。值川、楚匪亂，投効松筠軍中，以談禪投所好，使易裝入賊寨說降，獎予七品官銜，洊擢襄陽知府。數年，入覲京師，不改故態。刑部尙書金光悌延醫子病，怵以禍福，光悌長跪請命，爲時所嗤。嘉慶二十年，承藻疏請澄清流品，劾樹勳，下刑部鞫實，褫職，枷號兩月，發黑龍江充當苦差。仁宗獎承藻曰：「眞御史也！」詔斥被惑諸臣，有玷官箴。其已故者免議，侍郎蔣予蒲、宋鎔以下，黜降有差。

二十四年，湘潭有土、客械鬬之獄，侍郎周系英與巡撫吳邦慶互劾。承藻適在籍，系英子汝楨致書承藻詢其事，爲邦慶所發，承藻牽連降秩。久之不復遷，終光祿寺署正。

論曰：仁宗詔求直言，下至末吏平民，皆得封章上達，言路大開。科道中竭誠獻納，如衞謀論福康安貪婪，不宜配享太廟。馬履泰論景安畏縮偷安，老師糜餉，及教匪宜除，難民宜撫；又論百齡舉劾失當。張鵬展論金光悌專擅刑部，戀司職不去。周栻論疆臣參劾屬員，不舉劣迹，恐悃愊無華者以失歡被劾；又論朱珪以肩輿擅入禁門，無無君之心，而有無君之迹。沈琨論宜興庇護屬員，致興株繫諸生大獄；又諫阻東巡。蕭芝論端正風俗，宜崇醇樸。王寧熚論用人宜習其素，不可因保舉遽加升用；又論督撫壅蔽之習，及士民捐輸之累，州縣折收之患。游光繹論大臣未盡和衷，武備未盡整飭，願效魏元成十思疏以裨治化。諸人所言，雖有用有不用，當時皆推讜直。又龔鏜當松筠因諫東巡獲罪，密疏復陳，自庀身後事而後上，卒蒙寬宥。其章疏多不傳，稽之史牒，旁見紀載，謇諤盈廷，稱盛事焉。洪亮吉諸人身雖遭黜，言多見採，可以無憾。或猶以時方清明，目亮吉之效痛哭流涕者爲多事，過矣。

清史稿卷三百五十七

列傳一百四十四

吳熊光　汪志伊　陳大文　熊枚　裘行簡
方維甸　董敎增

吳熊光，字槐江，江蘇昭文人。舉順天鄉試，乾隆三十七年，登中正榜，授內閣中書，充軍機章京。累遷刑部郎中，改御史。當罷直，大學士阿桂素倚之，請留直如故。阿桂屢奉使出剿匪、治河、閱海塘、讞獄，熊光輒從。累遷通政司參議。

嘉慶二年，高宗幸熱河，夜宣軍機大臣，未至，命召章京，熊光入對稱旨，欲擢任軍機大臣。和珅稱熊光官五品，不符體制，因薦學士戴衢亨，官四品，在軍機久，用熊光不如用衢亨，詔同加三品卿銜入直。居政府六閱月，和珅忌之，出爲直隸布政使。四年，高宗崩，仁宗親政，和珅伏誅。熊光言和珅管理各部日久，多變舊章以營私，大憝雖除，猾吏仍可因緣爲奸，亟宜更正，上韙之。

擢河南巡撫。教匪逼境，熊光駐防盧氏，張漢潮竄商州，分掠藍田，疏請截留山東兵赴明亮軍協剿；復以張天倫竄近鄖陽江岸，謀犯豫南，調直隸正定標兵備剿。上以所見與合，詔嘉獎。尋漢潮趨雒南，遣總兵張文奇、田永桐擊走之。令南汝光道陳鍾琛扼襄河要隘，糧道完顏岱率滿營兵協防，撥壽春鎮兵五百駐樊城。請召募練兵五千，並以開封練勇千名改爲撫標新兵，從之。

五年，楚匪自均州、鄖縣窺渡襄河，賴預防擊退。上念河南兵單，命直隸、山西遣兵赴援，又命添募鄉勇，熊光疏言：「河南盧、淅一帶，原有鄉勇萬餘，而賊竄自如。凡游民應募，賊至先逃，反搖兵心。是以上年撤勇添兵，賊未敢肆，此兵勝於勇之明驗。今有直隸等省官兵，擇要駐守，已足策應，無庸募勇。」七月，殲寶豐、郟縣潰匪於彭山，教首劉之協遁葉縣就擒，予議敍。

六年，擢湖廣總督。途遇協防陝西兵二百餘人，逃回本營，廉得其缺餉狀，杖首謀者二人，餘釋不問。房縣鄉勇糾搶民寨，縛送三十餘人，立誅之。提督長齡、巡撫全保率師防剿，迭敗湯思蛟、劉朝選等。川匪擾興山、竹谿、房縣，分兵追剿，殲獲甚衆。平樊人傑餘匪，俘賊首崔宗和。上以熊光調度供支，迭詔褒獎。新設湖北提督，改移鄖陽鎮協，添兵三千五百名，卽以無業鄉勇充之。又奏定稽查寨勇章程，略言：「寨勇習於戰鬭，輕視官兵，流弊不可不慮。今將寨堡戶口、器械逐一登記，陽資其力以助此日之軍威，默挈其綱以弭將來之民患。」上韙其言。七年，三省匪平，加太子少保。遣撤鄉勇，以叛產變價給賞，詔嘉其撙節。

九年，劾湖南巡撫高杞違例調補知縣，杞坐降調。未幾，侍郎初彭齡劾熊光受沔陽知州秦泰金，及兩淮匣費，上詰彭齡，以得自高杞對。命巡撫全保按驗無迹，彭齡、杞俱獲譴。傳諭熊光返躬自省，平心辦事，戒勿躁妄。

十年，調直隸。時兩廣總督那彥成與湖廣總督百齡互訐，命偕侍郎托津赴湖北按之。百齡被訐，事有迹。方鞫治，未定讞，那彥成亦以倡撫洋盜逮京，調熊光兩廣總督。會直隸官吏勾通侵帑事發，歷任總督藩司俱獲譴。上以熊光任藩司無虛收，任總督無失察，特詔嘉之。

十三年八月，英吉利兵船十三艘泊香山雞頸洋，其酋率兵三百擅入澳門，占踞礮臺，兵艦駛進黃埔。熊光以英人志在貿易，其兵費出於商稅，惟封關足以制其死命；若輕率用兵，彼船礮勝我數倍，戰必不敵，而東南沿海將受其害，意主持重。逾月始上聞，言已令停止開艙，俟退出澳門，方准貿易。上以熊光未卽調兵，故示弱，嚴詔切責。洋船遷延至十月始陸續去。下吏議，褫職，効力南河。百齡代其任，疏言熊光葸懦，上益怒，遣戍伊犂。逾年，召還，授兵部主事，引疾歸。道光八年，重與鹿鳴宴，加四品卿銜。十三年，卒于家，年八十四。

熊光嘗曰：「刑賞者，聖主之大權，而以其柄寄於封圻大吏。若以有司援案比例，求免駁斥之術處之，舛矣。刑一人，賞一人，而有益於世道人心，雖不符於例，所必及也。不得請，必再三爭，乃爲不負。若憂嫌畏譏，隨波逐流，其咎不止溺職而已。」當調直隸，入覲，上曰：「教匪淨盡，天下自此太平。」熊光曰：「督撫率郡縣加意撫循，提鎭率將弁加意訓練，百姓有恩可懷，有威可畏，太平自不難致。若稍懈，則伏戎於莽，吳起所謂舟中皆敵國也。」及東巡返，迎駕夷齊廟，與董誥、戴衢亨同對。上曰：「道路風景甚佳！」熊光越次言曰：「皇上此行，欲稽祖宗創業艱難之迹，爲萬世子孫法，風景何足言耶？」上有頃又曰：「汝蘇州人，朕少扈蹕過之，其風景誠無匹。」熊光曰：「皇上所見，乃剪綵爲花。蘇州惟虎丘稱名勝，實一墳堆之大者！城中河道逼仄，糞船擁擠，何足言風景？」上又曰：「如汝言，皇考何爲六度至彼？」熊光叩頭曰：「皇上至孝，臣從前侍皇上謁太上皇帝，蒙諭『朕臨御六十年，並無失德。惟六次南巡，勞民傷財，作無益害有益。將來皇帝如南巡，而汝不阻止，必無以對朕』。仁聖之所悔，言猶在耳。」同列皆震悚，壯其敢言。後熊光告人，「墳堆」、「糞船」兩語，乃乾隆初故相訥親奏疏所言，重述之耳。

熊光晚年著伊江別錄、春明補錄、葑溪筆錄三書，紀所聞名臣言行，多可法云。

汪志伊，字稼門，安徽桐城人。乾隆三十六年舉人，充四庫館校對，議敍，授山西靈石知縣。除徵糧擾累，刻木爲皂隸書里分糧數，以次傳遞，民遵輸納。調楡次，遷霍州直隸州知州。代州民孟木成殺人，已定讞情實，其弟代呼寃，巡撫勒保檄志伊往按，平反之。承審者護前失，不決，命大臣臨鞫，重違衆議，志伊堅執與爭，孟木成竟得免死。志伊以此負强項名。

擢江蘇鎭江知府，調蘇州，連擢蘇松糧道、按察使。五十八年，遷甘肅布政使，調浙江。江、浙漕重積弊，由官吏規費多。志伊歷任，皆先除規費之在官者，然後以次裁革，嚴設科條。嘉慶元年，以杭州、乍浦駐防營養贍錢三月未放，被劾，議降二級調用，詔以志伊平日操守尙好，加恩授江西按察使。二年，遷福建布政使，未數月，就擢巡撫。

時海盜方張，仁宗於閩事特加意。志伊屢疏陳水師人材難得，請寬疏防處分，變通選補章程，副參以上，兼用本省之人；以下，兩省通融撥用。又州縣徵糧處分過嚴，升調要缺難得合例，請人地相需者，不拘俸滿參罰。皆允行。詔飭嚴懲會匪及械鬬惡習。

五年，疏報漳、泉一帶，匪徒節經剿捕，均知斂迹。諭曰：「滋事不法，有犯必懲，不可無事滋擾。責以鎭靜，不可姑息養奸，亦不可持之太蹙。」尋奏龍溪、詔安、馬港、海澄四廳縣，遴員治理，民不械鬬。諭曰：「一經良有司整飭，改除積習，是小民不難化導，要在親民之官得人。當於平日遴選賢員，俾實心任事，爲正本清源之道。」志伊薦閩縣知縣王紹蘭，上素知其人，詔嘉志伊能留心察吏。旣而偕總督玉德，疏請泉州知府錢學彬改京職，上斥疏語矛盾。尋究得學彬任聽家人舞弊婪贓事，坐察吏不明，議革任，特寬之。六年，病，請解職。

八年，起署副都御史、刑部侍郎，授江蘇巡撫。給事中蕭芝請就產米之鄉採買，由海運京，下議，志伊言其不便，罷之。九年，淸江浦淤淺，糧船停滯。上慮京倉缺米，詔志伊預籌，請碾常平倉穀三千石備撥。以新漕減運，命酌量採買，志伊疏言：「安徽民田有一歲兩收者，各令七月完納漕糧，九十月可運通。江西、湖廣亦如之。」上以一歲兩徵近加賦，且來歲仍屬短絀，斥爲迂繆。尋奏採米十二萬石搭運，報聞。時江北淮、揚水災，徐、海苦旱。志伊手編荒政輯要，頒屬吏爲賑濟之法。蘇州人文薈萃，增設正誼書院課士。奏請頒御製詩文集於江南各書院，上勿許，曰：「朕之政治卽文章，何必以文字炫長耶？」

十一年，擢工部尚書。未幾，授湖廣總督。川、楚餘匪散匿洞庭湖，環湖數府州多盜。

志伊多選幹吏偵訪，檄下分捕，盜無所匿。濱江地自乾隆末大水湮沒，民田未復。親駕小舟，歷勘疏塞，建二閘於第江口、福田寺，以時啓閉。

十六年，調閩浙總督。先是湖北應山民喻春謀殺人，其母以刑求誣服，控於京，命志伊提鞫。同知劉曜唐等誘供翻案，以無辜之葉秀承兇，而無左證。巡撫同興爲之平反，奏劾。至是入覲召對，爲劉曜唐等剖辯，願代認處分。上斥其偏執，嚴議革職，改留任。捕誅海盜黃治，其黨吳屬乞降。時降盜多授官，志伊曰：「是獎盜也！」仍依律遣戍。

舊有天地等會匪熊毛者，創立仁義會，授張顯魯傳煽。事覺，顯魯伏誅，毛遁，募寧化生員李玉衡捕殺之，奏賜玉衡舉人。布政使李賡芸，廉吏也，爲志伊所薦舉至監司。會龍溪知縣朱履中以不職劾，因訐賡芸婪索，遽劾訊。履中已自承誣告，志伊固執駁詰，福州知府涂以輈迎合逼供，賡芸自經死，輿論大譁。二十二年，命侍郎熙昌、副都御史王引之往按，得其狀，詔斥志伊衰邁謬誤，褫職永不敍用。逾年，卒。

志伊矯廉好名，自峻崖岸。仁宗初甚嚮用，時論毀譽參半焉。卒以偏執獲咎。

陳大文，河南杞縣人，原籍浙江會稽。乾隆三十七年進士，授吏部主事。典廣東鄉試，累遷郎中。四十八年，出爲廣西南寧知府，擢雲南迤東道。歷貴州、安徽按察使，江寧布政使，皆有聲。父憂歸，服闋，補廣東布政使。總督朱珪薦大文操守廉潔，化其偏僻，可倚用，詔人才難得，命珪加以勸迪，俾成有用才。

嘉慶二年，擢巡撫。海盜方熾，大文以運鹽爲名，集商船載鄉勇出洋，擊沉盜船六，斬獲二百餘人，賜花翎；屬縣不職者，列案劾治。詔嘉其捕盜察吏皆有實心，予議敍。尋兼署總督。

四年，調山東巡撫。濟、曹兩府水災，興工代賑，州縣玩視者立劾；有拙於催科而輿情愛戴者，疏請留任；禁漕幫旂丁陋規。五年，丁母憂。自乾隆末，山東大吏多不得人，吏治日弛。大文性深嚴，見屬吏溫顏相對，使盡言，然後正色戒之曰：「汝某事賄若干，吾悉知。不速改，彈章已具草矣！」人莫不畏之。尤銳剔漕弊，杜浮收，官吏被告發劾治者三十餘人。及去任時，其摘印在繫未經奏劾者，尚七八人。事上聞，詔布政使分別省釋。

六年，畿輔大水。大文服將闋，特召署直隸總督。疏請大賑提早一月，以救災黎。劾查災開賑遲緩之縣令二人，以儆其餘。逾年，因病自乞京職，歷署吏部侍郎、工部尚書。八年，授兩江總督。劾按察使珠隆阿喜事株累，士民多怨，調珠隆阿內用。江蘇昭文浮收漕糧，江西樂平勒折重徵，縣民並走訴於京，先後下大文鞫實，劾府縣官，褫職究治。詔嘉大文秉公，不徇庇屬員，使小民含冤得白，奸胥猾吏不致倖逃法網，訓責各督撫力改積習。

九年，召授左都御史，未至，擢兵部尚書。大文赴京，病於途，詔遣侍衞率醫往視，久不痊，賜尚書銜回籍。旣而因在直隸失察屬吏侵挪，部議革職，詔俟病痊以四品京堂用，遂不出。二十年，卒於家。

熊枚，字存甫，江西鉛山人。乾隆三十五年，舉鄉試第一，次年，成進士，授刑部主事。斷獄平。左翼護軍給餉誤用白片，懼責，私補印，其長當以盜印罪；枚謂知誤更正，與盜用異，改緩。宜城縣吏毆斃社長，賄改病死，擬緩；枚謂鬬毆情輕，舞文情重，改實。在部八年，多所持議，遷員外郎。尙書英廉薦其才，出爲甘肅平涼知府，母憂去，服闋，補河南汝寧府。汝陽有殺人獄，已得實，控不止，枚訊鞫時，忽孰視旁吏曰：「此汝所教也！」吏色變，刑之，則稱將嫁禍某富家，咸以爲神。丁生母憂，代者未至，米價騰漲，枚於喪次諭縣令治居奇者，運米接濟，民乃安。服闋，補直隸順德府，擢山東泰武臨道。

五十八年，遷江蘇按察使。逮治博徒馬修章及竹堂寺僧恆一，皆稔惡亂法者。吳江太湖濱淫祠三郎神，奸民所祀，其黨結胥吏擾民。枚廉知，值賽祠，舟集鶯脰湖，密捕得三十八人，或以誣良訴，尾其舟，得盜贓，幷逮劇盜九人，毀三郞像火之，盜遂息。敎匪劉之協傳彌勒敎，入敎者給命根錢。安徽民任梓家供彌勒像，有簿記六十人奉錢數，官吏捕得，指爲匪，巡撫已上聞，逮至江南，枚親訊，六十人皆任梓戚友賀婚嫁者，乃得釋。六十年，遷雲南布政使，以治劉河工未竣，留署江蘇布政使。開蘇州城河，集銀六萬兩，擇郡紳董其役，不使縣令與工事。嘉慶二年，調安徽，尋擢刑部侍郎。

六年，直隸大水，總督姜晟以辦賑延緩免，命枚署總督。截留漕糧六十萬石儲天津北倉，枚請分儲鄭家口、泊頭諸水次，便災區輓運。條上賑卹事宜，災戶仿保甲造册，省覆查，杜刁控，酌量變通賑期，捐賑者分別旌賞，各學貧生給口糧，綠營兵丁給修房價，修災縣監獄，以工代賑，並如議行。偕侍郎那彥寶築永定河決口，既而調陳大文爲總督，詔枚受代後專任查賑，巡閱數十州縣，舉者五人，劾四人。玉田令倪爲德清而戇，枚初至，怒之，明日詰賑事，指畫悉中，即首薦。上嘉枚勤事，擢左都御史。時有劾枚擾驛需索供應者，命陳大文察訪，白其誣，且言枚盡心賑務，特詔褒之。

七年，回京典會試，復署直隸總督，授刑部尚書。調左都御史，管理三庫。十年，授工部尚書，復命署直隸總督，率布政使裘行簡清查虧空。部議各省販鐵，官爲定額，疏上。枚面陳鐵爲民間日用所需，不能預定多寡，官爲查辦，恐滋流弊。上俞其說，而斥枚隨同畫諾，召對忽有異詞，年老重聽，不宜部務，復調左都御史。未幾，有山東民婦京控應奏，枚意未決，左副都御史陳嗣龍劾枚模棱，且言枚聲名平常，詔斥嗣龍見枚左遷，揣測妄劾，終以枚不能和衷，鐫級留任。直隸藩司書吏僞印虛收庫銀事覺，坐失察，議褫職，詔以四品京堂用，補順天府丞。次年，充鄉試提調官，册劵遲誤，降五品職銜休致。十三年，卒。

裘行簡，字敬之，江西新建人，尙書曰修子。乾隆四十年，賜舉人，授內閣中書，充軍機章京，遷侍讀。四十九年，從大學士阿桂剿甘肅石峰堡回匪，復從察治河南睢州河工。五十年，出爲山西寧武知府，調平陽，因親老，自請改京秩，補戶部員外郎，仍直軍機。累遷太僕寺少卿。

嘉慶六年，命赴陝西犒軍，時經略額勒登保駐略陽，行簡疏言：「川、陝兵宜扼衝嚴守，使陝匪不入川，川匪不入陝，然後逼使東竄，經略以大兵蹙之，可計日梟縛。」又言自寶雞至褒城，棧道卡兵宜復設。且於要害設大營，隔賊路，通糧運。又以額勒登保方引嫌，自請舉劾止及於麾下，行簡疏請五路將士皆聽舉劾，移書川督勒保，陳廉、藺相下之義，兩帥大和。途次，進太僕寺卿，賜花翎。尋出爲河南布政使，丁母憂，服闋，補福建布政使。

自乾隆末授受禮成，恩免廢員，各州縣錢穀出入，益滋糾葛，行簡銳事淸釐，司册目十有一，創增子目，支解毫黍皆見，吏不能欺。九年，入覲，會仁宗欲淸釐直隸倉庫，嘉其成效，特以調任。行簡澈底淸覈，逐條覆奏，略曰：「直隸州縣，動以皇差爲名，藉口賠累。自乾隆十五年至三十年，四舉南巡，兩幸五臺，六次差務，何以並無虧空？四十五年至五十七年，兩舉南巡，三幸五臺，差務較少，而虧空日增。由於地方大吏，貪黷營私，結交餽送，非差務之踵事增華，實上司之借端需索。近年一不加察，任其藉詞影射，相習成風。試令州縣捫心自問，其捐官肥己之錢，究從何出？此臣不敢代爲寬解者也。分年彌補，則有二難：直隸驛務繁多，所有優缺，祇可調劑衝途，又別無陋規可提，此爲難一也。現任虧空，革留勒限，彼必愛惜官職，賣田鬻產，亦思全完。若責以代前任按年彌補，焉肯解囊，勢必取給倉庫。前欠未淸，後虧復至，此爲難二也。州縣虧項無著，例應道府分賠；道府賠項無著，例應院司攤賠。今直隸未申明定例，請於兩次淸查應行監追者，再限一年。如財產實屬盡絕，著落上司分別賠繳。嘉慶十年以後，交代虧缺，惟有執法從事，不得混入淸查，致有寬縱。」疏入，上嘉其明晰，下部議行。尋命以兵部侍郎銜署直隸總督。

十一年，察出藩司書吏假印虛收解欵二十八萬有奇，遣使按訊，歷任總督、布政使議譴有差。行簡任內虛收之數少，詔以事由行簡立法淸查，始得發覺，寬之。是年秋，赴永定河勘工，途次感疾，卒。上深惜之，優詔賜卹依一品例，謚恭勤，賜子元善舉人。

方維甸，字南耦，安徽桐城人，總督觀承子。觀承年逾六十，始生維甸。高宗命抱至御前，解佩囊賜之。乾隆四十一年，帝巡幸山東，維甸以貢生迎駕，授內閣中書，充軍機章京。四十六年，成進士，授吏部主事，歷郎中。五十二年，從福康安征臺灣，賜花翎。遷御史，累擢太常寺少卿。又從福康安征廓爾喀。歷光祿寺卿、太常寺卿，授長蘆鹽政。嘉慶元年，坐事奪職。吏議遣戍軍台，詔寬免，降刑部員外郎，仍直軍機。遷內閣侍讀學士。從尚書那彥成治陝西軍務。

五年，授山東按察使，遷河南布政使。時川、楚教匪未靖，維甸率兵六千防守江岸。疏言：「大功將蕆，裁撤鄉勇，最爲要務。宜在撤兵之前，預爲籌議。俟陝西餘匪殄盡，酌移河南防兵以易勇，可節省勇糧。」上韙之。

八年，調陝西，就擢巡撫。督捕南山零匪，籌撤鄉勇，覈治糧餉，並協機宜，復賜花翎。十一年，寧陝新兵叛，維甸亟令總兵楊芳馳回，偕提督楊遇春進山督勦。會德楞泰奉命視師，賊竄兩河，將趨石泉，維甸遣總兵王兆夢擊之，勸民修寨自衞，賊無所掠。未幾，叛兵乞降，德楞泰請以蒲大芳等二百餘人仍歸原伍。上責其寬縱，命維甸按治，疏陳善後六事，如議行。

十四年，擢閩浙總督。蔡牽甫殲，朱渥乞降，遣散餘衆。臺灣嘉義、彰化二縣械鬭，命往按治，獲犯林聰等，論如律。疏言：「臺灣屯務廢弛，派員查勘，恤番丁苦累，申明班兵舊制，及歸併營汛地，以便操防；約束臺民械鬭，設約長、族長，令管本莊、本族，嚴禁隸役黨護把持；又商船貿易口岸，牌照不符，定三口通行章程，杜丁役句串舞弊。」詔皆允行。以臺俗民悍，命總督、將軍每二年親赴巡查一次，著爲例。

十五年，入覲，以母老乞終養，允之。會浙江巡撫蔣攸銛疏劾鹽政弊混，命維甸按治。明年，召授軍機大臣。維甸疏陳母病，請寢前命，允其留籍侍養。十八年，丁母憂，遣江寧將軍奠醊。未幾，教匪林清謀逆，李文成據滑縣，奪情起署直隸總督，維甸自請馳赴軍營剿賊，會那彥成督師奏捷，允維甸回籍守制。二十年，卒於家。上以維甸忠誠清愼，深惜之，贈太子少保，諡勤襄，賜其子傳穆進士。

董教增，字益甫，江蘇上元人。乾隆四十五年，南巡，召試舉人，授內閣中書。五十一年，成一甲三名進士，授編修，散館改吏部主事，累遷郎中。嘉慶四年，以道員發四川，明年，授按察使。峩眉、雷波二廳銅鉛各廠，毘連夷地。姦民與爭界，焚夷巢，倮夷糾涼山生番爲變，教增率兵往，議者多主剿，教增不可，廉得漢奸搆釁者十一人，夷匪首事者六人，集衆誅之，夷情帖然。仁宗以教增不煩兵力，而遠夷心服，諭奬有加。尋調貴州。九年，遷四川布政使。

十二年，擢安徽巡撫。寧國、池州、廣德各屬，舊有棚民，植雜糧爲業。戶部慮妨民田，議遣回籍。敎增言：「棚民既立室家，難復遷徙。且所種多隙壤，於民田無損，於民食有益，第約束之而已。」從之。又言：「徽、寧等府巨室，向有世僕，出戶已久，告訐頻仍，請嚴杜妄訟，凡世僕以現在是否服役爲斷；其出戶及百年者，雖有據亦開豁爲良。」得旨允行，著爲例。

十五年，調陝西。興安七屬，舊食河東引鹽。乾隆間，課攤地丁，其後復歸商運。地介川、楚，土鹽侵礙，運艱費重，引課多虧。敎增請循鳳翔例，改食花馬池鹽，引歸民運，課按丁攤，以恤商力。又榆林、綏德、吳堡、米脂四州縣，向食土鹽，官給票銷售。前撫方維甸請用部引，以二百斤爲率，凡萬一千三百餘引，民力難勝。敎增規復其舊，由州縣頒發小票，每票五十斤，民皆便之。時南山善後倚漢中知府嚴如熤，能盡其才，不拘文法，歲歉請賑，逾限破例，上陳得允。

十八年，調廣東。先是百齡銳意滅海寇，曾貽敎增詩云：「嶺南一事君堪羨，殺賊歸來啖荔支。」既而張保仔就撫，敎增報書曰：「詩應改一字爲『降』賊歸來也。」百齡愧之；至是承其後，諸降人桀驁，爲閭閻害，懲治甚力，然未嘗妄殺。廣州府有死囚，值赦減等改軍而逃，獲之，論重辟，按察使持之堅，敎增以律不當死，斷斷與辯，此囚卒免死。

二十二年，擢閩浙總督。先是海寇未平，禁商民造船高不得逾一丈八尺，小不任重載，難涉風濤，沿海多失業。教增以寇平已久，請免立禁限，以從民便，允之。福清武生林彌高者，健訟包糧，阻衆不納，邑令躬緝，爲其黨邀奪，官役並傷，令文武往捕獲，彌高嗾其黨劫持，通縣抗徵。教增親鞫得彌高罪狀，立斬以徇，諸郡慴懼，强宗悍族抗欠者，皆輸納如額。奏入，詔嘉其能。臨海民糾衆毆差，致釀大獄。巡撫楊護坐褫職，命教增兼權浙撫，鞫治之。漳、泉兩郡多械鬬殺人，官吏往往不能制。龍溪令姚瑩捕渠魁五人，杖斃之。巡撫疑其違制，教增曰：「刑亂國宜用重典。」優容之，悍俗稍戢。張保仔就撫後，改名寶，官至澎湖副將，時論猶指斥。教增責令捕盜，奔走海上，盜平而寶亦死。二十五年，入覲，乞病未允，道光元年，乃得請歸。二年，卒，賜卹，謚文恪。

教增有識量，强毅不阿。官四川時，力矯豪奢，崇節儉，宴集不設劇。總督勒保以春酒召，聞樂而返；亟撤樂，乃至，盡歡。嘗言「刻於己爲儉，儉於人爲刻」，時歎爲名言。

論曰：吳熊光忠讜任重，有大臣風。汪志伊、陳大文矜尚廉厲，或矯或偏。熊枚勤於民事，晚諳模稜。名位雖皆不終，要爲當時佼佼。裘行簡、方維甸，名父之子，特被恩知。董教增有爲有守，建樹閎達，蓋無間然。

清史稿卷三百五十八

列傳一百四十五

馮光熊　陸有仁　覺羅琅玕　烏大經　清安泰　常明　溫承惠　顏檢

馮光熊，字太占，浙江嘉興人。乾隆十二年舉人，考授中書，充軍機章京。累擢戶部郎中。三十二年，從明瑞赴雲南，授鹽驛道，母憂歸，坐失察屬吏科派，奪職。服闋，以員外郎起用，仍官戶部，直軍機，遷郎中。從尚書福隆安赴金川軍，授廣西右江道，署按察使兼鹽驛道。歷江西按察使、甘肅布政使。四十九年，石峰堡回民作亂，籌畫戰守，儲設餉需具備。以前江西巡撫郝碩迫索屬吏事覺，同官多獲譴，光熊亦緣坐奪官，留營効力。事平，用福康安薦，起爲安徽按察使。洊擢湖南巡撫，調山西。

時議河東鹽課改歸地丁，光熊疏言：「河東鹽行山、陝、河南三省，商力積疲，易商加價，俱無所濟。若課歸地丁，聽民販運，無官課雜費、兵役盤詰、關津留難，較爲便宜。山西州縣半領引行鹽，半食土鹽、蒙古鹽，仍納引稅。其間或引多而地丁少，或引少而地丁多，徵之三省皆然。請將課額四十八萬餘兩通計均攤。」允之。五十七年，上幸五臺，各疆吏先後奏陳，自鹽課改革後，價頓減落，民便安之。詔嘉光熊調劑得宜，賜花翎、黃馬褂，署工部侍郎。未幾，授貴州巡撫，調雲南。五十九年，署雲南總督。明年，大塘苗石柳鄧叛擾銅仁，光熊赴松桃防禦，以思州田壩坪、鎭遠四十八溪、思南大坪，密邇楚苗，且扼銅仁後路，分兵屯守。苗匪急攻松桃、正大，不得逞。旋赴銅仁治餉需，偕總督福康安治軍設防，規畫稱旨，命留貴州巡撫任。

嘉慶二年，事平，奏請銅仁、正大改建石城，以資捍衞，從之。會仲苗又起，偕總督勒保督率鎭將，聯合滇、黔、楚、粵諸軍勦撫，事具勒保傳。光熊分檄將吏，解歸化廳圍，肅淸播東、播西兩路，降安順、廣順所屬苗寨。仲苗平，偕勒保奏上善後四事，請隨征武舉、武生及鄉勇，就近補充弁兵餘丁，給難民棲止、牛具費用，儲糧備兵民就食，淸釐田畝，靖苗、漢之爭。自軍興以來，凡所措置，多邀嘉許。勒保移師入川，善後專任光熊。三年春，復疏請申禁漢民典買苗田，及重債盤剝，驅役苗佃；禁客民差役居攝苗寨；酌裁把事土舍亭長，定夫徭工價，以利窮苗；酌設苗弁，以資管束：悉報可。五年，詔光熊治理有聲，年近八旬，召授兵部侍郎，尋擢左都御史。六年，卒，上念前勞，賜祭一壇。

陸有仁，浙江錢塘人。乾隆三十四年進士，授刑部主事，累遷郎中。四十六年，出爲廣西梧州知府，調太平。五十二年，安南內訌，夷眷來奔，有仁處置得宜。會擢福建延建邵道，總督孫士毅請留防邊。尋調督糧道，歷山東按察使、直隸布政使。五十七年，坐在山東讞獄草率，降甘肅按察使。

嘉慶元年，擢刑部侍郎，留治甘肅賑務，宜緜赴陝剿教匪，命攝陝甘總督。二年，匪由河南竄朱陽關，逼雒南。疏請偕西寧鎮總兵富爾賽馳赴潼、商，又調甘涼鎮兵會剿，詔軍務責巡撫，有仁應駐甘肅，親身赴陝，跡涉張皇，命回蘭州，停止所調鎮兵。時宜緜檄調撒拉爾回兵二千赴興安，有仁幷令暫停，上以漢中兵單，待回兵截剿，乃教匪竄漢陰而回兵尚滯循化，斥有仁一經申飭，於應援之兵，亦屢催罔顧，詔褫職鞫訊，尋原之，發四川効力。授陝西按察使，遷布政使。三年，襄陽賊高均德犯陝西，敍防堵功，賜花翎。四年，擢廣東巡撫。

五年，召爲工部侍郎，調刑部。授陝西巡撫。先是那彥成在陝，勸民築寨堡，計藍田、鄠、鄠、寶雞、商州、鎮安、商南、孝義、五郎共五百四十一處；台布爲巡撫，復議漢中二棧爲軍餉要道，於寶雞、鳳縣、留壩、褒城、寧羌各驛築堡，以周三里爲度，徙民屯糧。至是尙未盡實行，嚴詔切責。有仁疏言：「川、陝情形不同，四川地居天險，如大成寨、大團包、方山坪等寨，每處可容數萬人，小者亦數千人。賊據之可抗官兵，民守之亦可拒賊。如南山內層巒疊嶂，無寬敞環抱之所，止能於陡險山巔，就勢結搆，每寨止容數百人至千餘人。蜀山多膏腴稻田，民居稠密，其勢易合。陝西老林，惟棚民流寓，零星墾種，隔十里數十里，始有民居十數戶。若糾合數村共築一堡，則南村之人欲近南，北村之人欲近北，惟秦隴以西，人皆土著，無不踴躍興工。秋間賊入西棧，每約彼此各不相犯，而寨民必乘間截其尾隊，奪其牲畜，不使晏然空過。其西安、同州、鳳翔三府，與漢南附近川省之區，皆多土著，審利害，每邑結有堡寨，或百餘或數百。其漢北山內近亦一律興工，又恐結寨後民丁但知守寨，而於賊出入要隘轉無堵禦；復令於寨堡之外，每寨撥數百數十人合力守卡，以杜窺伺。請分區責成各道，刻期完竣。」疏入，報聞。有仁與額勒登保規畫築堡團練，著有成效。撫輯難民無歸者，以安康、白河等處叛產，及南山客民荒田，量給安插。六年，分撥兵勇防守總要隘口，奏請於五郎、孝義等處專派大員團練堵剿，以專責成。川匪逼黑河，遣總兵齊郎阿、通判雒昂截擊，餘匪東竄牛尾河，副將韓自昌殲之，被優敍。

有仁治陝三年，經理餉需，先事綢繆，撙節不濫，搜捕餘匪甚力，屢詔褒嘉。七年，卒，優卹，官其子繼祖主事。

覺羅琅玕，隸正藍旗。捐納筆帖式，累遷刑部郎中。超擢內閣學士，出爲江蘇按察使。乾隆五十年，召授刑部侍郎。逾年，授浙江巡撫。五十二年，大兵勦臺灣林爽文，琅玕儲穀二十萬石於乍浦、寧波、溫州，由海道輸運，高宗嘉之。坐審擬海盜失當，吏議當革職，詔寬免，自請罰銀三萬兩。嘉善縣吏浮收，按問得實，上以浙漕積弊，琅玕不勝任，命解職，予頭等侍衞，赴哈密辦事。五十六年，坐監修浙江海塘工程損壞，琅玕在任未親勘，詔責賠修，應銀二十二萬七千有奇，免其半。歷葉爾羌辦事大臣、喀什噶爾參贊大臣。坐家人販玉，解任回京。尋予郎中銜，爲熱河避暑山莊總管。

嘉慶二年，以三等侍衞充古城領隊大臣，召授刑部侍郎。五年，授貴州巡撫。勦擒廣順等寨苗楊文泰等，詔嘉奬，加總督銜。未幾，就擢雲貴總督。六年，貴州石峴苗叛，巡撫伊桑阿赴銅仁勦治，未卽平，詔琅玕往督師，而調伊桑阿雲南。伊桑阿因按察使常明攻克石峴有所擒獲，遂謊奏親往督戰，苗皆歸伏，軍事已竣。及琅玕至，難民擁道訴其誣，遂督兵進勦，攻克上潮、下潮諸寨，始肅清。會初彭齡劾伊桑阿貪劣，下琅玕鞫實，上尤罪其欺罔，誅之。詔斥琅玕於伊桑阿未親往石峴，避嫌瞻徇，降二品頂帶。

七年，維西夷恆乍綳與其黨腊者布作亂，禿樹、出亨附之。琅玕率總兵張玉龍入山勦捕，克阿喃多賊寨，進攻諸別古山，獲禿樹。玉龍克小維西夷人，縛腊者布獻軍前磔之。進攻康普，恆乍綳遁瀾滄江外，獲其孥。分兵攻吉尾、樹苗，琅玕駐劍川，斷賊後路，敗之於通甸、小川，克迴龍廠。尋圍勦上江山箐賊，殲其渠，餘衆乞降。琅玕以恆乍綳勢蹙，疏請撤兵，提督烏大經率兵二千駐防。賊詗官軍已退，乘水涸潛渡，糾江內降傈，復肆劫掠。琅玕馳抵劍川，恆乍綳遁走。八年，上以首逆未獲，命永保接辦軍務。琅玕已擒斬漢奸張有斌，臨江紮筏，聲言渡兵江外，傈傈震悚，詣軍門乞降，琅玕令誘導諸寨擒賊自効。九月，恆乍綳潛匿山箐，官軍搜獲之，餘黨盡殲。事平，予議敍。

琅玕以維西僻處邊隅，各夷雜居江內外，稽察難周，疏請於維西、麗江等五路設頭人，給頂帶，約束夷衆。又以維西南北路及鶴麗鎮、劍川諸汛皆要地，請裁馬爲步，添兵八百，分布要隘，邊境遂安。九年，卒，謚恪勤。

烏大經，陝西長安人。由武進士授三等侍衞，出爲山東德州營參將。乾隆三十九年，王倫倡亂，大經助守臨清，力戰保危城，功最多，高宗特奬之，立擢臨清副將。歷江西南贛鎮、貴州古州鎮總兵，廣西提督，調雲南。五十三年冬，率雲南兵從孫士毅征安南，至則士毅已克其都城。明年春，大軍爲阮惠所襲，敗績，大經所部得嚮導，全師而返。尋毋憂去職，起爲甘肅提督，復調雲南。嘉慶四年，偕銅金與孟連土司搆難，句結野倮，蔓延猛猛及緬寧內地，大經偕總兵蘇爾相進勦，克緬屬南柯、三節石、昔木、腊南、那招、霧籠、上中下寧安、腊東、困賽等地，破南洒河賊卡，肅清緬邊。署按察使屠述濂由猛猛一路會勦，連克大蚌山、南元寨。五年春，總督書麟視師，用大經計，分兩路進攻猛白山箐，大經由南路，連戰渡黑河，焚賊寨，首逆尋就擒，夷衆受撫。七年春，入覲。會維西事起，命大經馳回，從琅玕進勦，大經偕總兵書成先淸威遠倮匪，乃會兵維西，克康普。上意不欲窮兵，命大經留防。及匪復肆掠，進勦獨村坪及康普、小維西，連克之。八年春，與琅玕分駐石鼓、橋頭，沿江督勦，至十月，恆乍綳就擒，乃班師。九年，卒。

清安泰，費莫氏，滿洲鑲黃旗人。乾隆四十六年進士，授刑部主事，擢員外郎。出爲甘肅涼州知府，調署蘭州，擢湖南衡永郴桂道。六十年，苗疆事起，奉檄赴保靖撫輯降苗，以治餉功，賜花翎。

嘉慶元年，械送首逆吳半生、石三保至京，擢按察使，遷廣西布政使。七年，署巡撫。八年，調浙江布政使。十年，擢江西巡撫，調浙江。

十一年，海寇蔡牽犯浙洋，赴溫、台防勦，嚴杜接濟，賊樵汲俱窮，竄去，詔褒之。總督阿林保劾提督李長庚因循玩寇，下清安泰密察，疏言：「長庚忠勇冠諸將，身先士卒，屢冒危險，爲賊所畏。惟海艘越兩三旬若不燂洗，則苔黏螢結，駕駛不靈，其收港非逗留。且海中勦賊，全憑風力，風勢不順，雖隔數十里猶數千里，旬日尚不能到。是故海上之兵，無風不戰，大風不戰，大雨不戰，逆風逆潮不戰，陰雲蒙霧不戰，日晚夜黑不戰，颶期將至，沙路不熟，賊衆我寡，前無泊地，皆不戰。及其戰也，勇力無所施，全以大礮轟擊，船身簸蕩，中者幾何？我順風而逐，賊亦順風而逃，無伏可設，無險可扼，必以鉤鐮去其皮網，以大礮壞其舵身篷胎，使船傷行遲，我師環而攻之，賊窮投海，然後獲其一二船，而餘船已飄然遠矣。賊往來三省數千里，皆沿海內洋。其外洋瀰瀚，則無船可掠，無嶴可依，從不敢往，惟遇勦急時始間爲逋逃之地。倘日色西沉，賊直竄外洋，我師冒險無益，勢必迴帆收港，而賊又逭誅矣。且船在大海之中，浪起如升天，落如墜地，一物不固，即有覆溺之虞。每遇大風，一舟折舵，全軍失色，雖賊在垂獲，亦必舍而收。泊易桅竣工，賊已遠遁。數日追及，桅壞復然，故常屢月不獲一戰。夫船者，官兵之城郭、營壘、車馬也。船誠得力，以戰則勇，以守則固，以追則速，以衝則堅。今浙省兵船皆長庚督造，頗能如式。惟兵船有定制，而閩省商船無定制，一報被劫，則商船即爲賊船，愈高大多礮多糧，則愈足資寇。近日長庚勦賊，使諸鎭之兵隔斷賊黨之船。但以隔斷爲功，不以擒獲爲功。而長庚自以己兵專注蔡逆坐船圍攻，賊行與行，賊止與止。無如賊船愈大礮愈多，是以兵士明知盜船貨財充積，而不能爲擒賊擒王之計。且水陸兵餉，例止發三月。海洋路遠，往返稽時，而事機之來，間不容髮，遲之一日，雖勞費經年，不足追其前效。此皆已往之積弊也。非盡矯從前之失，不能收將來之效；非使賊盡失其所長，亦無由攻其所短。則岸奸濟賊之禁，必宜兩省合力，乃可期效。」奏上，詔嘉其公正。由是益嚮用長庚，淸安泰之力也。

尋又條上防海事宜：「沿海居民，編造保甲。稽覈商販，以斷米糧出口；禁製火爆，防火藥透漏；斷絕採捕，以杜奸宄溷迹。」並如議行。十二年冬，蔡牽子至普陀寺，未獲，被譴責。尋以阮元代之，調河南巡撫。十四年，卒。

常明，佟佳氏，滿洲鑲紅旗人。由筆帖式授步軍統領主事，出爲湖南桂陽知州，擢雲南曲靖知府。乾隆六十年，從總督福康安征苗疆，率兵屢克賊巢，賜花翎。鎭筸苗吳半生據蘇麻寨，自構皮寨進擊敗之，復破西梁賊砦，擢貴州貴東道。掩擊半生於板登寨，獲其弟吳老正等，半生復來犯，設伏大破之，乘勝奪賊卡五；尋由西梁進攻，燬其寨，賊糾夯柳苗爲援，殲戮甚衆；乞降，拒不受，復大挫之：擢按察使，賜號智勇巴圖魯。詔以苗匪每遇敗乞降，叵測難信，飭各路將領以常明爲法。進剿老烏廠，斬賊目隴老香，與總兵珠隆阿合剿大烏草河渰西苗，連克魚井、豆田三十餘寨。會大軍於古丈坪，半生適至，常明冒雨進攻，殲賊千餘；分兵克烏龍岩、茶它山諸寨卡，進圍高多寨，半生降，乘鋭克鴨保寨。

嘉慶元年，剿下平隴苗於葫蘆坪，母憂，留營，偕副將海格破小竹山賊於隨河坡，俘賊目楊通等。上嘉常明奮勉，仍命署按察使。二年春，貴州仲苗起，從總督勒保討之，與施縉並爲軍鋒，同破賊關嶺，復夾攻，連拔賊寨八，解新城圍，再敗之望城坡。賊匿岩洞以拒，設伏，斃賊千餘，環攻於卡子河，賊大潰，解南籠圍，加布政使銜。時黃草壩被圍久，滇、黔道梗，常明援之，克九頭山，獲僞將軍陸寶貴，燬馬鞭田賊栅，俘李阿六等，連戰皆捷，圍乃解。尋克馬鞍山，繞擊洞洒賊巢，連攻三晝夜，擒賊酋吳抱仙於三隴口，授布政使。進克安有山，擣當丈賊巢，獲逆首韋七綹鬚，又擒賊目黃阿金、梁國珍等於補納山。三年，連拔雨薛巖等十八寨，苗境悉平。服闋，始涖布政使任。

是年冬，署巡撫，疏薦總兵施縉率貴州兵赴四川剿教匪。五年，因縉戰歿，貴州兵不能救，常明坐褫翎頂。秋，入覲，詔念前勞，予三品頂帶，留巡撫署任。題銷軍需，詔詰貴陽賊蹤未至，募鄉勇多至五萬餘名，用銀十九萬餘兩，命總督琅玕察覈。尋奏常明雖無冒帑，處置失宜，責賠繳賞恤銀九萬餘兩。六年，石峴苗與湖南苗句結爲亂，巡撫伊桑阿檄常明率師攻克之，復原銜、花翎，尋授巡撫。七年，以挪用鉛廠帑銀，及失察幕僚私售鉛丸，抽匿案卷事，褫職，籍沒家產。既而予藍翎侍衞，充伊犂領隊大臣，調庫車辦事大臣。

十年，授湖北鹽法道，累遷湖北巡撫。上念常明久於軍事，以四川民、夷雜處，控制不易，十五年，特擢爲總督，詔勉其盡職，減免賠項銀萬五千兩。寧遠府屬夷地，多募漢人充佃，自教匪之亂，川民避入者增至數十萬人，爭端漸起。十七年，常明疏請：「漢民移居夷地及佃種者，編查入册，不追既往。此後嚴禁夷人招佃與漢民轉佃，並編保甲以資約束，增文員以便彈壓，移營汛以利控制。」報可。又請川省鹽課改歸地丁，聽民興販，詔斥其妨礙淮綱，不顧鄰省利害，降二級留任。

十八年，署成都將軍。二十年，中瞻對番酋洛布七力爲亂，偕提督多隆阿、總兵羅思舉往剿，自裏塘進攻，破之，擣熱籠賊巢，洛布七力舉家焚斃。詔以未生得逆首，不予議敍。二十一年，成都革兵謀變，悉捕之置於法，詔嘉其鎮靜。二十二年，寧越夷擾邊，遣將平之。尋卒，贈太子少保，優卹，謚襄恪。

溫承惠，字景僑，山西太谷人。乾隆四十二年拔貢，朝考首擢，除七品小京官，分吏部。拔貢內用自是始。累遷郎中。五十四年，出爲陝西督糧道，母憂歸。高宗巡幸五臺，迎鑾召對，嘉其才。服闋，補延榆綏道。

嘉慶元年，川、陝、楚軍事急，承惠奉檄治興安、漢中團防。遭父憂，留軍，仍攝道事。賊犯平利，承惠馳剿，山水猝漲，墜水，遇救得免。趨扼險隘，獲捷。服闋，命以按察使銜仍補原官。五年，擢陝西按察使。疏言：「賊擾陝境，已歷數年。兵爲牽綴，運餉往往不及。則駐兵以待，賊得乘間遠逸。三省邊境綿長，宜扼要駐兵，以逸待勞。」上韙之。殲匪首王金柱於安康，復破賊洵陽，賑撫流亡，民心漸定。遷布政使，仍留防。賊屢犯境，輒擊却之。守禦興、漢先後凡六年，事定優敍。八年，調河南，修伊、洛舊渠。十年，擢江西巡撫。

十一年，調福建，兼署總督。海寇蔡牽犯臺灣鹿耳門，檄總兵許松年赴海壇、竿塘與提督李長庚會剿，三沙爲蔡牽鄉里，增兵駐守，禁沿海接濟，詔嘉之。尋調署直隸總督。

十二年，上閱古北口兵，獎其嫻整，命實授。濬黑龍、溫榆、北運、滏陽諸河。十三年，上幸天津，賞黃馬褂。尋以巡幸點景科派，爲肥鄉令所揭，褫花翎、黃馬褂，旋復之。十七年正月，以歲除得雪，加太子少保。鉅鹿縣民孫維儉等傳習大乘教，灤州民董懷信傳習金丹、八卦教，先後發覺，失察輕縱，褫宮銜、花翎、黃馬褂，革職留任。復以他事數被譴責。

十八年，河南滑縣教匪起，命偕提督馬瑜往剿，數戰滑縣近地，破賊於道口。尋命陝甘總督那彥成總統軍務，承惠爲參贊。時匪首林清在京師起事，擾及宮禁，詔以林清傳教八年，承惠不能先事查緝，及剿匪逗留罪，褫職，留治糧餉。十九年，命以員外郎赴河南睢工効力，工竣，遷郎中，隨尚書戴均元襄理永定河工。

二十三年，授山東按察使。承惠前官畿輔，不孚衆望，及復起，頗思晚蓋。山東故多盜，偵知東平人廣平知府王兆奎三世窩盜，密捕治之，期年積案一清。掊擊貪酷，蘇困起敝，吏治爲之一變，特詔褒獎，然卒不安其位。先是盜夜劫泰安富民徐文誥家，戕其傭柏永柱，縣以誤殺爲文誥罪，實疑獄也。按察使程國仁入其言，鍛鍊定讞，承惠至，固疑不實，於他獄盜供得其情，銳意平反。巡撫和舜武惑於浮言，尼之。及偵獲盜首王壯於吉林，具承檜殺永柱狀。時國仁已擢巡撫，舊與承惠有嫌，且護前，不欲承惠竟是獄，檄勘隄工，承惠辭，乃劾承惠自以曾官總督，橫肆不受節制，褫職，薦前兗沂道童槐繼爲按察使。槐復劾承惠濫禁無辜，以罪人充捕擾民，譴戍伊犂，其去也，國仁送於候館，居民洶洶詈之，不及送而歸。既而文誥訴於京，命尚書文孚往鞫，未至，槐倉卒定讞，釋文誥。二十五年，起承惠爲湖北布政使。逾年，以衰老降戶部郎中。尋引疾歸，卒於家。

顏檢，字惺甫，廣東連平人，巡撫希深子。拔貢，乾隆四十二年，授禮部七品小京官，洊升郎中。五十八年，出爲江西吉安知府，擢雲南鹽法道，調迤南。嘉慶二年，剿威遠倮匪，擒匪首札杜。擢江西按察使，歷河南、直隸布政使。

五年，護直隸總督。東明縣民李車因姦砍傷七歲幼童，從重擬絞決。永年縣民梁自新勒斃繼妻及媳，訊因繼妻虐待前妻子有幅，縱媳與人通姦，同謀毒斃有幅，自新忿，將妻媳致死，從輕擬杖流。兩獄並爲仁宗嘉許，特旨依議。梁自新加恩，再減杖徒。先是直隸回贖旗地租銀，積欠至十三萬兩，前總督胡季堂、汪承霈屢議調劑，未有善策，檢疏請復旗租原額以紓民力，積欠得全減免焉。

六年，擢河南巡撫。七年，詔檢前護直督有治績，命以兵部侍郎銜署理直隸總督。尋實授，賜黃馬褂。九年，京察，予議敍。檢歷官畿輔，頗爲仁宗所信任。尋以東鹿縣民王洪中與張文觀鬬毆被傷，上控，承審官偏聽，王洪中受責自縊，獄經部鞫，詔斥檢玩視重案，下部議革職，改留任。又因他獄屢被詰責，檢具疏陳謝，諭曰：「方今中外吏治，貪墨者少，疲玩者多。因循觀望，大臣不肯實心，惟恐朕斥其專擅。小官從而效尤，僅知自保身家。此實國家之隱憂，不可不加整頓。卿係朕腹心之臣，其勉之。」

十年，坐易州知州陳渼虧空踰十萬，查辦不力，降調革任，予主事銜，効力吉地工程處。會永定河隄壞，責隨築賠修。又以刑部秋審，直隸省由緩改實者十四起，革主事銜，仍留工次，事竣，予五品銜，發南河委用。未幾，復因直隸官吏勾通侵帑事覺，革職，遣戍烏魯木齊。十三年，釋回。

十四年，命以主事充西倉及大通橋監督。十五年，授湖南岳常澧道，遷雲南按察使。十六年，擢貴州巡撫，尋召來京。坐前在直隸失察灤州民董懷信等傳習邪教，降二級，以京員用。又坐涿州知州徐用書交代朦混，降補工部郎中。十九年，授山東鹽運使，命以三品頂戴爲浙江巡撫，奏濬西湖興水利。上素稱檢操守才幹，而病其不能猛以濟寬，屢加訓戒。二十年，武平民劉奎養聽糾入添弟會傳習徒衆論斬，詔斥檢未究編造逆書之人，下部議；復因西湖厝棺被盜，言官劾其讞擬輕縱，命侍郎成格等往按，坐正犯由賄囑誣認，詔切責，褫職。二十四年，祝嘏，予官，補刑部員外郎，逾年授福建巡撫。

道光元年，疏陳歲進荔支樹、素心蘭採運艱難，詔永遠停貢，並嘉檢之直。二年，復擢直隸總督。先是藩司屠之申奏請直隸差徭，每地一畝攤徵銀一分，以示公平，詔俟檢到任定議；檢力言其不可行，請仍舊制。三年，以年老內召，授戶部侍郎，調倉場。復出爲漕運總督。五年，坐河淤滯運，降三品銜休致。尋復以疏請截留漕糧忤旨，降五品銜。十二年，卒。

論曰：馮光熊治苗疆善後，陸有仁興陝境寨堡團練，琅玕定石峴苗、維西夷，清安泰保全良將。李長庚、常明佐勒保平仲苗，晚任蜀疆，鎭撫番夷，皆一時疆臣之能舉其職者。溫承惠治畿輔無異績，陳臬山東，則治盜淸獄有聲，卒以平反寃獄遭傾陷，可謂能晚蓋矣。顏檢明於吏事，治尙安靜，而屢以寬縱獲譴焉。

清史稿卷三百五十九

列傳一百四十六

岳起　荆道乾　謝啓昆　李殿圖　張師誠 王紹蘭
李奕疇　錢楷　和舜武

岳起，鄂濟氏，滿洲鑲白旗人。乾隆三十六年舉人，議敍，授筆帖式。累擢戶部員外郎、翰林院侍講學士、詹事府少詹事。五十六年，遷奉天府尹。前官貪黷，岳起至，屋宇器用徧洗滌之，曰：「勿染其汙迹也！」與將軍忤。逾年，擢內閣學士，尋出爲江西布政使。殫心民事，值水災，行勘圩隄，落水致疾。詔嘉其勤，許解任養痾。

嘉慶四年，特起授山東布政使。未幾，擢江蘇巡撫。淸介自矢，僮僕僅數人，出屛騶從，禁遊船聲伎，無事不許讌賓演劇。吳下奢俗爲之一變。疏陳漕弊，略曰：「京漕積習相因，惟弊是營。米數之盈絀，米色之純雜，竟置不問。旗丁領運，無處不以米爲挾制，卽無處不以賄爲通融。推原其故，沿途之抑勒，由旗丁之有幫費；旗丁之索幫費，由州縣之浮收。除弊當絕其源，嚴禁浮收，實絕弊源之首。請下有漕各省，列欵指明，嚴行禁革，俾旗丁及漕運倉場，無從更生覬望冀倖之心。」詔嘉其實心除弊。常州知府胡觀瀾結交鹽政徵瑞長隨高柏林，派捐修葺江陰廣福寺。岳起疏言觀瀾、柏林雖罷逐，尚不足服衆心，請將錢二萬餘串責二人分償，以修蘇州官塘橋路。丹徒知縣黎誕登諷士紳臚其政績保留，實不職，劾罷之。

五年，署兩江總督。劾南河工員莊剛、劉普等侵漁舞弊，莫澐於任所設店肆運貨至工居奇網利，並治如律。揚州關溢額稅銀不入私，盡以報解；覈減兩藩司耗羨閒欵，實存銀數報部：並下部議行。六年，疏請濬築毛城鋪以下河道隄岸、上游永城洪河、下游蕭、碭境內河堰，並借帑舉工，分五年計畝徵還，允之。

八年，入覲，以疾留京，署禮部侍郎。會孝淑皇后奉移山陵，坐會疏措語不經，革職留任。尋命解署職，遂卒。帝深惜之，贈太子少保，賜卹如例。

無子，詔問其家產，僅屋四間、田七十六畝。故事，旗員歿無嗣者產入官。以岳起家清貧，留贍其妻；妻歿，官爲管業，以爲祭掃修墳之資。異數也。妻亦嚴正，岳起爲巡撫時，一日親往籍畢沅家。暮歸，飲酒微醺。妻正色曰：「畢公躭於酒色，不保其家，君方畏戒之不暇，乃復效彼耶？」岳起謝之。及至京，居無邸舍，病歿於僧寺，妻紡績以終。吳民尤思其德，呼曰岳青天，演爲歌謠，謂可繼湯斌云。

荆道乾，字健中，山西臨晉人。乾隆二十四年舉人，大挑知縣，官湖南，歷麻陽、龍山、東安、永順、慈利、靖州。所至有惠政，屏陋規，平寃獄。在靖州賑飢，尤多全活，屢膺上考。四十七年，遷甘肅寧夏同知，入覲，大學士劉墉會官湖南巡撫，稱之曰：「第一清官也。」名始著。尋署石峯堡同知，時方用兵，治事不廢，修復水利，復薦卓異記名。五十四年，擢安徽池州知府，屢署徽寧池太道，筦蕪湖關，贏餘不入己，以充賑恤。調安慶，朱珪爲巡撫，尤信任之，疏薦，擢山東登萊青道，攝布政使。以激濁揚清爲己任，薦廉吏崔映淮、李如珩等，而劾不飭者。

嘉慶二年，遷按察使。四年，遷江蘇布政使。先是州縣存留俸薪役食及驛站經費，改解藩庫，俟奏銷後請支，始則防吏侵挪，久之解有浮費，發有短平。或勒抵前官虧空，佐雜教官不能得俸，驛傳領於臬司；或苛駁案牘，因索餽遺，郵政日弛廢。道乾入覲時，面陳其弊，請悉依定章，於州縣徵收時開支，省解領之繁。仁宗俞可；至是疏上施行，天下便之。上方欲整飭漕政，以巡撫岳起及道乾皆有清名，責其肅清諸弊。到官三閱月，擢安徽巡撫，疏請禁徵漕浮收舊耗米一斗，給運丁五升，加給二升。運丁所得，有據可考；其所用沿途浮費，採訪知之，應禁革。詔下所奏於有漕各省永禁。又言：「屯田所以贍運，每丁派田若干及應得租籽，新僉旗丁不能瞭然。令糧道刊刻木榜，俾僉丁認田收租。運船領欵，刻易知單，由丁正身親領，以杜包領欺壓之弊。田册歸糧道收管，另造副册發各衞以備查驗。」並允行。宿州、靈壁、泗州水災，道乾親往監視賑廠。六年，以病乞罷，詔許解任調理，俟病痊來京候簡。次年三月，詔詢道乾病狀，已先卒於安慶，帝悼惜，賜祭，賜其孫炆舉人。

道乾由監司不三年擢至巡撫，求治益急，不避嫌怨，自處刻苦。臨歿，呼舊僚至寢所，指牀下金示之曰：「吾受重恩，積養廉數千兩，足以歸喪。諸君素愛我，勿爲斂賻。」又呼其兄曰：「兄仁弱，勿聽人慫恿受賻，違吾意。」兄如其言。

謝啓昆，字蘊山，江西南康人。乾隆二十六年進士，朝考第一，選庶吉士，授編修。典河南鄉試，分校禮闈，均得士。三十七年，出爲江蘇鎭江知府，調揚州。明於吏事，所持堅正，上官異意不爲奪。治東臺徐述夔詩詞悖逆獄遲緩，褫職戍軍臺。尋捐復原官，留江南。父憂，奪情署安徽寧國知府；復遭母憂，服闋，稱病久不出。五十五年，特擢江南河庫道，遷浙江按察使。六十年，遷山西布政使。州縣倉庫積虧八十餘萬，不一歲悉補完。高宗異其才，以浙江財賦地虧尤多，特調任。歷三歲，亦彌補十之五。

嘉慶四年，擢廣西巡撫。上疏，略曰：「各省倉庫積弊有三變。始則大吏貪婪者利州縣之餽賂，債事者資州縣之攤賠。州縣匿其私橐，以公帑應之，離任則虧空纍纍。大吏既餌其資助，不得不抑勒後任接收。此虧空之緣起也。繼則大吏庸闇者任其欺蒙，姑息者又懼與大獄，以敢接虧空爲能員，以禀揭虧空爲多事。州縣且有藉多虧挾制上司升遷美缺者。此虧空之濫觴也。近年不職督撫相繼敗露，諸大吏共相濯磨，州縣亦爭先彌補。但彌補之法，寬則生玩，胥吏因緣爲奸；急則張皇，百姓先受其累。各省貧富不同，難易迥別，一法立卽一弊生，惟在因地制宜。率定章程，又多窒礙。請飭下各省先查實虧之數、原虧之人，如律論治。其無著者，詳記檔案，使猾吏無可影射。多分年限，使後任量力補苴，不必展轉株求，亦不必程功旦夕。責成督撫裁陋規以清其源，倡節儉以絕其流，講求愛民之術以培元氣，獎擢淸廉之員以勵官常。日計不足，月計有餘。不數年間，休養生息，不徒倉庫充盈，吏治民生亦蒸蒸日上。廣西自孫士毅經營安南，軍需供億，所費不貲，米銀裝械，毁棄闕外，令州縣分賠，遂致通省皆虧。本非州縣侵蝕，且人已去任，接收者正在補苴，一經參追，難保不勸捐派累。惟率司、道、府、州省衣節食，革去一切陋規，俾州縣從容彌補，進廉去貪，無累百姓，計三年之內，庫項必可補足。惟是數十人補之而不足，一二人敗之而有餘。是又在知人善任，大法小廉，不愛逢迎，不存姑息，庶不致後有續虧之患。」又言：「彌補虧空，初不爲一身免累之計，乃有實際。臣前歷山西、浙江，皆未咨部，亦未咨追原籍。蓋當日之員，大半死亡遣戍，子孫貧乏者多，咨追徒滋紛擾，如數完繳者實無二三，現任反置身事外。廣西庫項未完者三十九州縣，覈其廉數多寡，分限三年，按月交庫，於交代時有不足者，卽以虧空論劾。」疏入，仁宗嘉納焉。時詔買補倉穀，取諸豐稔隣縣，禁於本境採買。啓昆言廣西跬步皆山，轉運不減於穀價，恐不肖者因採買之難，或爲勒派，請仍聽本境買補便，詔如所議。

廣西土司四十有六，生計日絀，貸於客民，輒以田產準折。啓昆請禁重利盤剝，違者治罪。田產給還土司，其無力回贖者，俟收田租滿一本一利，田歸原主，五年爲斷；其不禁客民入苗地者，廉土民馴愚，物產稀少，藉販運以通有無也。仿浙江海塘竹簍囊石之法，修築興安陡河石隄，以除水患。河流深通，舊銅船過陡河必一月，至是三日而畢。七年，卒於官，詔嘉其廉潔，於所節省潯、梧兩關盈餘項下賜銀三千兩治喪。廣西士民請祀名宦祠。

啓昆少以文學名，博聞强識，尤善爲詩。著樹經堂集、西魏書、小學考，晚成廣西通志，爲世所稱。

李殿圖，字桓符，直隸高陽人。乾隆三十一年進士，選庶吉士，授編修。典湖南鄉試，遷御史。督廣西學政，遷給事中。

四十九年，甘肅回亂，從阿桂、福康安赴軍治糧餉、臺站，授鞏秦階道。軍事初竣，民、回相讐，焚掠報復，訛言時起。殿圖處以鎮靜，叛黨緣坐，婦稚量情釋宥；罹害戶口，隨宜賑恤，流亡漸安。卓泥土司與四川松潘、漳臘各番爭噶噶固山界，殿圖輕騎履勘，歷小洮河、丈八嶺、鸚哥口，皆人蹟罕到，羣番導行，片語判決，立石達魚山頂而還。高宗幾餘考涇、渭清濁源流，命殿圖親勘，自秦州溯流至鳥鼠，崆峒，繪圖附說以進，詔嘉其詳實。

六十年，遷福建按察使，嘉慶三年，就遷布政使。疏言：「乾隆中，業農家必畜騾馬三四以任耕種，嗣後官吏借用應差，漸形滋擾，應嚴行革除。獄訟必速爲審結，開釋無辜，小民始得安業。常平倉穀積久弊生，民未受益，官倉已受其虧。無災之年，不宜貸假。吏役例有定額，近則人思託足，藉免役傜。關津稅口，官署長隨，呼朋引類，並爲奸藪，宜幷禁止。」詔下直省一體察禁。閩俗售田，田面田根，糾纏不決。蠹吏影射，佃戶頑抗，錢糧日多脫欠，徵收不敷，每以虛出通關而致虧缺，殿圖奏請嚴治。在任逾年，庫儲大增。

擢安徽巡撫，七年，調福建。有林、陳、藍、胡諸大姓糾衆械鬭，治如律。治海盜三脚虎及蔡牽羽黨，請祀海洋陣亡官兵，緝匪死事者一體入祀，從之。十一年，蔡牽久未平，仁宗以臺灣剿捕事殷，殿圖操守尚好，軍務未嫻，調江西巡撫。尋詔斥殿圖於軍事無所陳奏，又不能禁止海口偷漏水米火藥，降四五品京堂；又以所屬久羈案犯，以中允、贊善降補。尋遷翰林院侍講，引病歸。十七年，卒。光緒初，閩浙總督文煜疏陳殿圖前任福建政績昭著，謚文肅。

張師誠，字蘭渚，浙江歸安人。乾隆中，南巡，召試賜舉人，授內閣中書，充軍機章京。遷吏部主事，忤和珅，緣事降中書。得應會試，五十五年，成進士，改庶吉士，授編修。嘉慶元年，出爲山西蒲州知府，歷雁平道，河南、江蘇按察使，遷山西布政使。州縣倉庫多虧，師誠知清查有名無實，特嚴於交代之際，有虧必完，在任三年，庫儲充裕。十一年，擢江西巡撫，以兼提督賜花翎，遂著爲令。尋調福建，清治淹牘，疏陳整頓積弊事宜，詔嘉勉。

時海盜蔡牽、朱濆方猖獗，總督玉德廢弛黜去，阿林保繼任，復與提督李長庚不協；師誠至，始嚴防海口，杜岸奸接濟，籌備船械，長庚得盡力剿捕。是年冬，長庚追蔡牽於粵洋，以傷殞。牽犯臺灣後山噶仔蘭，爲生番擊退，請收其地入版籍，免爲賊踞。十三年，朱濆與牽有隙，獨竄閩洋，總兵許松年擊斃之。其弟渥，勢蹙思投首，會道員德華由臺灣內渡，遇牽黨圍劫，渥救之，藉以通款，尋復拒敵粵師不果降。十四年，阿林保調兩江，師誠暫署總督。聞蔡牽竄浙洋，親駐廈門，提督王得祿、邱良功合剿，毀盜舟，牽墮海死。朱渥尋率三千餘人歸誠，赦其罪，海疆以安，閩人刊石烏石山以紀功。海寇稽誅久，由閩、浙不能合力，自師誠治閩，而阮元復涖浙，始告成功。仁宗嘉其嚴斷接濟，爲殄寇之本。京察特予獎敍。

十九年，調江蘇。百齡爲總督，諸巡撫皆承望風旨，師誠獨舉其職。初彭齡奉命同查虧帑，意與百齡、師誠不合，遂劾兩人皆受餽遺，而不得實，詔原之。會百齡窮治逆書獄，閭閻悚息，巡撫所主五府州得無擾。川沙民有燒香傳徒者，有司密捕解江寧，師誠遣標弁要於途，交按察司依律鞫治，免辜磔者數十人，時以稱之。二十一年，父病篤，不俟代回籍，被嚴議褫職。尋予編修，服闋，遷中允。歷江西、安徽布政使。道光元年，擢廣東巡撫，調安徽，繼母憂去官。復歷山西、江蘇巡撫。六年，召授倉場侍郎。以病乞歸，卒於家。

師誠警敏綜覈，在當時疆吏中有能名，治福建最著，繼之者爲王紹蘭。

紹蘭，字南陔，浙江蕭山人。乾隆五十八年進士，授福建南屏知縣，調閩縣。巡撫汪志伊薦其治行，仁宗曰：「王紹蘭好官，朕早聞其名。」召入見，以知州用，擢泉州知府。漳、泉兩郡多械鬭，自紹蘭治泉州，民俗漸馴，而漳州守令以械鬭獄獲罪，詔舉紹蘭以爲法。擢興泉永道，捕獲蔡牽養子蔡三及其黨蔡昌等，予議敍。遷按察使，母憂去，服闋，起故官，就遷布政使。嘉慶十九年，擢巡撫，始終未出福建。尋汪志伊來爲總督，與布政使李賡芸不合，因訐告受賂，劾治，屬吏希指羅織，賡芸憤而自縊。志伊獲譴，紹蘭坐不能匡正，牽連罷職。

少嗜學，究經史大義。去官後，一意著述，以許愼、鄭康成爲宗，於儀禮、說文致力尤深，著書皆可傳。

李奕疇，字書年，河南夏邑人。乾隆四十五年進士，選庶吉士，授檢討。大考改禮部主事，典貴州鄉試，洊遷郎中。五十七年，出爲山西寧武知府，調平陽，有政聲。歷江蘇糧道、山東按察使。嘉慶十一年，坐巡撫保薦屬吏違例，牽連被議，左遷江南河庫道。

十三年，遷安徽按察使，治獄明愼，多平反。霍丘民范受之者，贅於顧氏，與妻反目，外出久不歸。縣令誤聽訛言，謂其妻私於鄰楊三，鍛鍊成獄，當顧氏、楊三謀殺罪，其母與弟及傭工某加功，實無左證，五人者不勝刑，皆誣服。奕疇閱供詞，疑之，驟詰曰：「爾曹言骨已被焚，然尙有臟腑腸胃，棄之何所？」囚不能對，惟伏地哭。奕疇慨然曰：「是有寃！」使幹吏偵之，至陳姓家，言正月十五夜受之曾過宿，而讞曰被殺在十三日，乃緩繫諸囚，嚴緝受之。久之，受之忽自歸，則以負博遠避，不敢使家人知所在，今始聞大獄起，乃歸投案也。

事得白。奕疇故無子，獄既解，乃生子銘皖。民間傳頌，至演爲劇曲。就遷布政使。

十八年，擢浙江巡撫。時近畿教匪未靖，或言嚴、衢兩郡匪徒傳習天罡會，詔奕疇嚴治。奕疇逮訊葉機、姚漢楫等，實止愚民相聚誦經祈福，無逆跡，坐罪首犯數人，株連皆省釋。安徽、江西游民來浙租山墾種者日衆，言官請禁。奕疇疏陳勢難遽逐，請分年遣令回籍。上悟曰：「茲事不易言。游民皆無恆產，驅之此省，又轉徙他省，斷不能復歸鄉里。」命徐謀教養，俾流亡者變爲土著，乃得安。

尋授漕運總督，在任五年，運務無誤。奕疇固長者，待下寬，坐濫委運弁降四級，命以吏、禮二部郎中用。復以運弁縱容幫丁索費，被劾，降主事。二十五年，宣宗卽位，命奕疇以尚書守護昌陵。道光二年，原品休致。十九年，重宴鹿鳴，加太子少保。明年，會榜重逢，子銘皖適登第，同與恩榮宴，稱盛事焉。二十四年，卒，年九十有一。

錢楷，字裴山，浙江嘉興人。乾隆五十四年進士，選翰林院庶吉士，散館改戶部主事，充軍機章京。嘉慶三年，典四川鄉試，督廣西學政，回京，仍直軍機。遷禮部郎中，調刑部，甚被眷遇。截取京察當外用，予升銜留任。十一年，詔嘉楷久直勤勉，以四五品京堂用。歷太常寺少卿、光祿寺卿。十二年，京師旱，疏請循漢書求雨閉陽縱陰之說，停止正陽門外石路工程，詔「修省在實政，無事傅會五行」，罷其奏。迭命往河南、山西鞫獄，次第奏結，無枉縱。授河南布政使，十四年，護理巡撫，暫署河東河道總督。擢授廣西巡撫，尋調湖北。

十六年，疏言：「外洋鴉片煙入中國，奸商巧爲夾帶。凡粵東西兩省匪類糾結，多由於此，以致盜風益熾。請飭閩、粵各關監督並近海督撫，嚴督關員盤檢，按律加等究辦。內地貨賣一經發覺，窮究買自何人，來從何處，不得含糊搪塞，將失察偷漏監督委員及地方官一體參處，務使來蹤盡絕，流弊自除，乃淸理匪源之一端也。」詔下沿海督撫認眞察辦。授戶部侍郎，兼管錢法堂事。奏陳湖北地方事宜應酌劑者四端：請附近荆州糧米供支滿營兵食，餘俱改歸北漕；沿江契買洲地，准其耕種納糧，無契者作爲官地，召佃承種；新設提督，移駐襄陽府城；楚北均食淮鹽，襄陽、宜昌等府籌議減價。下所司會議，惟沿江洲地一事照行，餘以窒礙置之。

復出署河南巡撫。匪徒王朋子句結南陽飢民滋事，成大獄。楷至任，疏言：「前任巡撫恩長於南陽匪徒一案，前後具奏情節與原報不符，辦理過當。府、州、縣等緝犯並未廢弛，平日聲名尙好，現擬絞監候之二十餘犯，明年秋審，均應情實，不敢知而不言。」詔以「句決與否，臨時自有權衡，非臣下所可豫定。地方官咎有應得，豈能開復？」斥楷敷陳未當，近於喜事。調補工部侍郎。尋授安徽巡撫。以歙縣監生張良璧採生斃命，命楷親訊，讞擬未依凌遲律，失於輕比，部議降一級調用，改降二級留任。十七年，卒。詔以「楷直樞曹久，有勞，自簡封圻，治理安靜。母程年逾七旬，嗣子尚幼，深憫之，特賜卹。」

和舜武，伊拉里氏，滿洲鑲藍旗人。官學生，考授太常寺筆帖式。累遷步軍統領衙門員外郎。以治獄明獲議敍，遷兵部郎中，兼公中佐領。嘉慶十五年，出爲江蘇鹽法道。累遷山東布政使，整飭吏治，輿論歸之。二十二年，擢山西巡撫，調河南。會布政使吳邦慶疏請於漳、衞合流之處建閘壩，和舜武謂：「漳河盛漲湍悍，非一閘所能禦，越閘旁趨，且停蓄泥沙，塞衞水宣洩之路。」疏請罷之，仍舊章每年挑濬竇公河以資鹽運，如所議行。逾年，調山東。仁宗聞其前爲布政使有聲，故有此授。山東民俗好訟，又近畿，輒走訴京師。和舜武再蒞，訟頓減，特詔褒勉。疏請清理京控積案，責巡撫、藩、臬分提鞫訊，月定課程，各自陳奏；又請酌改竊盜窩匪條例，加重定擬，俟盜風稍戢，復舊：並從之。至年終，審結積案千餘起，予優敍。京察復予議敍。二十四年，卒，上甚惜之，優詔賜卹，贈總督銜，諡恭慎。

論曰：仁宗初政，特重廉吏。岳起、荊道乾清操實政爲之冠；謝啓昆、張師誠才猷建樹，卓越一時，並專圻碩望矣。李殿圖、李奕疇、錢楷亦各以明慎慈惠見稱，和舜武課最簿書，遂邀易名曠典；王紹蘭一眚坐廢，晚成經學，殆有幸有不幸哉？

清史稿卷三百六十

列傳一百四十七

司馬騊　王秉韜　嵇承志　康基田　吳璥　徐端

陳鳳翔　黎世序

司馬騊，字雲皋，江蘇江寧人。乾隆中，大學士高晉爲兩江總督，辟佐幕司章奏。習河事，以從九品留工効用，授山陽主簿。累遷淮安同知，仍兼幕職。從晉塞河，屢有功。薩載繼任總督，亦倚之。五十年，奏擢江南河庫道。道庫歲修六十萬，溢額則俟上聞，遇險工，廳員借帑，久輒因緣爲弊，騊從容籌補，公私具舉。五十五年，遷江西按察使，在官七年，巡撫簠簋不飭，被劾多所牽連，騊以謹愼獲免。嘉慶元年，遷山西布政使。二年，調山東，兼管河務。是年秋，曹州河溢，命騊偕兩江總督李奉翰、南河總督康基田、前山東巡撫伊江阿同任堵塞。冬，擢河東河道總督。曹工尋合龍。三年春，西壩蟄，革職留任。疏言豫東兩岸隄工卑薄，請擇要增高，以禦汛漲。詔以下游不能深通，徒事加隄，斥其不揣本而齊末，曹工之蟄，由於堵築不堅，罰駒等賠修，奪翎頂，所議工事仍允行。九月，睢州河溢，詔免治罪，責速塞。四年正月，工竣，復頂戴，議敍，免其代賠帑銀。尋卒於工次，賜卹。

王秉韜，字含谿，漢軍鑲紅旗人。由舉人授陝西三原知縣，累遷河南光州直隸州知州。緣事降浙江按察司經歷，改雲南知縣。累遷山西保德知州，有政聲。乾隆五十五年，擢安徽潁州知府，因讞獄遲延罷職，詔以原官發江蘇，補淮安。嘉慶二年，復調潁州。會教匪犯河南，去潁州甚近。秉韜慨然曰：「同爲守土臣，豈可以畛域遺害乎？」與壽春鎮總兵定柱團結鄉勇數千，勵以忠義，助糧餉，戰於境上，破賊走之。時大學士朱珪爲安徽巡撫，器其才。未幾，擢廣西左江道。復以在潁州失察逸犯，罣議，鐫級去官，留治江南豐、碭河工。尋署廬鳳道。洎仁宗親政，朱珪薦之，擢奉天府尹，遷河南布政使。五年，擢河東河道總督。

秉韜老於吏事，治河主節費，隄埽單薄者擇要修築，不以不急之工擾民。河北道羅正墀信用劣幕舞弊，曹考通判徐鼐張皇糜費，並劾治之。薪料如額採買，河員濫報輒駮斥，使多積土以備異漲，於是浮冒者不便其所爲，言官遽論劾，詔慰勉，戒勿偏於節省。七年，防汛，卒於工次。

秉韜性方正，不沽名。時疆吏中長麟、汪志伊並以廉著，秉韜不慊其爲人，嘗曰：「長三，汪六皆名過其實，奚足貴？」繼其任者爲嵇承志。

承志，大學士璜子。由舉人官內閣中書，累遷長蘆鹽運使。乾隆五十九年，天津海河溢，築隄守禦。高宗以承志無守土責，能盡力，特詔嘉之。尋病歸。嘉慶六年，從侍郎那彥寶治永定河，復授長蘆鹽運使。七年，署河東河道總督。承志年已老，上特以其家世習河事，故任之。八年，河決封丘衡家樓，次年，塞決工竣。召還京，授大理寺少卿。十年，遷順天府尹。尋卒。

康基田，字茂園，山西興縣人。乾隆二十二年進士，授江蘇新陽知縣，調昭文。爲令幾十年，遷廣東潮州通判。以獲盜功，晉秩同知。累遷河南河北道，調江南淮徐道，治河有聲。五十二年，擢江蘇按察使。命每年大汛赴淮、徐襄河務。六月，河南睢州河溢，基田奉檄馳往堵築。次年，遷江寧布政使，兼河務如故。五十四年，署江南河道總督，尋回任。六月，基田防汛睢南，値周家樓河溢，上游魏家莊大堤翻陷，基田壓焉，援救得生。詔嘉其奮勉，特加恩賚。五十五年，護理安徽巡撫。以高郵糧胥僞造印串，巡撫閔鶚元被嚴譴，褫基田頂戴。復以陳奏不實，革職逮問，遣戍伊犂。尋許贖罪，以南河同知用。五十六年，仍授淮徐道。五十九年，力守豐汛曲家莊隄，特詔褒獎。擢江蘇按察使，調山東，仍兼黃、運兩河事。

嘉慶元年，南河豐汛河溢，基田赴工襄治，遷布政使。命回山東，疏消漫水，撫卹災民，基田遂往來其間。次年春，豐工竣，賜花翎。擢江蘇巡撫。秋，河溢碭山楊家壩，命馳視。山東曹縣河亦溢，復命往襄同堵築。授河東河道總督，尋調南河。三年，曹工合而復蟄，部議革職，詔寬免。疏言：「口門深逾十丈，擬就二壩前河勢灣處開引河，別築一壩，即以舊西壩改作挑水壩，俟秋後興工。」詔責其延玩，褫翎頂，尋命專任下游挑河事。九月，河南睢州河復溢，水入渦、濉諸河，正河斷流。大工旋合。次年春，睢工亦竣，河歸故道，引河通暢，復翎頂。時有條奏治海口及復舊制混江龍者，基田疏言：「治河之法，首在束水攻沙。自曹工漫溢，溜或旁趨，遂致正河淤墊。因上決而下淤，非先淤而後決。今睢工、曹工既竣，連年黃水漫衍，所在停沙，比至清江會淮，已成清水。海口刷滌寬三百數十丈，毋庸疏濬。混江龍助水之力甚微，不若束水攻沙、以水治水之力大而功倍。」仁宗嘉納之。

秋，河溢邵家壩。十二月，堵合未旬日，壩復蟄，滲水，責基田賠帑。五年正月，壩工失火，積料盡焚，革職，留工効力。基田馭下素嚴，督率將卒守隄，動以軍法從事，稽延者杖枷不貸，人多怨之。又官吏積弊懼揭，陰縱火以掩其跡。帝亦知基田性剛守潔，惟責其苛細，仍命隨辦要工，欲復用之。及邵家壩工竣，以知州用，補江蘇太倉直隸州。逾年，擢廣東布政使，調江西，又調江寧。十一年，因貴州鉛船遲滯，降調，授戶部郎中。

十三年，從協辦大學士長麟、戴衢亨察視南河，基田請修復天然閘迤東十八里屯二石閘，靳輔所建也，足以減黃濟運，且山石夾峙，無奪溜沖決之患，據以入告。帝嘉其留心河務，加道銜，賜花翎。尋予太僕寺少卿職銜，稽核南河要工錢糧。十六年，以年逾八旬，乞休，允之，命來京就養，以示優卹。後議改建山盱五壩，特命與議。基田疏陳：「舊制盡善，不宜輕改。今仁、義、禮三壩石底損壞，跌成深塘，不得已爲變通之計。請將仁、義二壩先改其一，俟大汛果見順利，再議添所建。擬禮壩先築草壩，非湖水大漲，不可輕放。」奏入，報聞。十八年，鄉舉重逢，賜三品卿銜，與鹿鳴宴。尋卒。

吳璥，字式如，浙江錢塘人，吏部侍郎嗣爵子。乾隆四十三年進士，選庶吉士，授編修。大考擢侍講學士，典陝西鄉試。五十四年，督安徽學政。召見，高宗因其父曾爲總河，詢以河務，所對稱旨，即日授河南開歸陳許道。累遷布政使。五十九年，巡撫出視賑，璥充鄉試監臨，聞河水暴漲，即出闈馳防，帝嘉之。六十年，署巡撫。

嘉慶二年，楚匪齊王氏犯河南，擊走之，復剿息縣匪，賜花翎。母憂留任。四年，署河東河道總督，尋實授。請增河工料價，歸地糧攤徵，詔斥其病民，革職留任。五年，調南河，堵合邵家壩漫口，加太子少保。八年秋，河決衡家樓，命豫籌來年漕運，請疏邳州、宿遷諸閘，於宿遷、桃源交界築束水草壩，濬淤淺，依議行。又言徐州一帶河水寬深而未消落，乃海口壅塞所致，詔相度治之。尋疏陳：「雲梯關海口暗灘，尚非全被阻遏。請於黃泥嘴開引河，並挑吉家浦、于家港、倪家灘、宋家尖諸灘。」允之。九年秋，洪湖水漲未消，請緩築仁、智兩壩，以保堰、盱隄工。時東河衡工甫合，清江浦河口水淺阻糧船，上謂清水力弱，由啓放仁、智等壩所致，命侍郎姜晟往會籌蓄黃濟運。璥與合疏請堵二壩及惠濟閘之鉗口壩，使湖水全力東注，刷通河口，並啓李工口門，減掣黃水，從之。上終以璥多病，治河不力，雖宥其罪，命解職。十年，授兵部侍郎，調倉場侍郎。

十一年，復授河東河道總督。因料物例價不敷，請依南河按時價折銷，允之。復請歲料幫價歸地糧攤徵，被嚴斥，革職留任。尋又以隄堰工需併入衡工善後題銷，上切責之。十三年，召回京，授刑部尚書。命偕侍郎托津赴江蘇鞫獄，幷勘議海口改道，請仍復故道，接築雲梯關外大隄，從之。復授江南河道總督。十四年，疏陳：「海口應濬，而大隄不堅，旁洩必淤；蓄清爲要，而隄壩不復，遇漲必潰。今聞壩無減黃之路，五壩無節宣之方，皆宜急爲救治。」詔韙之，令盡心經理。是冬，以海口挑復正河，費用浩繁，不及於次年桃汛前舉工，請權宜仍濬北潮河以通去路。十五年春，偕兩江總督松筠合疏請修復正河，詔允行；而斥璥無定見，前後矛盾，責其認眞督治，不得以事由松筠主持爲推諉之地。尋因病乞假，詔解職，俟病痊以六部尚書用。

璥既去任，松筠疏論河工積弊，謂璥與徐端治理失宜，用人不當，墊欵九十餘萬，恐有冒捏。又兩淮鹽政阿克當阿劾揚河通判繆元淳浮冒工欵，稱：「璥路過揚州，與言廳員營弁不肖者多，往往虛報工程，且有無工借支。前在任六七年，用帑一千餘萬，今此數年，竟至三四千萬。」詔斥璥知而不奏，命尚書托津等往南河按之，劾璥失察誤工；又濬淮北鹽河，未經奏陳，濬後復淤，詔切責，降四級調用，與徐端分賠鹽河工欵，命璥赴南河襄辦王營減壩及李家樓漫口。十七年，補光祿寺卿，累遷吏部侍郎。

十八年，睢州河溢，命赴南河察勘湖河。十九年，授河東河道總督，督治睢工。次年，遷兵部尚書，工竣回京，歷刑部、吏部，協辦大學士。上以璥練習河務，無歲不奉使出勘河。二十一年，協防東河秋汛。二十二年，勘睢工及山東運河，南河蕭南民堰，淸江浦禦黃、束淸諸壩。二十三年，築沁河漫口。二十四年，築河南蘭陽、儀封及武涉馬營壩決口。二十五年，勘南河東淸、禦黃諸壩及洩水事宜。其間再署河南巡撫，一署河東河道總督。道光元年，以病免。二年，因侍郎那彥寶治河不職降黜，追論璥與同罪，雖已致仕家居，褫其翎頂。

尋卒。

徐端，字肇之，浙江德清人。父振甲，官江蘇清河知縣。端少隨任，習於河事。入貲爲通判。乾隆中，河決青龍岡。振甲知涉縣，分挑引河，端佐役，大學士阿桂督工，見而器之，留東河任用，授蘭儀通判。尋升缺爲同知，調睢寧，又調開封下南河。

嘉慶三年，署山東沂曹道。睢州河決，端預築曹州隄，得無害。四年，擢江西饒州知府，未之任，調江蘇淮安。七年，擢淮徐道，丁父憂，與假治喪，仍回任。九年，加三品頂戴，護理東河河道總督。時衡家樓甫塞決，詔以前官王秉韜惜費，嵇承志年衰，修防多疏，責端通籌全河爲未雨綢繆之計。端疏陳臨河埽工固緊要，無工之地尤須愼防，仁宗韙之。冬，清口水淺阻漕船，端偕尙書姜晟等往視，請展引河，啓祥符五瑞壩，分河水入洪湖助清敵黃，清口乃通。尋授江南河道總督。十年，請疏治雲梯關沙淤，培築桃源以下隄工；又請移建河口東清壩於迤南湖水匯出之處，以資節制；挑清壩外築東清東壩，對岸張家莊增築西壩，留口門二十丈，視湖水大小爲束展：詔允行。秋，築義壩。時命侍郎戴均元會籌蓄黃濟運，端與合疏請濬王營減壩以下鹽河，遇盛漲，相機啓放，庶黃減淮强，湖水暢出，堰工亦免著重，從之。

十一年，洪湖異漲，高堰賴新築子堰抵禦，不爲害。俄黃水並漲，決鹽河民堰，運河東岸荷花塘亦決。以功過相抵，免議。舊制，南河設正副總河，後裁其副；至是授戴均元爲河道總督，端副之。秋，河決周家樓，上游郭家房隄蟄，命端專治郭家房堵口，四閱月工竣。時黃水由減壩六塘河入海，正河斷流，羣議改道，上頒示御製黃河改道記，命端視察海口。尋以六塘河下游水勢散漫，難施工作，復頒示御製治舊河記，命端專駐減壩督工。十二年春，工竣，河循故道，加太子少保。秋，海潮上漾，河由陳家浦旁溢入射陽湖歸海，請於黃泥嘴建壩，擇要疏淤，俾仍故道。

十三年，署正總河。先是端屢言河淤由於海口流緩，宜接築雲梯關外長隄，束水攻沙，未及舉。至是兩江總督鐵保疏申前議，並請培高堰土坡，修補智、禮二壩，以備湖漲；復毛城鋪石隄、王營減壩，以節宣黃水：端贊其議。命協辦大學士長麟、戴衢亨察視，惟輟毛城鋪壩工，改建徐州十八里屯雙閘，餘依原議行。夏，湖水漲，端啓智、信二壩，不敷宣洩，壞磚工百餘丈，褫翎頂，降三級留任。尋堵合，復之。時黃水由馬港口分流，經灌河口歸海，命尚書吳璥、侍郎托津會勘，以荷花塘壩工垂成復蟄，降端爲副總河。十五年，復授河道總督，裁副總河。端始終主復舊海口堵馬港，命尚書馬慧裕會同督治。兩江總督松筠劾端於河流逢灣取直，以致停淤，上不直其奏，端疏辨，詔松筠無預河務，責端與慧裕速施工，勿游移。尋以洪湖風汛，壞高堰、山盱兩廳工甚鉅，革職留任。松筠復密陳端祇知工程，不曉機宜，糜帑千萬，迄無成功，且恐有浮冒之弊。詔斥端不勝河督之任，革職留工，專任堵築義壩。十六年，命以通判用，復命治李家樓引河。十七年，工甫竣，病卒。

端治南河七年，熟諳工作。葦柳積隄，一過測其多少。與夫役同勞苦，廉不妄取。河工積弊，端知之，憚於輕發，欲入覲面陳而終不得，以至於敗。繼之者爲陳鳳翔，河事遂益敝。

陳鳳翔，字竹香，江西崇仁人。謄錄，議敍授縣丞，發直隸河工，累遷永定河道。嘉慶六年，畿輔大水，河決者四，鳳翔從侍郎那彥寶塞決，爲仁宗所知。逾年，丁父憂，賜金治喪。後復授永定河道。

十四年，擢河東河道總督，逾年，調南河。時南河敝壞已久，河湖受病日深，詔以蓄清敵黃爲急務，其要在修復高堰之堤，責鳳翔尅期程工，尤以借黃濟運爲戒。十六年，疏陳急治河口及運河各工，高堰二堤亦次第興辦。尋偕兩江總督勒保奏報堵合禦黃、鉗口兩壩，疏末微言：「海口北岸無人烟之地，面面皆水，俟秋間水落，相機辦理。」上以上年堵築馬港，兩岸皆新堤，北岸地勢尤高，明是新決諱飾，責令據實奏聞。適王營減壩土隄又決，詔切責，革職留任。尋奏：「王營減壩旁注，由海口逼緊，水無他路，致有漫溢。請俟水落，修築減壩海口，但保南岸，勿築北岸，以免水逼。」援引高宗諭旨雲梯關外勿與水爭地，詔以「從前瀕海沙灘無居民，今則馬港口外現有村落，非昔可比。且水勢散漫，河緩沙停，弊不勝言。又鳳翔等所繪海口圖無村落地名，與十三年吳璥所呈圖說不同，河形曲直亦異。」斥鳳翔意存朦混，恃才妄作：「前稱雲梯關外溜勢暢達，未挑處刷深至十餘丈，可見海口非高仰；鳳翔既未身歷其境，今因北岸漫溢，束手無策，反言從前挑築皆屬非計，以相抵塞。」特簡百齡爲兩江總督，與鳳翔同勘海口。鳳翔謂海口不能暢，下壅故上潰，諉爲淮海道黎世序所言；而世序實謂下壅在倪家灘新隄上下，非在海口。及百齡至，親勘海口深通，惟中段涸成平陸，乃去歲挑河積土河灘，春水漫刷，仍歸河內。又攔潮壩放水時，壩根起除未淨，阻水停淤，世序屢請籌辦，鳳翔視爲緩圖，詔斥因循貽誤。會上游緜拐山、李家樓兩處漫口，革職留任。

十七年春，禮壩又決，百齡劾：「鳳翔急開遲閉，壩下衝動，不早親勘堵築，用帑二十七萬兩有奇；而壩工未竣，清水大洩，下河成災。」嚴詔斥鳳翔貽誤，革職，罰賠銀十萬兩，荷校兩月，遣戍烏魯木齊。尋鳳翔訴辨，命大學士松筠、府尹初彭齡按訊，得百齡與鳳翔同時批准開壩狀；鳳翔又訐百齡信任鹽巡道朱爾賡額督辦葦蕩柴料，捏報邀功：譴百齡等，鳳翔免枷，仍赴戍，未行，病歿。

黎世序，初名承惠，字湛溪，河南羅山人。嘉慶元年進士，授江西星子知縣，調南昌。擢江蘇鎮江知府。十六年，遷淮海道。與河督陳鳳翔爭堵倪家灘漫口，由是知名。

十七年，調淮陽道。尋鳳翔黜，詔加世序三品頂戴，署南河河道總督，俟三年後果稱職，始實授。疏言：「自上年大潦，千里長河，王營減壩及李家樓漫口堵合，雲梯關外水深二三丈至四五丈，爲近年所未有。而清江浦至雲梯關一帶，較之河底深通時尚高八九尺。此非人力所能猝辦，計惟竭力收蓄湖水，以期暢出。敵黃蓄清之法，在堰、盱二隄，有旨緩辦；今年禮壩跌損，宣洩路少，二隄尤應急築，以資捍衞。」允之。

十八年，以仁、義、禮三壩基壞，請於蔣家壩附近山岡移建三壩，挑引河三道，詔令詳議，並飭塡實舊壩。尋如議行。因全漕渡黃較早，議敍。疏請加高徐州護城石工，添築越隄，於清江浦汰黃隄外加重隄，又於駱馬湖尾閭五壩迤下添碎石滾壩，並允之。先是百齡擬於清江浦石馬頭築圈隄，其灣處對王營，上起禦黃壩，下屬貼心壩，河寬千餘丈，至此陡束爲二百丈，論者以爲不便，得不行；世序卒成之。是年秋，睢南薛家樓、桃北丁家莊漫水壞隄，世序躍入河者再。會上游河南睢州決口奪溜，河水陡落，睢、桃兩工得補築無事，詔以世序不能先事預防，降一級留任。睢州決口久未合，黃水全入洪湖。世序力籌宣洩，濬順清河於清口淤窄處，自束清壩起至禦黃壩止，挑引河三，束清、鉗口各壩一律闢展，智、仁兩壩及蔣壩以南，新挑仁、義兩壩引河，並爲分減之路。至十九年霜降，安瀾，詔嘉世序修防得宜，加二品頂戴。

二十年，疏言：「徐州十八里屯舊有東西兩閘，金門寬三丈五尺，不足減水。其西南虎山腰兩山對峙，凹處寬二十餘丈，山根石脚相連，可作天然滾壩。北面臨河，卽十八里屯山岡淤於土中，剷平山頂，改作臨河滾壩。以虎山腰爲重門擎托，可期穩固。」允之。夏，洪湖盛漲，拆展束清，禦黃兩壩，啓山盱引河滾壩，清水暢出，會黃東注，刷河益深，特詔嘉獎，賜花翎。

世序治河，力舉束水對壩，課種柳株，驗土埽，稽垛牛，減漕規例價。行之旣久，灘柳茂密，土料如林，工修河暢。南河歲修三百萬兩爲率，每年必節省二三十萬。碎石坦坡，自靳輔始用之於高堰，後蘭第錫、吳璥、徐端偶一用之；世序始用之於通工，謗言四起，世序力持，卒獲其效。二十一年，京察，議敍。二十二年，因禦黃壩刷深不能施工，束清壩掣溜太急，亦難穩立，請於舊二壩水淺處添築重壩，又於束清壩外添建一壩，以爲重門鉗束，於是比歲安瀾，奏減料價一成。

道光元年，入覲，宣宗嘉其勞勩，加太子少保，開復一切處分，賜詩以寵之。二年，京察，復予議敍。四年，卒於官，優詔褒卹，加尚書銜，贈太子太保，謚襄勤，入祀賢良祠。江南請祀名宦建專祠，帝追念前勞，御製詩一章，命勒石於墓。賜其子學淳，主事；學淵，舉人；學澄，副榜貢生。

自乾隆季年，河官習爲奢侈，帑多中飽，寖至無歲不決；又以漕運牽掣，當其事者，無不蹶敗。世序澹泊寧靜，一湔靡俗。任事十三年，獨以恩禮終焉。幕僚鄒汝翼，無錫人，世序倚如左右手，欲援陳潢故事，薦之於朝，力辭而止。涇縣包世臣號知河事，世序多用其說，惟築圈堰一事論不合。及創虎山腰滾壩，世臣阻之曰：「河以無溜爲至險，攻大埽不與焉；湖以淤底爲至險，掣石工不與焉。」公謂減黃入湖，爲化險爲平。黃緩湖高，吾坐見其積平成險也。兩險交至，其禍甚烈。公意在及身，然以憂患貽後世已。」世序初奏亦謂壩成遇不得已乃啓，然後實無歲不啓。洎嘉慶二十五年，上游河南睢州馬營兩口既合，閱歲大汛至，清河、安東、阜寧三縣境內河水常平隄，而中泓無溜。世序心知其害，憂瘁而卒。後數月，高堰竟決。

論曰：仁宗銳意治河，用人其愼。然承積弊之後，求治愈殷，窟穴於弊者轉益譸張以爲嘗試。海口改道之說起，紛紜數載而後定。康基田、徐端等皆諳習河事，程功亦僅。至黎世序宣勤久任，南河乃安；而減黃病湖，遂遺隱患。得失之故，具於斯焉。

清史稿卷三百六十一

列傳一百四十八

劉清　傅鼐　嚴如熤　子正基

劉清，字天一，貴州廣順人。由拔貢議敍，授四川晃寧縣丞，擢南充知縣，政聲爲一省之冠。

嘉慶元年，教匪起，清得民心，募鄉勇五百人擊賊，人樂爲用。賊自爲民時知其名，遇輒避之。繼從總督英善勦達州匪徐天德，數捷，率鄉勇羅思舉赴賊營諭降羅其清，未得要領；而徐天德與王三槐、冷天祿合陷東鄉，二年春，始復之，遂署東鄉。進克清谿場，擒賊黨王學禮，天德之舅也，言天德與王三槐皆有歸順意。總督宜緜令清往招三槐，徧歷諸賊壘，迎送奉酒食甚謹，宣示招撫，皆聽命，夜宿其帳中。三槐隨至大營，約期率所部出降，然實藉覘虛實，非眞意。屆期，三槐詭稱於雙廟投降，伏匪爲掩襲計，官軍預設備，擊敗之。

時羅其清、冉文儔併聚方山坪，清偕總兵百祥奪多福山賊壘，會諸路兵攻方山坪，克之。賊竄通江、巴州，與徐天德、王三槐合，清所部鄉勇增至千餘人，桂涵、李子青等皆驍勇善戰，偕諸軍擊賊，疊有殲獲，羅、冉二匪漸蹙。

三年，署廣元縣事。總督勒保攻王三槐於安樂坪，未下，復令清往招撫。三槐恃前此出入大營無忌，留隨人劉星渠等爲質，三槐遂詣軍門，勒保奏報大捷，俘三槐至京。廷訊時，言：「官逼民反。」仁宗詰之曰：「四川一省官皆不善耶？」對曰：「惟有劉青天一人。」劉青天者，川民以呼清也。帝深嘉之，特諭曰：「朕聞劉清官聲甚好，每率衆禦敵，賊以其廉吏，往往退避引去。如果始終奮勇，民情愛戴，著勒保據實保奏。」尋以清治績戰功奏上，晉秩同知直隸州，賜花翎。於是劉青天之名聞天下。

四年，補忠州，加知府銜。參贊額勒登保破冉天元、張子聰於竹峪關，令清於通江、巴州招撫餘匪。自王三槐被誘，諸賊首皆疑懼不敢出；然感清無他，不忍加害，每至賊營，必留宿盡禮，其脅從者先後投出二萬餘人，遣散歸農，以功加道銜。命隨副都御史廣興駐達州治軍餉，擢建昌道。五年，冉天元等合諸路賊渡嘉陵江，總督魁倫退守鹽亭鳳凰山，令清集民團守潼河，上下三百餘里，多淺灘，盡撤防兵；清爭之，不可。賊果於太和鎭上游王家嘴偸渡，委罪於清，奪職，命以知縣用，留營効力。既而德楞泰破賊，天元伏誅，諸路竄賊旁皇通、巴之間，勸保以清去歲招降成效，責籌安撫。時川匪父子兄弟一家中不盡習教爲賊，而奔竄往來，過鄉里輒歸視。清屯要隘，且剿且撫，遣人存問賊首家屬有歸誠之意者，潛令圖之，展轉相引，賊遂瓦解。藍號鮮大川，巴州人，號爲狡悍。其族人文炳、路保及黨楊似山，清皆厚恤其家，感恩願効死，乃使文炳勸大川降，不可，且與似山謀殺文炳。似山乘間殺大川，與文炳、路保同降。巴州匪遂滅。六年，以功復原官，仍授建昌道。七年春，破賊於南江五方坪，擒賊首李彬及辛文等，加按察使銜，尋授四川按察使。敗藍號齊國典餘匪於兩河口，追擒其黨葛成勝。諸匪以次平，大功告蕆，下部議敘。

清在軍七年，先後招降三萬餘人。有業者歸鄉里，無業及有業願從者爲鄉勇，後立戰功者三十餘人。其中苟崇勳、苟文耀、李彬、辛文、李世玉、趙文相，皆賊魁也。崇勳卽苟文通，已奏報殲斃而改名。及軍事竣，當遣，清以諸人田廬焚蕩，驟散將復爲賊，臨行重犒之。自向富室巨商貸金，人感其誠，多響應。事畢，積逋負至十萬。

八年，陝西餘匪自南山竄出棧道，清馳扼廣元，遣卒招撫被戕，詔斥輕信縱賊，以前功免罪，命理糧餉及搜捕餘匪、裁撤鄉勇。十年，事竣入覲，賜御製詩，有曰：「循吏清名遐邇傳，蜀民何幸見青天！誠心到處能和衆，本性從來不愛錢。」時以異數榮之。丁繼母憂，去官，服闋，授山西按察使，遷布政使。忤巡撫初彭齡，劾其袒護屬吏，降四級，以從四品京堂用。清亦自陳不勝藩司之任，詔斥冒昧，降補刑部員外郎。熱河新設理刑司員，以清往，邊方草創，多持大體，斷獄平允，蒙民亦以青天呼之。

十七年，授山東鹽運使。十八年，河南教匪起，山東賊黨朱成良等應之，陷定陶、曹縣，巡撫同興恇懼，清自請將兵。承平久，兵習晏安，清躡草屩先之，以五百人敗賊於髣山，復定陶，又敗之於韓家廟，殪賊二千，進攻扈家集，縱火焚柵，賊突出皆死，誅賊首朱成良、王奇山，自滑縣奔至者並殲焉，兩閱月而事平。賊初起時，煽惑甚衆，清先解散其脅從，成良勢孤不得逞，故得速定。上嘉其以文職身先士卒，特詔褒獎，加布政使銜。尋授雲南布政使，仍留舊任。

清性坦率，厭苛禮，不合於上官，又不耐簿書錢穀，遂乞病，上亦知之，改授山東登州鎮總兵，調曹州鎮。道光二年，以老休致，命在籍食全俸。八年，卒，賜祭葬，祀山東名宦，官其孫熾昌爲兵部主事；瑩，舉人。

傅鼐，字重庵，順天宛平人，原籍浙江山陰。由吏員入貲爲府經歷，發雲南，擢寧洱知縣。乾隆末，福康安征苗疆，調赴湖南軍營司餉運，晉秩同知直隸州，賜花翎。嘉慶元年，授鳳凰廳同知。治當苗衝，會大軍移征湖北教匪，降苗要求苗地歸苗，當事議允之。鼐知愈撫且愈驕，乃招流亡，團丁壯，於要害築碉堡，防苗出沒。苗以死力來攻，且戰且修，閱三年而碉堡成。有哨臺以守望，礮臺以禦敵，邊牆相接百餘里。每警，哨臺舉銃角，婦女、牲畜立歸堡，環數十里皆戒嚴。四年，擒苗酋吳陳受，加知府銜。巡撫姜晟疏薦鼐能勝艱鉅，方治鎮筸一帶荒田，均給丁壯，請俟事竣送部。時鎮筸左、右營黑苗最爲邊患，五年，踹金塘苗出掠瀘溪，偕總兵富志那夜分三路擣其巢，伏兵隘路苟毬巖要擊，痛殲之，斃首逆吳尚保，苗始奪氣。詔嘉獎，命在任食知府俸。

六年，貴州苗復亂，湖南環苗地東、南、北三面七百餘里，其西二百餘里接貴州，未設備。石峴苗煽十四寨糾湖南苗叛，鼐率鄉勇千五百馳赴銅仁。貴州巡撫伊桑阿以招撫戡定上聞，各寨實尚沸然，槍械未繳。總督琅玕至，急檄鼐會剿崖屯溝，黔兵攻其前，鼐夜由山徑入，連破五巢。上下湖山峽尤險，夜分兵圍攻，至次日克之，火其寨。三日中盡破諸寨，殲苗二千有奇。倣湖南法，建碉堡守之。伊桑阿因冒功誤邊伏法，錄鼐功，加道銜，總理邊務，並命以苗疆道員用。七年，丁父憂，詔鼐辦理邊防善後，民、苗悅服，難易生手，命留任。初，鼐建議遷永綏城於花園，副將營於茶洞，而貴州方藉永綏爲聲援，尼其事。至是詔琅玕察奏，乃赴銅仁面陳永綏孤懸苗中，形如釜底，有二難、三可慮，并請移湖南守備於貴州邊境螺螄堡，以爲犄角，乃決議移之。既而羣苗率衆來爭，鼐率鄉勇深入，苗大集，環之數重，以奇計突圍出。尋議勦繳槍械，苗酋石崇四等抗命，並阻丈田，十年，與其黨石貴銀糾衆數千來犯，敗之夯都河，追至孟陽岡，殲賊甚衆，生擒石崇四、石貴銀。是役因賊狀良苗，故得用苗兵深入，戰月餘，破寨十六，餘皆乞降，永綏苗遂平。廳屬高都、兩頭羊二寨皆震懾，無敢抗。事聞，予優敍，擢辰沅永靖道。

鼐治苗專用鵰剿法，大小百戰，所用僅鄉勇數千。苗人於穹山峭壁驀越如平地，無部伍行列，伏箐中從暗擊明，銃銳且長，隨山起伏，多命中。鼐因苗地用苗技訓練士卒，囊沙輕走，習籐牌閃躍，狹路則用短兵。每戰後輒嚴汰，數年始得精卒千，號「飛隊」，風雨不亂行列，遺資道路無反顧，甘苦與共，是以能致死。

先是議興屯田，上書巡撫高杞曰：「防邊之道，兵民相輔。湖南苗疆，環以鳳凰、永綏、乾州、古丈坪、保靖五廳縣，犬牙相錯，營汛相距各數里。元年班師後苗擾如故，鼐竭心籌之，制勝無如碉堡。募丁壯數千，與苗從事。來則痛擊，去則修邊，前戈矛，後邪許。得險即守，寸步而前，然後苗銳挫望絕。湖南自乙卯二載用兵，耗帑七百餘萬。國家經費有常，頑苗叛服無定。募勇不得不散，則碉堡不得不虛；後患不得不慮，則自圖不得不亟。通力合作，且耕且戰，所以招亡拯患也。均田屯丁，自養自衞，所以一勞永逸也。相其距苗遠近、碉堡疏密，爲屯田多少：鳳凰廳碉堡八百，需丁四千輪守，並留千人備戰，需田三萬餘畝；乾州廳碉堡九十餘，守丁八百，屯田三千餘畝；保靖縣碉堡四十餘，守丁三百，屯田千五百餘畝；古丈坪廳苗馴，止設碉堡十餘，守丁百，屯田五百餘畝；永綏廳新建碉堡百餘，留勇丁二千，亦屯田萬畝：而後邊無餘隙，環苗以成圈圍之勢，峻國防，省國計也。異族逼處，非碉堡無以固，碉堡非勇丁無以守，勇丁非屯田無以贍。邊民瀕近鋒鏑，固願割世業而保身家；後路同資屏蔽，亦樂捐有餘以補不足。所募土丁，非其子弟卽其親族。距邊稍遠者，仍佃本戶輸租，視古來屯戍以客卒雜處，勢燕越矣。與其一旦散數千驍健無業子弟流爲盜賊，何如收駕輕就熟之用而不費大帑一錢？惟執事圖之！」於是收叛產分給無業窮苗佃種。

自擒石崇四，餘匪願返侵地，永綏得萬餘畝，乾州、鳳凰二廳次之，乃續墾沿邊隙地二萬畝，曰「官墾田」，贖苗質民田萬餘畝，曰「官贖田」。以廩屯官授屯長，給老幼，籌補助，備犒賞，曁歲修城堡、神祠、學校、育嬰、養濟諸費。復以兵威勸交苗占民田三萬五千餘畝，苗自獻田七千餘畝。其經費田則佃租變價，屯丁田則附碉躬耕，訓練講武，設屯田守備掌之，轄於兵備道。屯政舉，使兵農爲一以相衞，民、苗爲二以相安。與官及兵民約曰：「毋擅入苗寨，毋稍役苗夫。」與苗約曰：「毋巫鬼椎牛羣飮以糜財，毋挾槍矛尋睚眦釀衅。」請乾、鳳、永、保四廳編立邊字號，廣鄉試中額一名；苗生編立田字號，加中額一名，苗益感奮。十三年，屯務竣，入覲，詔曰：「傅鼐任苗疆十餘年，鋤莠安良，興利除弊，建碉堡千有餘所，屯田十二萬餘畝，收卹難民十餘萬戶，練兵八千人，收繳苗寨兵器四萬餘件；又多方化導，設書院六，義學百，近日苗民向學，革面革心。朕久聞其任勞任怨，不顧身家。今召見，果安詳諳練，明白誠實，洵爲傑出之才，堪爲巖疆保障。其加按察使銜，以風有位。」

十四年，擢湖南按察使。苗人籲留，命每年秋一赴苗疆撫慰邊人。鼐在苗疆，設木匭於門，訴者投牒其中，夜出閱之，黎明起視事，剖決立盡。兵民白事，直至榻前。及爲按察使，一如同知時。下無壅情，事無不舉。十五年，兼署布政使。十六年，卒於官，仁宗深悼惜，詔謂：「倚畀方隆，正欲簡任疆寄。加恩贈巡撫銜，照贈官賜卹，賜祭一壇。」苗疆建專祠，祀湖南名宦。光緒中，追謚壯肅。

初，鼐排衆議以事攻剿，爲大吏所惎，將中以開邊釁罪。監司阿意，旁掣其肘，鎮筸總兵富志那獨保全之。富志那從征金川，習知山碉設險之利，鼐實從受之，卒以成功。鼐歿後，二妾寡居，飦粥不給，其廉操尤著云。

嚴如熤，字炳文，湖南漵浦人。年十三，補諸生，舉優貢。研究輿圖、兵法、星卜之書，尤留心兵事。

乾隆六十年，貴州苗亂，湖南巡撫姜晟辟佐幕，上平苗議十二事，言宜急復乾州，進永綏，與保靖、松桃、鎭筸聲勢可通。攻乾州道瀘溪，必先得大小章。大小章者，故土司遺民，名曰仡佬，驍健，與苗世仇。如熤募能仡佬語者往，開示利害，挾其酋六人出，推誠與同臥起，乃送質，率其屬陽投乾州爲內應，約一舉破賊，因黔師牽掣未果。次年，卒賴其衆，救兩鎭兵於河溪。後復平隴，戰花園，皆爲軍鋒。大小章於大府檄或不受，必得如熤手書始行云。

嘉慶五年，舉孝廉方正。廷試平定川、楚、陝三省方略策，如熤對幾萬言，略謂：「軍興數載，師老財匱。以數萬罷憊之衆，與猾賊追逐數千里長林深谷中。投誠之賊，無地安置，則已降復亂；流離之民，生活無資，則良亦從亂。鄉勇戍卒，多游手募充。慮一旦兵撤餉停，則反思延亂。如此，則亂何由弭？臣愚以爲莫若倣古屯田之法。三省自遭蹂躪，叛亡各產不下億萬畝，舉流民降賊之無歸、鄉勇戍卒之無業者，悉編入屯，團練捍衞，計可養勝兵數十萬。餉省而兵增，化盜爲民，計無逾此。」仁宗親擢第一。次日，召詣軍機處詢屯政，復條上十二事。召見，以知縣發陝西。下其疏於三省大吏，令採行。

六年，補洵陽，縣在萬山中，與湖北邊界相錯，兵賊往來如織。時方厲行堅壁淸野，如熤於築堡練團，措置尤力。賊至無可掠，去則抄其尾。又擇堅寨當衝者，儲糧供給官軍。徐天德、樊人傑敗於張家坪，因馬鞍寨阻其前，故不得竄。楊遇春破張天倫，亦賴太平寨夾擊之力。以功加知州銜，賜花翎。八年，擊湖北逸匪於蜀河口，斬王祥，擒方孝德，晉秩同知直隸州。新設定遠廳，即以如熤補授。九年，建新城，復於西南百餘里黎壩、漁渡壩築二石城爲犄角。治團如洵陽，賊至輒殲，先後擒陳心元、馮世周。丁母憂，大吏議留任，辭不可，服闋，十三年，補潼關廳。尋擢漢中知府。兵燹後，民困兵驕，散勇逸匪，心猶未革。如熤聯營伍，立保甲，治堡寨，問民疾苦。興勸農事，行區田法，教紡織，使務本計。修復褒城山河堰及城固五門、楊塡二堰，各灌田數萬畝，他小堰百餘，皆履勘濬治，水利普興。復漢中書院，親臨講授。於華州渭南開諭悍回，縛獻亡命數十人；於寧羌解散湖北流民；於城固擒教首陳恆義：皆治渠魁，寬脅從。令行禁止，人心帖服，南山遂大定。

道光元年，擢陝安道。會廷議川、楚、陝邊防建設事宜，下三省察勘，以如熤任其事，周歷相度，析官移治，增營改汛，建城口、白河、甎坪、太平、佛坪五廳，移駐文武。奏上，報可。如熤嘗言：「山內州縣距省遠，多推諉牽掣。宜仿古梁州自爲一道及明鄖陽巡撫之制，專設大員鎭撫，割三省州縣以附益之，庶勢專權一，可百世無患。」以更張重大，未竟其議。三年，宣宗以如熤在陝年久，熟於南山情形，任事以來，地方安靖，特詔嘉獎，加按察使銜，以示旌異。巡撫盧坤尤重之，採其議增廳治於盩厔、洋縣界，增營汛於商州及略陽；檄勘全秦水利，於灃、涇、滻、渭諸川，鄭白、龍首諸渠，規畫俱備。社倉、義學，亦以次推行。五年，擢貴州按察使，未到官。六年，入覲，仍調陝西，抵任數日而卒，贈布政使。陝民請比朱邑桐鄉故事，留葬南山，勿得，乃請祀名宦。湖南亦祀鄉賢。

如煜自爲縣令至臬司，皆出特擢。在漢中十餘年不調，得成其鎭撫南山之功。宣宗每論疆吏才，必首及之。將大用，已不及待。爲人性豪邁，去邊幅，泊榮利，視之如田夫野老。於輿地險要，如聚米畫沙。所規畫常在數十年外，措施略見所著書。嘗佐那彥成籌海寇，有洋防備覽；佐姜晟籌苗疆，有苗防備覽；佐傅鼐籌屯田，有屯防書。又有三省邊防備覽，漢江南北、三省山內各圖，漢中府志及樂園詩文集。

子正基，原名芝，字山舫。副貢生。少隨父練習吏事。道光中，官河南知縣，有聲。擢鄭州知州。治賈魯河，息水患。河決開封，正基佐守護。治河兵獄，雪其寃，得河兵死力，城賴以完。母憂歸，服闋，補奉天復州。興屯練，捕盜有法，民殺盜者勿論。奉天治吏素弛，府尹下所屬，以正基爲法，盜風爲戢。引疾去。江南大吏疏調，擢授常州知府。二十九年，大水，勘災勤至，郡人感之，輸錢二十餘萬助賑，全活甚衆。累署淮揚道、按察使。咸豐初，侍郎曾國藩、呂賢基交章薦之，命赴廣西治軍需，授右江道。擢河南布政使，留廣西。時粤匪披猖，將帥齟齬，師久無功。正基曲爲調和，疏論其事，謂：「師克在和，事期共濟。統兵大帥與地方大吏，宜定紛更不齊之勢，聯疏闊難合之情。布德信以服人心，明功罪以揚士氣。勿因賊盛而生推諉，勿因兵單而務自救，勿以小忿而不爲應援，勿以偶挫而坐觀成敗。庶逆氛可殄，大功可成。」時以爲讜言。二年，桂林圍解，賜花翎。尋隨大軍赴湖北，時武昌初復，命馳往撫卹難民，署湖北布政使。調廣東，復赴廣西清釐軍需。內召授通政副使，遷通政使。七年，引疾歸，卒。

論曰：亂之所由起與亂之所由平，亦在民之能治否耳。教匪起於官逼民叛，其間獨一得民心之劉清，卒賴以招撫，助誅剿之成功。征苗頻煩大兵，而未杜亂源，傅鼐乃以一廳一道之力，剿撫兼施，巖疆綏定。南山善後，嚴如熤始終其事，化榛莽爲桑麻。此其功皆在一時節鉞之上，光於史策矣。

清史稿卷三百六十二

列傳一百四十九

方積　朱爾漢　楊護　廖寅　陳昌齊　朱爾賡額　查崇華

方積，字有堂，安徽定遠人。拔貢生。以州判發四川，補閬中知縣，署梁山。達州東鄉賊起，梁山當其衝，賊犯縣境，營白兔山守兵潰。積以一百人據小山爲疑兵，賊不敢進。築砦二百餘所，令人自爲守。他縣流民依集者三十餘萬人，賊至無所掠食，屢出奇兵擊走之。堅壁清野之法，蓋自梁山始。既而萬縣寶靈寺賊起，越境剿平之，又助大兵殲伍文相於石壩山，卻林亮功於望牛埡，斃亮功弟廷相，賜花翎。擢寧遠知府，仍留駐梁山，凡四年。至嘉慶六年，諸路賊漸平，調夔州，繼劉清爲建昌道。涼山生番叛，率師討平之。未幾，裏塘正土司索諾木根登殺副土司，奪其印，副將德寧兵爲所困。積單騎往，密授舊頭目希拉工布方略，以其衆破之。歷川北道、鹽茶道，擢按察使。馬邊、峨眉嶺諸夷結梁山生番盜邊，積偕提督豐紳由馬邊三河口鑿山深入，克六拔夷巢，遂出赤夷間道，進攻嶺夷十二地。浹旬之間，每戰皆捷。曲曲烏助逆死拒，潛師出其後，殄之。遷布政使。

積官四川二十餘年，馳驅殆徧，山川風土，瞭然於胸，用兵輒獨當一面。及任藩司，僚屬多故交，一無瞻徇。清節自勵，尤爲時稱。卒於官，祀名宦。

朱爾漢，字麗江，順天大興人。少爲戶部吏。乾隆中，官甘肅靖遠典史，母憂去官。服闋待次，時平涼回酋田五作亂，爾漢與通判吳廷芳、知縣黃家駒守靖遠城，賊來攻。靖遠回豪哈得成等期夜半爲內應，爾漢得其情，令守者悉登城不得下，至哈得成家，陽科其穀餉軍，因拘之；分遣人誘擒城下賊，賊之雜守者在城上已數十人，縣役鐵光保最爲劇賊，猝擒之。角聲起，扼城上賊無脫者，外賊覺，遂引去。由是以知兵聞，擢隆德知縣。徙底店砦降回，擢涇州直隸州知州。擒教匪劉松，擢鞏昌知府。

嘉慶元年，教匪起，蔓延三省。二年，四川賊尤熾，總統宜緜駐達州，檄爾漢參軍事。是時王三槐踞方山坪，白岩山者，地險固，賊渠林亮功、樊人傑屯山上，與方山坪爲聲援。將軍舒亮、提督穆克登布屯山前之韓彭坳，爾漢兵三百、鄉勇三千屯山後之排亞口。排亞口之上曰金鳳觀，曰草店，曰鴨坪，一日盡攻克之。復進，有木柵當隘，不見賊，惟以犬守。兵躍攀柵，賊自崖旁斫傷之，鳴鑼掣旗，左右賊大至，爾漢慮斷後路，退師。先是與韓彭坳諸師爲期，中道而止，賊得專力山後，故不克。既而奉節賊千餘來援，敗之，擒賊渠邱廣福。岩賊久困欲走，傾巢來犯，戰一晝夜不得路，仍退。爾漢攻之三閱月，搏戰被創，乃回鞏昌。

三年，運麥十萬石餉軍，行至成縣，賊渠高均德來奪，敗之於格樓壩，擒其黨李德勝。四年，張漢潮犯秦州，爾漢赴成縣會剿。鞏昌警至，馳還，賊已據城東鴛鴦河，夜掠賊卡而入，城守始固，以功擢鞏秦階道。生番鐵布者，居西傾山中，衆十餘萬，乘教匪猖獗，時出盜內地。爾漢以鐵布未叛亂，且地險，一搆兵非數年不能平。鐵布奉回教，乃召其阿渾諭之，於是來首者踵至。一日書姓名一紙，曰：此鐵布黨也。又出一圖，曰：盜巢及要隘盡於此。分遣百餘人捕之，悉就擒，鐵布遂定。六年，川、楚、陝賊漸蹙，餘賊多竄甘肅，率兵扼剿，凡數十戰皆捷。八年，甘肅匪平，上功最，賜花翎。

爾漢有識斷，能得人死力，奴客悉以兵法部之。自出仕即在行閒，後遂與教匪相終始。用兵有法，所用鄉勇侯達海，侍衞李榮華，武舉劉養鵬，千總鄒坤、桂攀桂皆操刺勇健善戰，故所至有功。尋調廣東肇羅道，擢廣西按察使，署布政使。十二年，卒於官。

楊護，字邁功，江西金谿人。乾隆四十九年進士，授刑部主事。總辦秋審，執法平。內監訟其弟妻，護按律杖贖守夫墓。和珅方總刑部，意有所徇，駁詰之，護面爭。和珅叱曰：「司員敢爾！」護厲聲曰：「司員主稿，知爲刑獄得其平耳！何叱爲？」和珅不能奪。及珅敗，擢員外郎。仁宗召見，嘉其有守，命解餉四十萬兩赴四川濟軍。川、陝大吏交章論薦，授陝西延榆綏道。時三省清釐叛產，撫卹難民，事方殷，詔責疆吏愼選公正大員如護及劉清者任其事。護周歷田野，綜覈不苟，民漸復業。巡撫秦承恩檄府縣募民補伍，護曰：「農工商賈各有其業，若預選送營，曠日失業，與抽丁何殊？」議乃寢。調甘肅平慶涇固鹽法道。

嘉慶九年，擢安徽按察使，捕六安州匪劉成巨置諸法。十三年，遷江寧布政使。淮、揚大水，乘舴艋歷災區訪問疾苦，渡湖幾覆，災黎感之。尋以失察山陽知縣王仲漢冒賑，坐褫職。詔護查賑認眞，平日實心辦事，留河工効力。復起用，歷淮海道、浙江按察使、江蘇布政使。二十二年，擢浙江巡撫。未幾，坐臨海民毆差釀大獄，降四品京堂；復不俟代去任，降禮部郎中。引疾歸。道光五年，重宴鹿鳴，加四品卿銜。卒，年八十五。

廖寅，字亮工，四川鄰水人。乾隆四十四年舉人。家貧，不能常試禮部，十二年中，僅再至都。以大挑知縣官河南，署葉縣。時教匪方熾，葉當衝，寅撫民不擾。民有從逆者，捕其魁乃定。長子思芳有武略，省父至葉，任以守衞事。詔捕教首劉之協，久不獲。一日，思芳巡歷近郊，見二人縶馬坐樹下語，異之，歸戒門者伺狀。俄二人入城飲肆中，有識之者，其一即之協。寅趣思芳往與雜坐，出不意縛之，鞫得實，械至都伏法。特擢江蘇鎭江知府。濬丹陽九曲河，築牐，以時啓閉，民便之。擢江西吉南贛道，兼筦關榷，正稅外無多取，吏胥奉法。會南昌煽亂，捕首惡置法。安遠復亂，單騎往諭，解散黨與，耆民等縛其魁以獻，事遂平。歷署布政使、按察使。嘉慶十六年，遷兩淮鹽運使。卹竈丁，治私梟，鹽課漸增。河北滑縣教匪起，總督百齡檄寅往徐州協守禦。會捕逆匪劉第五，誤縶同姓名者，坐失察降調，上念其擒劉之協功，許捐復原職。以老病歸，遂卒。

思芳少時居鄉治團練，從軍數有功，官至江蘇候補道。在葉手擒劉之協，名聞天下。後以捕劉第五獲罪下獄，尋赦之。

陳昌齊，字賓臣，廣東海康人。乾隆三十六年進士，選庶吉士，授編修，累遷中允。大學士和珅欲羅致之，昌齊以非掌院，無晉謁禮，不往。大考，左遷編修。尋授御史，遷給事中。昌齊生海邦，習洋盜情狀。上疏論勦捕事，略曰：「洋匪上岸，率不過一二百人，陸居會匪助兇行劫。沿海居民皆採捕爲生，習拳勇，諳水勢，匪以利誘，往往從匪。可以爲盜，卽可用以捕盜。宜令地方官明示，有能出洋勦捕，或遇匪上岸，殲擒送官驗實者，船物一概充賞。被誘從匪者，能擒盜連船投首，免罪。則兵力所未及，丁壯亦必圖賞力捕。仍令地方各官稽戶口，編保甲，以淸其源。於各埠訪拏濟匪糧物，各市鎭嚴緝代匪銷贓，俾絕水陸勾通之路。庶幾洋面肅淸，地方寧謐。」

嘉慶九年，出爲浙江溫處道。時海寇蔡牽肆擾，昌齊修戰艦，簡軍伍，募人出海繪浙、閩海洋全圖，纖悉備具。每牒報賊情及道里遠近稍有虛妄，必指斥之。與提督李長庚深相結納，俾無掣肘，鞫海盜必詳盡得其情。德楞泰奉命按閱閩、浙，議申海禁，謂不數月盜可盡斃。昌齊曰：「環海居民耕而食者十之五，餘皆捕魚爲業。若禁其下海，數萬漁戶無以爲生，激變之咎誰任之？」德楞泰改容稱善。在任五年，以鞫獄遲延，部議鐫級。江南、福建大吏辟調，皆不往。歸里，主雷陽粤秀講席。修通志，考據詳覈，著書終老焉。

朱爾賡額，原名友桂，字白泉，漢軍正紅旗人，裔出明代。王父孝純，工詩古文，有異才，由四川知縣歷官至兩淮鹽運使。

朱爾賡額納貲爲兵部主事，充軍機章京，累遷郎中，出爲江安糧道。兩江總督蘇凌阿闒人爲和珅舊奴，恣睢用事，廉得其狀，白而逐之。從總督赴安徽察治劉之協逆黨，株連數百人，多所省釋。署安徽布政使，引疾歸。以母老乞改京秩，授戶部郎中。和珅奴劉全之婿號檳榔蔣者，倚勢奪民產，訟於部，刑責不稍貸。西貢利旗產，嗾言官疏陳，使得與漢民通售買，下部議，啖以重賄，卻之，持不可。大學士朱珪管部，聞而重之。故事，自告改京官，不外用。珪荐其才守可大受，復出爲廣東潮州知府。海盜方張，朱濆尤黠悍，乃親歷海壖，治鄉團，調鎮兵千守沿海，斷內奸接濟。濆糧絕，屢敗走臺灣，潮盜膽落，因其窮蹙解散之。盜魁黃茂高、許雲湘、王騰魁、楊勝廣、黃德東、關兆奎受撫，選其強幹者編入練勇。會匪李崇玉踞惠、潮山谷中，時游弋海上，使降人招之自首，朱濆部衆亦有來投者。會以母憂去，未竟其事，服闋，補雲南曲靖。

嘉慶十四年，百齡爲兩廣總督，疏請調朱爾賡額廣東，擢高廉道，署督糧道，剿匪事一以倚之。勘海口礮臺舊在山上，發礮輒從桅頂過，悉改建於山麓，屢碎盜艦，挫其鋒。暫改運鹽由陸，撤紅單船入內港，以杜接濟。戒並海郡縣嚴斷水米，如在潮州時。匪勢漸蹙，用舊降人招郭學顯就撫。未幾，鄭一妻與張保仔率衆逾萬泊虎門，要總督親至海口面議，文武噤莫敢決，朱爾賡額獨進曰：「保仔自知罪大，衆多無糧，拂其請，將死鬭。請撤兵衞，單舟巡詣，諭以恩威，必可集事。」先遣南海、番禺兩令往傳命，使熟籌而志堅。翌晨，從百齡登舟，行四十里，見列艦數百，夾水如衢，舉砲迎，聲震城中。請總督過舟，叱之曰：「保仔當泥首乞命，如仍驕肆遲疑，無死所矣！」迨晡，保仔登舟，請留三千人招西路賊烏石二，不聽則擒之以自贖，許之，給米千石慰遣。保仔乃使餘衆登岸受撫，自起椗出洋。羣謂其所散皆罷弱，自留精銳，得米將不可制，笑應之曰：「此不必以口舌爭。」至期，保仔果誘烏石二至高州，誅之。海盜悉平，以功獲優敍，賜花翎。尋調署南韶道。

十六年，河決李家樓，特命百齡爲兩江總督治河事，調朱爾賡額爲江南鹽巡道。至則佐百齡定計，接築洪澤湖口東清壩，逼溜刷深太平河，使水有所歸。次年，李家樓決口合龍，新築格隄遏水與大隄平。初，當事主守格隄，奉嚴旨，失守者從軍法。至是見事危急，請改守大隄，聽河溜穿格隄而下，免旁洩之險。又新築減壩受水攻，展側上游築斜壩挑水，數日壩根掛淤乃穩固。所籌措工事悉合機宜。葦蕩營久爲弊藪，樵兵空額無人，營員領帑，臨時雇募，弁目專其利。又爲灘棍所持，蕩料歸灘棍者十五六，歸弁目者十二三，歸工用者十一二，歲僅得葦十數萬束。百齡檄朱爾賡額督治其事，乃請以蕩地不產柴者給樵兵，人四十畝，給牛具籽種，建棚廠以居，蕩始有兵。濬溝渠便筏出入，採運始及遠，建衙署俾營員常年駐蕩，民挾制偷竊者有禁，蕩始有官。受事之年，採足正額二百四十萬束。於是灘棍之利盡失，廳員得料抵價，少所沾潤，皆不便之。適有船兵中途改束，斤重不敷，八廳藉欲撼搖全局。百齡悉其奸，偕河督察訊，朱爾賡額往勘定十七年新葦，每束箍口以二尺八寸爲率，增舊三寸，估右營得葦八百萬束；會署江寧布政使，未及估左營。時河督陳鳳翔爲百齡所劾，自訴於朝，命尚書松筠、侍郎初彭齡按訊，牽及葦蕩事。廳員熒說，嗾驗尾幫，舟載餘葦九百束，據其重率，以衡已收三百萬束之數，斥爲不足，遂被劾虛糜錢糧，苦累樵兵，遣戍伊犂。時論寃之。

朱爾賡額因百齡前劾鳳翔詞不盡實，獄無結正，願以身任，遂不辯。在戍六年，放還，久之，卒。

查崇華，字九峯，安徽涇縣人。少孤，游福建傭書。久之，福州將軍魁倫辟佐幕，甚見信任。魁倫劾總督伍拉納、巡撫浦霖，卽命署總督，治其獄。閩地瘠苦，歷任大吏責供張無藝，所屬羅織大戶勒賄，民不堪命，至是貪酷之吏悉伏辜。崇華名聞於時。納貲爲通判，留福建。

嘉慶十四年，海盜蔡牽平，以功賜花翎。朱渥欲歸誠，未決，崇華隻身至海舶，諭以禍福，遂受降。十七年，署臺灣淡水同知。高媽達妖言惑衆，捕獲，訊得劉林、祝現謀以次年閏八月望在京師舉事，四方起應之。崇華牒請奏聞，大吏以其語不經，置之，僅以傳教罪誅高媽達。至十八年九月十五日，果有林清、祝現之變，劉林者卽林清別名也。自高媽達伏法，福建匪黨已解散，得無事。尋以道員謁選，授河南南汝光道。教匪鉅魁劉松久在逃，懸緝十餘載，偵知潛匿安徽宿州傳教，捕獲之。母憂去官。

道光二年，補陝西鳳邠道。值大軍征張格爾，調駐嘉峪關治軍需。自川、楚軍興，將吏習於糜費，崇華一主覈實，以內地馬駝出關不耐寒苦，關外有臺站應付，長雇徒糜芻秣，悉罷之，節帑甚鉅。凡三署按察使，治獄明愼。以老乞歸，卒。

論曰：剿平教匪，不獨賴將帥戮力，一時守土之吏，與有勞焉。最顯者爲四川劉清，而方積亦倡行堅壁清野，保障一方，後復屢定番亂，蜀人與清並稱。他如朱爾漢之保鞏昌，楊護之清叛產、撫難民，廖寅之擒劉之協，皆卓有建樹。陳昌齊、朱爾賡額於治海寇並具謀略，而朱爾賡額功尤顯矣。查崇華預發林清逆謀，爲疆臣所格；及筦西征軍需，以撙節稱，故同著於篇。